Grace Halsell

ICH
war eine
Schwarze

Hoffmann und Campe

Titel der Originalausgabe
»Soul Sister«
Erschienen bei The World Publishing Company,
New York, Cleveland (Ohio)
© Grace Halsell, 1969

Autorisierte Übersetzung aus dem Amerikanischen

1. bis 5. Tausend 1971
© Hoffmann und Campe Verlag, Hamburg 1971
Schutzumschlag und Einband Jan Buchholz und Reni Hinsch
Gesetzt aus der Korpus Janson-Antiqua
Gesamtherstellung Richterdruck, Würzburg
ISBN 3 455 02730 x · Printed in Germany

Für meine Mutter

Inhalt

Prolog

Nacht für Nacht hatte ich den gleichen Traum. – Es war eine verkehrsreiche Straße mitten in Manhattan. Arbeiter in Schutzhelmen treiben ihre Preßluftbohrer in die Erde, um noch mehr Rohre, noch mehr Kanäle zu verlegen, um das riesige New York noch riesiger zu machen. Busse und Taxis quietschen und brausen weiter; von der Untergrundbahn dringt das Knirschen und Rasseln der Züge herauf, Tausende von eiligen Menschen hasten voran, wobei sie von Verkehrsampeln, Trillerpfeifen und Zeichen geleitet werden: »Folgen Sie dem grünen Pfeil«, »Folgen Sie dem roten Pfeil«. Ich gehöre mit zu der Masse, die sich unbarmherzig und unaufhörlich weiterbewegt. Ich komme an einem Kanalloch vorbei und sehe das Gesicht eines Kindes, ein Puppengesicht, groß, weiß, rund, mit leeren Puppenaugen, die geöffnet sind, ohne zu sehen. Und ich schreie: »Da ist ein Kind!« Ich greife danach, aber muß erkennen, daß ich das Puppenkind nicht erreichen kann. Der kleine Körper schwebt, wie von einem unterirdischen Strudel getrieben, in einem flüssigen Gehäuse auf und ab.
Die Menschen rennen schneller, und ich schreie: »Hilfe! Polizei!« Drei bullige Polizisten beugen sich zu mir herunter. Sie sehen das Kind nicht, hören meine Bitte um Hilfe nicht, sie schleppen mich einfach fort, in ihr Gefängnis . . .
Dieser immer wiederkehrende Alptraum war der psychologische Spiegel der Hilflosigkeit und des Terrors, dem ich

ausgesetzt war, als ich meine Haut mit Hilfe medizinischer Mittel und Sonnenbestrahlung dunkel gefärbt hatte, um als Schwarze in Harlem und im tiefen Süden zu leben und zu arbeiten. Der Schock, den ich erlitten, hatte meinen Geist gelähmt und meine Seele in Aufruhr versetzt.

Von Jackson flog ich nach Memphis, um eine Anschlußmaschine nach Hause zu erreichen. Vier lange Stunden wartete ich in einer mir unverständlich gewordenen Umgebung. Mein Verstand versuchte die körperlichen, seelischen und geistigen Barrieren niederzureißen, die mich von der Welt der Weißen trennten. Mein von der Anspannung aufgewühlter Magen zog sich schmerzhaft zusammen. Es war wie ein erster Protest gegen all die durchlittene Angst, ein wütendes Sichaufbäumen gegen all das Furchtbare, das sich in mir angestaut hatte. Ich konnte mich nur mühsam beherrschen.

Um Mitternacht steckte ich den Schlüssel in die Tür meines Washingtoner Apartments, öffnete sie einen Spalt weit und verlor die Fassung. All diese Behaglichkeit, dieser Luxus! Ich mußte eine Weile draußen stehenbleiben und von außen hineinsehen, um vor jener Tür einen Augenblick länger als eine Schwarze zu existieren, gedemütigt, jenseits aller Erwartungen und Hoffnungen. Dann stellte ich meine Tasche ab, ging zu meinem Bett hinüber und begann haltlos zu weinen. Meine Tränen entströmten Quellen, deren ich mir selbst nicht bewußt war!

Um mich herum alle meine Bücher, meine Bilder, alle die anderen Dinge, die mir etwas bedeuteten. Ich tastete nach der Realität, und schließlich fühlte ich mich sicher, war *dankbar*, dankbar, daß ich lebte. Aber ich wollte niemanden sehen. Ich wagte kaum, mir einzugestehen, daß ich vielleicht in einem Trauma gefangen war, daß ich eine lange Zeit brauchen würde, um mich zu erholen; ich wußte, daß ich mich ganz allein wiederfinden mußte, daß ich Zeit brauchte. Tagelang blieb ich allein in meinem Apartment. Ich verlor jedes Zeitgefühl und war außerstande, meine schützende warme Behausung zu verlassen. Nach zwei Wochen besuchte mich Roscol Dixon, ein guter Freund von mir. Er brachte mir einen Kuchen, den seine Frau Dorothee gebacken hatte. »Hören Sie überhaupt keine Musik mehr?« fragte er und drehte, ohne meine Antwort abzuwarten, das Radio an. Der Sender brachte lateinamerikanische Musik, die ich besonders mochte. Dixon überredete mich, ein wenig an die frische Luft zu gehen. Ich raffte mich auf und lief über die Straße zu Helas Schönheitssalon. Mr. Henry, der mich früher oft bedient hatte, wusch mein noch immer rabenschwarzes Haupt, ohne mich zu erkennen. Er sprach mit mir, als wäre ich eine unfreundliche Fremde. »Lächeln Sie eigentlich überhaupt nie?« fragte er.

Später erzählte ich Roscol: »Dieser aalglatte Weiße hat von mir verlangt, ich solle ihn anlächeln – ich werde mein Lächeln nicht an ihn verschwenden.«

Ich stellte mein Telefon ab, so daß alle Anrufe nach unten an die Zentrale gingen. »Wollen Sie nicht endlich ein paar Ihrer Freunde sehen?« fragte mich Roscol. »Ich will keine Weißen sehen«, antwortete ich.

So brachte ich unnatürliche Tage zu, in denen ich mich weder schwarz noch weiß fühlte, nur wie eine Einsiedlerin.

Irgendwann ging ich dann in den Watergate-Gymnastikklub. Der Direktor starrte mich an, als wäre ich ein Geist. »Was ist mit Ihnen geschehen?« fragte er entsetzt. »Sie sind um zehn Jahre gealtert. Wenn man mir sagen würde, man hätte Sie in einem Gefängnis brutal geschlagen . . . Ich würde Ihnen jede, noch so schreckliche Geschichte glauben. Sagen Sie mir«, drängte er, »was ist mit Ihnen passiert.«

»Ihnen das zu erklären wird viel Zeit kosten«, antwortete ich.

I

Der Beginn

Der Beginn ist manchmal so einfach und undramatisch wie ein Austausch von Höflichkeiten. Ich besuchte den Empfang einer Gesellschaft für den Fortschritt. In den Diplomatenräumen des *State Department* mischte ich mich unter die zweitausend VIPs, alle die wichtigen Big-Business-Leute, die sich »verpflichtet« hatten, schwarze Arbeitnehmer nicht anders zu behandeln als weiße. Anschließend ging ich mit ein paar leitenden Mitgliedern der Gesellschaft zum Essen.

»Woher kommt Ihr persönliches Interesse an dieser Sache?« fragte ich den Vizepräsidenten der Bell-Helicopter-Gesellschaft.

»Nachdem ich das Buch *Reise durch das Dunkel* gelesen hatte«, antwortete er mir.

Der Titel sagte mir nichts. Vielleicht war ich gerade in der Türkei, in Korea oder Arabien, als das Buch herauskam. Ich hatte auch nie etwas von dem Autor John Howard Griffin gehört, obgleich er genau wie ich aus Fort Worth in Texas stammte. Am nächsten Tag kaufte ich mir das Buch. Die Geschichte ging mir unter die Haut. Fasziniert stellte ich fest, daß Griffin auf mich einredete, als wäre es eine innere Stimme, leise, aber suggestiv. »Ich könnte das auch werden . . . Ich könnte schwarz werden, ich könnte es tun.«

Am nächsten Tag sprach ich während des Mittagessens mit zwei anderen Angestellten des Weißen Hauses und einer Freundin über *das* Problem, mit dem sich unser Land auseinanderzusetzen hatte.

»Man muß nur wirklich arbeiten wollen!« sagte Mary. Sie hatte viele Vorurteile, und die scharfen Winkel ihres harten Mundes schienen unaufhörlich zu bestätigen: ich war arm, ich habe hart gearbeitet, ich habe es geschafft.

Mary kommt genau wie ich aus Texas, und so fragte ich sie: »Wir waren arm und kommen aus dem Süden, aber wenn wir eine schwarze Haut hätten, wäre es wahrscheinlich sehr viel schwieriger gewesen, im Weißen Haus einen so guten Job zu bekommen.«

»Vielleicht würde es mir dann noch besser gehen«, sagte Mary aufsässig. Aber wir beide wußten ganz genau, daß die schwarzen Putzfrauen im Weißen Haus weniger als 200 Dollar verdienten, daß eine Schwarze nie in der Lage wäre, so viel Geld zu verdienen wie wir.

»Wir können ja unsere Gesichter schwarz färben und dann nach Texas zurückfahren«, schlug ich vor. »Mal sehen, wie sie uns behandeln, wenn wir in einem Motel wohnen wollen oder in ein Restaurant gehen«, denn ich hatte nicht vergessen, was Präsident Johnsons schwarze Köchin Zephir uns nach ihrer Reise in den Süden erzählt hatte. Mr. Johnson war damals noch Senator. Als er sie eines Tages bat, seine zwei Hunde auf die Straße zu führen, machte sie ihm unmißverständlich klar, daß schwarz zu sein – und durch den Süden zu reisen – schon mehr als genug Schwierigkeiten schaffe, ohne daß man sie jetzt auch noch durch Hunde vermehren müßte.

Februar 1968

Die Idee in mir beginnt sich zu entwickeln. Nicht der logische Verstand, sondern vom Gefühl diktierte Vorstellungen geben ihr Form. Ich brauchte mir nur einzureden, ich sei schwarz, um mich zum erstenmal bewußt als Weiße zu sehen. Diese Erfahrung riß mich aus meiner Sicherheit. Jeder Mensch kämpft um seine, wenn auch oft nur scheinbare Selbstbestätigung, und dieser Kampf ist tausendmal härter als der ums nackte Leben. Von Unruhe getrieben, wandte ich mich der Vergangenheit zu, drang in die geheimen Winkel von Erinnerung und Erfahrung ein.

Als Nachkomme südlicher Sklavenhalter und Bürgerkriegsveteranen bin ich in Texas geboren und aufgewachsen. Während meiner Kindheit war mir das Problem der Hautfarbe nicht bewußt. Die Neger gehörten einfach nicht zu der Gesellschaft, in der ich lebte. Ich entwickelte weder positive noch negative Gefühle für sie. Ich empfand sie als einen Teil der Landschaft.

Später reiste ich als freie Zeitungsreporterin durch die Welt und hatte so Gelegenheit, alle Rassen zu beobachten und zu beurteilen. Sie alle waren autonome menschliche Wesen – souverän und stolz, furchtsam und feige, demütig und tapfer. Ich habe sie geliebt und manchmal auch gehaßt. Ich habe festgestellt, daß jeder von ihnen seine eigene Identität und Persönlichkeit hatte.

Die meisten Weißen empfinden den Neger auch heute noch als fremdartig und unterlegen. Sie sehen die schwarze Haut und sonst nichts. Die Tiefe ihrer Empfindungen, ihrer Empfindsamkeit, ihrer eigentlichen Anschauungen und Fähigkeiten entgehen einer solch oberflächlichen überheblichen Einstellung. Ich wollte eine Geschichte schreiben, die enthüllen würde, wie sehr wir einander alle gleichen. Aber ich wollte sie als Ergebnis direkter, ganz persönlicher Erfahrung schreiben, damit ich die Gemeinsamkeit wirklich fühlen und sie den anderen mitteilen konnte.

Aber wie konnte ich nur eines solchen Gefühls wirklich sicher sein, solange ich nicht im Süden oder in Harlem als Negerin den gleichen Problemen ausgesetzt war, mit denen eine schwarze Frau tagaus, tagein fertig werden muß?

17

Das Buch *Reise durch das Dunkel* wurde schließlich von einem Mann geschrieben. Seit Griffin sich unter die schwarze Bevölkerung 1959 gemischt hatte, hatte sich für die Neger viel geändert. Viele Neger haben begriffen, daß sie mit Recht fordern können, in jedem Bus zu fahren, an jeder Ecke ihre Sandwiches zu kaufen und sich im Kino ihren Platz selbst auszusuchen. Aber das Bewußtsein, immer noch als Mensch zweiter Klasse behandelt zu werden, läßt sie in ihrer Agonie verharren. Ich überlegte, ob es für eine Weiße überhaupt möglich sei, sich dieser den Verstand benebelnden Krankheit des »In-Bürger zweiter Klasse«-Denkens auszusetzen und von ihren Auswirkungen zu berichten. Mir schien, ich war in einer guten Lage zu erkennen, welche Fesseln meine schwarzen Schwestern banden. Keine weiße Bürgerin (erster Klasse) hätte sich größerer Bewegungsfreiheit erfreuen können als ich.

Wären meine Eltern schwarz gewesen, hätten alle Begabungen mir nicht geholfen, eine erfolgreiche freie Journalistin zu werden, die schließlich zur Mitarbeiterin des Präsidenten im Weißen Haus aufgestiegen ist.

Jeder Mensch ist einzigartig, unauswechselbar. Gerade darum wollte ich mir selbst die Frage beantworten, wie Weiße ein Individuum behandeln würden, dessen Erziehung und Können mit dem meinen identisch ist und das eine schwarze Haut hat. Ich würde in ihren Augen schwarz sein, doch derselbe Mensch, der ich immer gewesen war.

März 1968

Ich habe keine Ahnung, wie alt Roscol Dixon ist. »Sie zeigen nie ihr Alter«, behaupten die Weißen. Dixon hat zwanzig Jahre als Koch im Freedmen-Krankenhaus gearbeitet. Ich lebte schon im Calvert-Apartmenthaus, als man ihn hier zum Putzen einstellte. Gleich zu Beginn unserer Bekanntschaft begann er mir Rosen, Mais und Gemüse aus seinem Garten mitzubringen. Er erzählte mir von seiner Frau Dorothee, »einer braven Frau«, ihren erwachsenen Kindern und zehn Enkeln.

Irgendwann fiel Roscol in meinem Apartment eine Paperbackausgabe des Buches *Reise durch das Dunkel* in die Hände. Ich borgte es ihm. Heute morgen hat er es zurückgebracht.

»Mann«, sagte er erschüttert, »was der durchgemacht hat«, und wörtlich genau wiederholte er die Beschreibung, wie ein Busfahrer im Süden Griffin nicht erlaubt hatte, den Bus zu verlassen und den Dusch- und Toilettenraum zu benutzen, wie ein Neger Griffin auf einer einsamen dunklen Landstraße aufgelesen hatte und das wenige, was er hatte, mit ihm teilte, wie Griffin auf einem harten Fußboden schlief und weinend wie ein Kind durch die Nacht gelaufen war.

»Dixon«, fragte ich, »glauben Sie, ich könnte das gleiche wie Griffin tun?«

»Uuh«, rief er entsetzt und schüttelte heftig den Kopf. Er glaubte nicht, daß es einen Menschen auf der Welt gebe, der das tun könnte, was Griffin getan hat, »all die Schande auf sich zu nehmen«. Ich wandt ein, daß Millionen schwarzer Männer und Frauen es jeden Tag tun müßten. »Das«, erklärte er mir, »das ist etwas völlig anderes. Wenn man schwarz *geboren* wurde, ist man auf die Schande vorbereitet.«

Dixon merkte es nicht, aber seine Warnungen verstärkten nur meine Entschlossenheit. Basierte diese Entschlossenheit auf einem unbewußten Schuldgefühl? Oder entsprang sie meiner Journalistenneugier, die Wahrheit aus erster Hand zu erfahren? Warum wollte ich es wirklich tun? Meine Gefühle sagten mir: Ich brauche diese Erfahrung. Bisher habe ich von außen über den Zaun geblickt. Ich kenne die Dünste ihrer Bohnengerichte und ihre Gerüche des dichten Beisammenlebens. Jetzt will ich an ihre Tür klopfen und sagen, laßt mich herein zu euch, schwarze Männer und Frauen. Und wenn sie mir die Tür öffnen, was muß ich dann »aufgeben« – draußen lassen? Nicht daß ich mir Schmerzen wünschte, aber man soll Unbequemlichkeiten davon haben, wenn man Behaglichkeit und Komfort aufgibt. Nicht, daß ich den Teppich aus meiner Wohnung reißen und auf bloßen Fußböden leben möchte, aber man muß zwischen der Ruhe und der Wahrheit wählen, und wählen, sich entscheiden bedeutet etwas *aufgeben*.

Meine Geschichte des »Aufgebens« begann, als ich die Sicherheit meines Zuhauses hinter mir ließ und in der Welt umherreiste. 1953 kehrte ich zurück. Jahrelang hatte ich für mehrere Regionalzeitungen des mittleren und Südwestens eine Reihe von Artikeln aus den Hauptstädten der Welt geschrieben. Ich entschloß mich, als *Public Relations Director* für eine Ölgesellschaft zu arbeiten, wo ich alle Aufstiegsmöglichkeiten hatte, wie mir der Präsident versicherte. 1955 verdiente ich bereits 1000 Dollar im Monat und genoß alle Annehmlichkeiten eines solchen Unternehmens, einschließlich die seiner privaten Flugzeuge. Dennoch war ich unzufrieden und unausgefüllt. Ich fühlte mich unfrei. Dies hier konnte nicht der ganze Sinn meines Lebens sein. Oft dachte ich an den Orient als eine mögliche Quelle der Selbstentdeckung. Doch 1956 entschloß ich mich plötzlich, nach Japan zu fahren.

»Ich bin überzeugt, Sie machen einen Fehler«, warnte mich der Präsident der Gesellschaft. Niemand auf dieser Welt kann absolute Freiheit haben, meinte er, aber Menschen mit Geld in den Taschen kommen ihr am nächsten. Er drängte mich zu bleiben, aber mein Entschluß war gefaßt.

Japan, Korea, Hongkong, Arabien, Griechenland, die Türkei – wieder einmal reiste ich durch die Welt. 1959 kam ich nach Südamerika. Ich hatte kaum Geld und sprach kein Wort Spanisch. Und doch blieb ich dort drei lange Jahre. Nach Washington zurückgekehrt, nahm ich einen

Job als Reporterin an. 1965 entdeckte mich Präsident Johnson in einer Meute von getreuen Anhängern, die ihn auf einem seiner sagenumwobenen Spaziergänge durch den Südpark des Weißen Hauses begleiteten. »Kommen Sie mal zu mir 'rüber. Ich habe selten so etwas Nettes wie Sie gesehen.« Eine Woche später ließ er mich rufen und engagierte mich als *staffwriter*, das heißt, ich gehörte mit zu seinem engen Beraterstab. Ich blieb drei Jahre bei ihm. Nun, mit einer Prestigestellung ausgerüstet, konnte ich Status quo spielen, mich auf die Sozialversicherung stützen und die Vorteile der Altersversorgung ins Auge fassen, kurz, durchs Leben kommen, ohne wirklich *gelebt* zu haben. Mir schien das Wagnis der Unsicherheit begehrenswerter. Ich wollte erfahren, was Menschen mit noch größerer Unsicherheit ertragen müssen, und eingesperrt in eine schwarze Haut, wollte ich von diesen Erfahrungen berichten und die unbeschreibbare Verzweiflung festzuhalten versuchen.

3. April 1968

»Ich möchte Sie kennenlernen«, schrieb ich an John Howard Griffin. Er werde in Baltimore sein, um eine Rede zu halten. Ich schlug ihm vor, ich würde ihn in Baltimore abholen, und wir könnten zusammen nach Washington fahren. Von dort aus könne er eine Maschine zu seinem nächsten Zielort nehmen. Wir verabredeten, uns in einem Café der Howard-Johnson-Hotelkette zu treffen. Er trug getönte Gläser. Durch eine Augenverletzung im Zweiten Weltkrieg war er für eine Weile blind gewesen, und seine Augen reagierten bei grellem Licht immer noch empfindlich, wenn auch sein Augenlicht wiederhergestellt war.
Er erzählte mir, er habe sich vor wenigen Wochen einer

Operation unterziehen müssen. Die Symptome seiner Krankheit waren äußerst merkwürdig. Bestimmte Knochen wurden weich und begannen sich aufzulösen. Die Ärzte fanden eine Möglichkeit, sie durch federnden Stahl zu ersetzen. »Ein Mann sind Sie nicht mehr«, pflaumte ein Chirurg ihn an, aber ein »Wunder der Kunst«. Vom ersten Augenblick an war unsere Beziehung so eng und voll Verstehen, als hätten wir einander immer gekannt. Während unserer Gespräche auf dem Weg nach Washington umgingen wir beide sorgfältig den eigentlichen Grund meiner Reise nach Baltimore. Griffin zeigte keinerlei Neugier. Und ich hatte beschlossen, erst spät am Abend von meinen Plänen zu erzählen.

Das Shoreham-Hotel lag in der Nähe meines Apartments. Ich setzte ihn dort ab, lief zum Supermarkt und kaufte ein paar Lammkoteletts. Wir aßen zusammen und kamen ins Erzählen. Schließlich legte ich ihm einen schriftlichen Entwurf vor, der die Vorschläge für das enthielt, was ich zu tun gedachte. Er las ihn wortlos durch. Seine Antwort war spontan und überzeugend: »Ja, ja, Sie müssen das tun!«

Griffin hatte schon oft gewünscht, eine Frau könnte das gleiche tun wie er. Was muß in Negerinnen alles vorgehen, die miterleben, wie ihre Kinder aufwachsen, um dann von den Leuten verachtet zu werden – nur um ihrer Hautfarbe willen! Griffin selbst vermochte die Empfindungen einer Frau, einer Mutter nicht im gleichen Maße nachzuvollziehen, wie ich es tun könnte. Er gab zu, daß, nachdem sein Buch erschienen war, mehrfach Frauen mit der Idee zu ihm gekommen seien, das gleiche zu tun wie er. »Ich habe ihnen allen abgeraten, denn bis heute habe ich noch keine Frau getroffen, die ich dazu für fähig gehalten hätte.«

In der *Air-Force one*, dem Flugzeug des Präsidenten, flog ich nach Texas. Eine Limousine des Weißen Hauses fuhr mich zum Militärflughafen nach Maryland. Ich war von meiner Begegnung mit Griffin tief beeindruckt und fester denn je entschlossen, meinen Plan zu verwirklichen, wenngleich es paradox und beinahe lächerlich erscheinen mußte, ein Projekt in Angriff zu nehmen, das im krassen Gegensatz zu meiner gesicherten, mit soviel Macht verbundenen Position im Weißen Haus stand. Während des ganzen Fluges spielte Dean Rusk mit Austin Bridge. Linda Bird schnatterte herum und erzählte von ihrem Mann Chuck Bob, der mit seinem Marinecorps in Vietnam war. Meine Gedanken wanderten immer wieder zu Griffin, der auf einem anderen Weg nach Texas zurückkehren wollte.

Als ich an diesem Abend das Haus meiner Mutter betrat, erfuhr ich, daß man Martin Luther King erschossen hatte. Also ist doch alles sinnlos – war meine erste Reaktion. Wir werden als Volk und als Nation versagen. Doch dann wurde mir klar, daß jeder von uns mithelfen mußte, den Traum von einem vereinten Amerika zu verwirklichen, und ich ermutigte mich selbst mit der Überlegung, daß man Menschen töten kann, aber niemals eine Idee.

Im Denton College gab ich eine Gastvorlesung für weibliche Journalisten. Ich erzählte ihnen von der Freiheit dieses Berufes. Nach dem Vortrag fuhren meine Schwester und ich über die Autobahn in Richtung Süden durch die Dunkelheit, durch eine warme Nacht. Wir schienen von der warmen, einsamen Dunkelheit eingehüllt, die dazu einlud, von Gesprächen über Kleider, Möbel, Gesellschaft und Politik abzulassen und das menschliche Herz zu enthüllen. Ja, ich hätte Margaret gern mein Herz geöffnet. Ich hätte gern alles meiner Familie erzählt. Ich brauchte ihre Unterstützung, und ich wußte, es würde sie verletzen, wenn sie erführen, daß ich ihnen das Recht, mir zu helfen, versag hatte. Aber Griffin sagte mir bei unserer ersten Begegnung, ich sollte mit niemandem darüber sprechen.

»Erzählen Sie es ihnen, wenn alles vorbei ist.«

»Aber ich bin sicher, meine Schwester würde meinen Plan unterstützen.«

»Wenn Sie es nur einem sagen, werden die anderen um so gekränkter sein, weil Sie es ihnen nicht auch erzählt haben.« Griffin hatte recht. Lieber als allen anderen hätte ich es meiner Mutter gesagt. Meine Verbindung zu ihr ist sehr eng. Sie ist in ihrer Rolle völlig aufgegangen: ihr Leben in den Kindern zu leben. Ich war sicher, sie würde *spüren*, was in mir vorging, ahnen, was ich vorhatte, ohne es zu wissen. Ich hätte ihr auch gern gesagt, daß ich es ihretwegen tun wolle. Sie hat mich dazu gebracht, diese Empfindungen zu haben, mehr zu wollen als ein angenehmes Leben. Auf ihren Knien habe ich gelernt, daß ein Leben ohne nachzudenken dem Tode gleichkommt. Ich lernte von ihr, daran zu denken, wie man gibt, und nicht, wie man nimmt, wie man Trost spenden, und nicht, wie man Trost finden kann.

Nun würde ich die Lehren meiner Mutter in die Tat umsetzen können.

8. *April 1968*

John Howard Griffin hatte mich zum Abendessen nach Hause eingeladen. Ich lernte seine Frau und seine Kinder kennen und begegnete Charles Rector, einem jungen schwarzen Maler. Er kam aus den Slums von St. Louis und war rauschgiftsüchtig. Griffins jüngste Tochter Mandy lief zu Charles hinüber und stürzte sich in seine Arme. Er hielt sie nah an sein Gesicht, und die Kleine betrachtete ihn voll Anbetung.

Ich selbst fühlte mich von einer Welle warmer Empfindungen getragen. Ich fühlte mich emporgehoben – über mich selbst hinaus –, weil ich spürte, daß uns für einen Augenblick nur Liebe, Toleranz und Wahrheit verbanden. Griffin war der Mittelpunkt. Die Flamme seines Vertrauens und seiner Liebe spiegelte sich in den Augen des schwarzen Malers und des weißen kleinen Mädchens. Es war eine universale Liebe, die weder Hautfarben noch Rassen kannte. Ihre Unschuld ließ die Grenzen und Barrieren einer von Klassenbewußtsein beherrschten Gesellschaft weit hinter sich zurück.

Ich erzählte einem Geschäftsmann aus Texas von dem starken Erlebnis, das der schwarze Maler und Mandy mir vermittelt hatten. »Wollen Sie ihn heiraten?« fragte der Mann. Einen Augenblick war ich wie erstarrt. Die Frage schockierte mich so sehr, weil sie mir bewußt machte, daß ich den Maler nie als Mann gesehen und eine mögliche körperliche Verbindung mit ihm nie in Betracht gezogen hatte, obgleich ich mir in Griffins Haus vorgestellt hatte, die kleine Mandy könne ebensogut uns beiden gehören, ein Produkt der schwarzen und weißen Rasse sein.

Ich dachte noch über die Frage nach, da fiel mir ein, was ich oft gehört hatte: Viele weiße Männer sind davon überzeugt, daß eine weiße Frau, die mit einem Neger spricht oder einen Neger sogar nur anschaut, sich *sexuell* zu ihm hingezogen fühlen muß.

»Wie kommen Sie nur auf diese Idee?« fragte ich schließlich. »Ich mag diesen Menschen um seiner selbst willen, und es ist mir gleichgültig, ob er Mann, Frau oder Kind ist.«

17. April 1968

Ich fuhr nach Virginia, um Sarah Patton Boyle kennenzulernen, die dort allein in einem kleinen Apartment lebt.

In ihrem wohl autobiographischen Buch *Desegregated Heart* (Herz ohne Schranken) beschreibt sie, wie eine wohlerzogene, liebenswerte weiße Frau aus dem Süden es sich zur Aufgabe machte, alle Schwarzen zu lieben – sie beschreibt die Ernüchterung und Desillusion dieser Frau, als sie erfahren mußte, daß all ihre Ideale, ihre Bestrebungen und Hoffnungen ihr weder Befriedigung noch geistiges Verstehen eingebracht hatten.

Ihr Erlebnis ähnelte in etwa dem, das ich selbst in Korea hatte. Mein Herz hatte für das Volk der Koreaner geblutet. Aber irgendwann sah ich ein, daß ich nicht aus lauter egoistischem »Mitleid« mit ihrer Armut oder ihrer elendigen Lage »ein Volk« lieben konnte. Aber ich hatte nie das Gefühl, die Masse der Schwarzen oder die Masse der Weißen zu lieben, auch bin ich nie eine Aktivistin gewesen, wollte nie unbedingt nur Gutes tun. Ich bin *nicht* die Hüterin meines Bruders.

Erst als ich darüber nachdachte, wie man mich behandeln würde, wenn ich schwarz wäre, spürte ich in mir eine Veränderung. Die viel zu fetten Frauen der weißen Gesellschaft geben im Watergate-Gymnastikklub Hunderte von Dollars aus, um ein einziges Pfund zu verlieren. Rebecca, die schwarze Reinmachefrau des Klubs, ist durch ihre schwere Arbeit zur Gymnastik gezwungen, und sie hat wahrscheinlich die beste Figur im ganzen Haus.

Mir wurde klar, daß die meisten schwarzen Frauen ebenso hart arbeiten müssen wie Rebecca. Ich bekam Angst – würde ich da mithalten können? Wie viele Stunden würde ich arbeiten müssen? Benutzte ich meinen Status als eine Weiße und würde Kassiererin oder Telefonistin, wäre ich ein langsamer Lehrling. Ich habe fast alles im Leben langsam erlernt, aber da ich mich als Weiße betätigte, hatten alle Menschen Geduld mit mir. Meine langsame Art zu sprechen, meine langsamen Bewegungen findet man allgemein charmant. Wenn ich schwarz bin, wird man mich wahrscheinlich für ein tumbes Geschöpf halten.

Im *Esquire Magazine* stand ein Artikel über den Washingtoner Dermatologen Dr. Robert Stolar. Es hieß, der Arzt habe vielen Schwarzen zu einer weißen Haut verholfen, aber es sei sehr viel einfacher, eine weiße Haut in eine schwarze zu verwandeln. Ich nahm an, daß der Autor dieses Berichtes über keinerlei persönliche Erfahrung verfügte.

18. April 1968

Ich habe Dr. Stolars Büro angerufen und ein Treffen mit ihm vereinbart.

19. April 1968

Um 14.30 Uhr ging ich in die Praxis Dr. Stolars. Ich mußte eine Stunde warten und wurde immer nervöser. Wenn Menschen mich warten lassen, werde ich sehr schnell ungeduldig. Aber dann fiel mir ein, daß ich als Schwarze sehr viel mehr Geduld brauchte, als ich jetzt besaß. Schließlich stand ich Dr. Stolar gegenüber. Ich sprach nur kurz über notwendige Medikamente mit ihm, die eine weiße Haut schwarz machen würden. Mit dem Versprechen, bald wiederzukommen, verabschiedete ich mich.

Mai 1968

Nicht zu wissen, was man will, sagt der Philosoph Santayana, ist eine Art von Abdankung.
In meinem Leben habe ich drei Dinge wirklich gewollt,

und ich war stark genug, sie durchzusetzen. Ich wollte Clay heiraten, und ich habe ihn geheiratet. Ich wollte nach Europa und um die Welt reisen, und das bedeutete Aufgabe der Ehe. Auch das habe ich getan. Und nun ist eine Schwarze zu werden ein alles andere verdrängendes Ziel geworden.

Wenn man mich bei all diesen Stadien gefragt hätte »Und warum?«, hätte ich darauf keine klare und logische Antwort geben können. In jedem Fall gab ich meinen eigenen Vorstellungen von den Zielen und Gründen meines Daseins nach, und sie beruhten im wesentlichen auf Gefühl und einem Sinn für das, was richtig ist. Fehlte es an Urteilsvermögen, war da doch ein starkes unerschütterliches Engagement. Und nun fragte ich mich: Kann ich ebenso logisch und vernünftig sein wie willensstark?

Mein Leben war mehr ein Abenteuer als ein geordnetes Dasein, und doch spüre ich, ich habe mich jahrelang auf das vorbereitet, was ich jetzt tun möchte. Ich will *lernen*, *nicht lehren*. Auch das wird ein Abenteuer sein, und ich hoffe, ich kann es mit jeder Faser meines Herzens erleben. Ich will lernen, mit anderen teilen und mich weiterentwickeln.

Erst wenn ein Mensch bereit ist, aufzugeben, kann er wirklich schätzen, was er liebt. Ich fange erst jetzt an, mein Zuhause und meine Umgebung wirklich zu lieben. Jedes Möbelstück in meinem Apartment bedeutet mir plötzlich etwas. Ich empfinde es wie ein Refugium, wie einen Schutz. Jeder Stuhl, jedes Buch in den Regalen ist Teil des Felsens, der mich trägt. Die Räume atmen meinen Duft, die Spiegel reflektieren meine jahrelange Sehnsucht, das Heim zu haben, das ich jetzt mein eigen nenne. Und was bedeutet es schon, hinauszugehen und als Negerin zu leben, wenn ich nicht diesen Platz aufgebe, den ich liebe, an den ich mich klammere? Aufgeben bedeutet eine Art vollständigen Bruch mit meinem vergangenen Leben.

Aber der äußere Wechsel von einem Apartment in ein

anderes würde nichts bedeuten – die Umwandlung müßte in meinem Inneren vor sich gehen. Aber wie stellt man es an, all die Unwahrheiten und Mythen, die nie ausgesprochen werden, die einen aber stets umgehen, die wie das Sonnenlicht und der Boden unter uns akzeptiert werden, hinter sich zu lassen? Die Weißen sind überlegen. Die Schwarzen sind *anders*. Manchmal sind sie *clever*, immer haben sie »Rhythmus«, und sie leben einfach in den Tag hinein.

Als Kind glaubte ich an den Nikolaus. Aber genauso, wie ich irgendwann begriff, daß er nicht durch den Kamin geritten kommt, um mir den Strumpf an der Tür zu füllen, kam ich schließlich dahinter, daß der weiße Mann nicht überlegen ist. Genauso, wie in einer Schublade im Hause meiner Mutter in Texas noch immer der Strumpf für den heiligen Nikolaus liegt, stecken in meinem Unterbewußtsein gewiß noch die Überreste irgendwelcher falscher Vorstellungen, mit denen ich aufräumen muß.

Seit ich den Entschluß gefaßt habe, für eine Weile als Schwarze zu leben, begann ich mich glücklicher zu fühlen. Mir selbst war das gar nicht bewußt, nur las ich in den Briefen meiner Familie und meiner Freundin Jo Kommentare wie: »Du wirkst so glücklich«, »Alles scheint bei Dir so gut zu gehen.« Ich weiß, daß mir die Vorstellung, all meine Behaglichkeit und meinen Luxus aufzugeben, dieses Glücksgefühl vermittelt.

Bei einer Cocktailparty in meinem Apartment diskutierten ein paar Freunde über die Möglichkeit – als eine Lösung des »schwarzen Problems« –, die Vereinigten Staaten in zwei Länder aufzuteilen, in eine schwarze und weiße Hälfte. Natürlich sollte man den Schwarzen eher Staaten wie Mississippi und Alabama »geben« als Michigan und Illinois. Ich hörte, wie jemand in die Diskussion einwarf: »Gebt ihnen eine Decke und hundert Pfund Fleisch im Monat.« Einer meinte: »Für viele Neger wäre das ein Anreiz.«

Ich fragte: »Woher wollen die Weißen immer wissen, was die Schwarzen mögen?«

»Ich bin sicher, die Idee würde bei den Negern großen Beifall finden«, gab der Mann hartnäckig zurück.

Viele Weiße mit ihrer Apartheid möchten die schwarze Bevölkerung wahrscheinlich genauso in Reservate sperren, wie sie es mit den noch überlebenden Indianern getan haben.

24. Mai 1968

Fünf Monate lang habe ich mir nun schon vorgestellt, schwarz zu sein. Aber ich sah mich immer *schwarz und häßlich*, in ausgetretenen Schuhen und einem billigen Baumwollfetzen, der wie ein Mehlsack an mir herunterhing. Und warum? Weil ich noch immer Mitglied dieses »Klubs« bin, der selbstverständlich von der Vorstellung ausgeht, daß weiße Frauen attraktiver sind als braune und schwarze. Ich gebe zu, daß es mir unangenehm war, mich dunkelhäutig zu sehen, und erinnerte mich, was Elizabeth Arden mir einmal gesagt hatte: »Blondes Haar läßt die Züge einer Frau weicher erscheinen. Eine Frau über dreißig sollte ihr Haar nie schwarz färben. Es wird ihr Gesicht hart machen.«

Clarence Robinson, ein Schwarzer, und ich gingen am Ufer des Potomac spazieren. Ich hörte mich selbst übersprudeln in meiner Gesprächigkeit, ich redete genauso, wie als ich noch ein Teenager war und mit Freunden an den Ufern anderer Flüsse entlanggegangen war – am Hudson in New York, an der Seine in Paris, der Donau in Wien und am Rhein in Deutschland. In jenen Jahren schien das Leben erst begonnen zu haben. Stundenlang plauderten wir über unsere Träume und Vorstellungen, die wahrscheinlich alle jungen Menschen bewegen.

»Waren Sie je verheiratet?« fragte Robinson. »Ja«, antwortete ich, und dann hatte ich plötzlich den Wunsch, mein Leben vor ihm auszubreiten und die Umstände und Menschen zu umreißen, die mein Leben beeinflußt hatten. Ich erzählte ihm, wie sehr mich mein Vater mitgeprägt hatte. Er drängte mich, immer zu suchen, anzuklopfen. Wenn ich das täte, würden sich mir alle Türen öffnen, meinte er. »Wer weiß, vielleicht wirst du sogar Gouverneur!« Für einen Texaner bedeutete das mehr, als Präsident zu sein. Er lehrte mich, daß es für den Verstand keine Grenzen gibt, und er war an den »Großen Fragen« interessiert: Warum sind wir hier? Was wollen wir erreichen? Er sagte niemals: »Tu das nicht.« Er war sehr positiv. »Geh und betrachte das Leben als ein Abenteuer«, forderte er mich auf.

Ironischerweise heiratete ich dann ausgerechnet Clay, der mich wie ein Polizist immer vor dem Unbekannten warnte. »Sei vorsichtig, Baby«, pflegte er mich zu warnen.

Mit ein paar Sätzen versuchte ich dem Schwarzen Clays Persönlichkeit zu umreißen: »Er lebte in einer Welt, die schwarz und weiß war...« Im gleichen Augenblick begriff ich, daß Clarence mich vielleicht mißverstehen könnte: Ich wollte damit sagen, daß Clay in einer Welt gelebt hat, in der es kein Grau gab. Seine Welt war weiß (gut) und schwarz (böse und falsch).

Würde ich nun, da ich selbst schwarz werden wollte, mich schwarz und schön sehen können, oder werde ich mich schwarz und schlecht und böse finden?

Nach dem Spaziergang lud Robinson mich in einen Jazzklub ein. Ein junger Neger sang voll Inbrunst: *Zünde eine kleine Kerze an, wo immer du bist, wo immer du bist ...* Mit diesem Lied bin ich in der Sonntagsschule aufgewachsen, aber ich habe es nie mit solcher Ausdruckskraft singen hören.

Während ich ihm zuhörte und sein Gesicht beobachtete, dachte ich über seine Integrität und seine Güte nach. Ich kam zu dem Ergebnis, daß wir Güte, Integrität und Charakter nur bei Menschen entdecken, die sich selbst kennen, die gelernt haben – und offenbar lernt man durch Schwierigkeiten, sich selbst zu kennen –, wer sie sind und was sie wollen.

Ich bin überzeugt, daß viele Schwarze sich so genau kennen, weil Härte und Not sie dazu gezwungen haben.

27. Mai 1968

Ich war zum zweitenmal bei Dr. Stolar. »Ich war beim letzten Mal ein wenig nervös«, erklärte ich ihm. »Ich möchte Sie fragen, ob die Medikamente irgendwelche Nebenwirkungen haben?«

»Nein«, antwortete er, »jedenfalls keine, dir wir haben feststellen können. Schäden könnten nur eine zu intensive Sonnenbestrahlung anrichten«, meinte er.

Nach der Einnahme der Medikamente? »Sie werden sehr dunkel werden . . .«, sagte Dr. Stolar. »Sie könnten ein ganzes Jahr schwarz bleiben.«

Er versprach mir, er würde der Apotheke das Rezept telefonisch durchgeben, wann immer ich wollte.

»Kann ich es in jeder Apotheke bekommen?«

»Ja.«

Er begleitete mich aus seinem Zimmer in das Büro einer Sekretärin. Sie begann mich endlos zu fragen. »Ihr zweiter Vorname bitte . . .«

Er hatte gesagt, ich könnte für ein Jahr schwarz bleiben. »Ich habe keinen zweiten Vornamen«, antwortete ich. Ich habe einen, aber das schien *so* unwichtig. Ich wollte hier heraus an die frische Luft, um nachdenken zu können.

Mein ganzes Leben würde sich verändern. Ich würde ein anderer Mensch sein. Meine engsten Freunde würden mich nicht mehr erkennen. »Und wo arbeiten Sie?«

»Und Ihre Heimatadresse?«

»... Und die Postleitzahl?«

Sie können innerhalb von zwei Wochen ganz dunkel werden, hatte der Arzt gesagt. Vielleicht bleiben Sie es ein ganzes Jahr – ganz einfach, als wäre ich erkältet und er müßte mir ein paar Pillen verschreiben.

»Und wie ist die Nummer Ihrer Krankenversicherung?«

»Und wer hat Sie an den Doktor überwiesen?«

Ich stolperte hinaus in den Sonnenschein. Mir wurde klar, daß ich nicht nur allein sein wollte, um über das nachzudenken, was mich erwartete, sondern daß ich vor der Person floh, die einem Menschen nur erzählen konnte, sein Leben werde sich ändern, wenn er sich gleichzeitig auf alle die Informationen stürzte, die für die Rechnung erforderlich sein würden.

Es war heiß. Aber es wehte eine angenehme kühle Brise.

Sehr schwarz. Der Gedanke setzte mir weiterhin zu. Ich hatte geglaubt, das würde mich nicht weiter berühren. Griffin hatte mir erzählt, daß seine Knochen sich aufzulösen begannen, und darum hatte ich geglaubt, daß kein Arzt mir eine solche Medizin verschreiben würde. Doch dieser Arzt tat es mit einer solchen Selbstverständlichkeit, als reiche er mir Aspirin.

Wo wird der Schauplatz für diese Veränderung sein? Ich mußte diesen Prozeß heimlich durchstehen, als wäre ich eine Schwangere, die ein Kind gebären soll, ohne daß die Umwelt es erfährt.

Juni 1968

Roscol Dixon ist mein beständiger Freund und Ratgeber geworden. Er weiß seit dem letzten Januar von meinem Geheimnis, und jeden Tag macht er mir Mut. »Ich brauche intensive Sonne«, sagte ich, und er war einverstanden,

mich an eine Bucht in der Nähe von Annapolis zu fahren.
Er holte mich in Shorts und mit einem Sporthemd beklei-
det ab und schien in Ferienstimmung. Wir suchten die
Bucht auf einer Landkarte, und mit gekochten Eiern,
Tomaten, Käse und Sandwiches ausgerüstet, fuhren wir
los. Roscol steuerte mein offenes Kabriolett. Für meinen
Geschmack fuhr er viel zu langsam, aber schließlich wollte
ich mich der Sonne aussetzen und entspannte mich.

Als wir die Autobahn nach Annapolis verließen, um die
Sandy-Bucht zu erreichen, sagte er mir, der Park sei »inte-
griert«. Als ich mich dann inmitten all der dunklen Brüder
und Schwestern umsah, mußte ich feststellen, daß ich
offenbar die erste Weiße war, die hier »integrierte«.

An der Bucht breitete er ein paar Decken aus und ging
einen Sonnenschirm und kalte Drinks holen. Ich nahm
meine Kontaktlinsen heraus, und die Welt war wie in
einen Nebel gehüllt – wie ein Bild von Seurat, ein Gemisch
von verwischten Figuren, See und Strand. Ich fühlte mich
vollkommen glücklich, überließ mein Geschick ganz dem
Schicksal.

Ich hatte Roscols Welt betreten und mich somit in seine
Hände begeben, war unter den Menschen seiner Art und
seiner Wahl. Ich fühlte mich seltsam frei und ohne Scheu,
frei von allen konventionellen Vorstellungen und Begriffen für Rasse und Realität. Für eine Weile hatten wir die
Barriere zwischen einer weißen Frau und einem schwarzen
Mann niedergerissen. Er hätte jeder Hautfarbe angehören,
jeden Alters sein können, und das gleiche galt für mich.

Wir hatten einen wundervollen Tag, und ich habe mich
nie zufriedener, entspannter, natürlicher gefühlt, und der
Friede mit meiner Umwelt und mit mir selbst schien gefunden. Am nächsten Morgen kam Roscol bei mir vorbei.
»Ich habe eine gute Neuigkeit für Sie. Mein Bruder – er
ist Taxifahrer – sah mich mit Ihnen zusammen. Er sagte,
wer ist diese Frau? Ist sie ein Halbblut? Stellen Sie sich
vor, er wußte nicht, *was* Sie sind.«

Roscol wußte, daß mich das froh machen würde. Meine Haut ist sehr rot geworden. Und die Neger bezeichnen einander sehr oft als »rothäutigen Schwarzen« oder »gelbhäutigen Schwarzen«.

Ich fragte Dixon, ob die Schwarzen an der Bucht mich wohl für eine Negerin oder für eine Weiße gehalten hätten. »Es war ihnen gleichgültig«, antwortete er.

»Hören Sie«, sagte ich ihm, »eines Tages in nicht zu langer Zeit werde ich Tabletten nehmen, die meine Haut schwarz machen, ich werde genauso schwarz sein wie Sie.«

»Aber nicht doch«, gab er zurück, »so wie Sie jetzt sind, sehen Sie gut aus. Als eine hellhäutige Negerin werden Sie viel mehr respektiert werden.«

»Roscol, Sie verstehen nicht, worum es geht; wenn ich Respekt suchte, könnte ich so bleiben wie ich bin, eine Weiße aus dem Süden im Weißen Haus.«

»In allen Stellungsanzeigen sucht man bei uns nach hellhäutigen Negern«, berichtete er mir.

»Wenn die Neger die Hellhäutigen unter ihnen mehr respektieren als die Schwarzhäutigen«, protestierte ich, »dann sind die Neger nicht besser als die Weißen. Es ist wirklich hoffnungslos.«

Er dachte einen Augenblick nach. »Glauben Sie, ich würde die Arbeit für Sie machen, wenn Sie schwarz wären?«

»Sie meinen, meine Wäsche richten oder mein Apartment sauberhalten?«

»Ich würde diese Arbeit für eine schwarze Frau nie machen«, sagte er.

»Aber warum?«

»Sie vergessen, daß das Gegensätzliche immer attraktiver ist. Ich arbeite gern für Sie, weil Sie so sind wie jetzt.«

»Sie meinen – weiß?«

»Ja.«

»Roscol, wir sehen uns später. Ich werde langsam völlig verwirrt.«

Lachend verließ er mein Apartment.

Am nächsten Morgen klopfte es leise an die Tür. Roscol brachte mir einen Korb frischer Feigen aus seinem Garten.

»Setzen Sie sich, wollen Sie einen Kaffee?« fragte ich und dann: »Was Sie gestern gesagt haben, können Sie nicht ernst gemeint haben – Sie können nicht glauben, daß Weiß attraktiver ist als Schwarz.«

»Aber natürlich glaube ich das, es ist immer so. Nehmen Sie ein schwarzes Auto, es ist nicht so attraktiv wie ein hübscher weißer Wagen. Schon ganz kleine Babies reagieren so, wenn Sie ihnen die Wahl zwischen einem schwarzen und weißen Spielzeug lassen, wählen sie das weiße.«

»Wer hat Ihnen das erzählt?«

»Ich habe es im Fernsehen gesehen.«

»Wer produziert eine solche Show und in wessen Besitz ist das ganze Fernsehen? Das gehört doch alles mit zum weißen Establishment, zum weißen System. Man hat euch euer Leben lang mit Gehirnwäsche gedrillt.« Ich erklärte es lächelnd und ohne Schärfe, aber ich konnte ihn nicht überzeugen.

Er erwähnte Malcolm X.

»Wissen Sie noch, wie ich Ihnen das Buch gab?« fragte ich.

»Sie haben es genommen, als gäbe ich Ihnen eine Bombe«, erinnerte ich ihn halb scherzhaft.

Ich wunderte mich über meine Frechheit, mich wie ein Lehrer der *Black-Power*-Bewegung aufzuführen.

»Malcolm X war ein großer Mann. Er ist der Überzeugung, daß man nicht die Weißen, aber das System der Weißen hassen soll, denn es lehrt euch, weiß sei schön und schwarz sei häßlich.

Ein paar Schwarze haben mir erzählt, daß man an der Howard-University als stark dunkelhäutiger Neger weder zu den weiblichen noch den männlichen Gemeinschaftshäusern Zutritt hat.«

»Das stimmt.« Dann erzählte mir Roscol, daß einer seiner Verwandten in North Carolina eine weiße Frau geheiratet hatte. Ein paar ihrer Kinder waren weißhäutig und gingen in eine weiße Schule. Die anderen waren schwarz und mußten in eine Negerschule gehen.

Als er von den weißhäutigen Kindern sprach, beschrieb er mit einer zärtlichen Handbewegung, wie wunderschön und lang und glatt ihre Haare seien. Und wieder spürte ich die ihm eingebleute Geschmacksrichtung des weißen Mannes, für den langes, seidiges Haar schön ist und nicht etwa krause Negerwolle.

»Ich versuche, mir vorzustellen«, sagte ich zu ihm, »was es für ein schwarzes Mädchen bedeuten muß, sein Leben lang von Menschen umgeben zu sein, die glauben, daß weiße Haut und langes, glattes Haar – »gutes« Haar, wie Sie sagen – Voraussetzung für Schönheit sind. Was es bedeuten muß, schwarz zu sein und endlose Stunden der Qual mit heißen Wickeln im Haar durchzustehen, um es glatt zu machen, sich Bleichcreme ins Gesicht zu schmieren, um heller zu werden, und das alles, um dem weißen Ideal von Schönheit nahe zu kommen. Und immer das Wissen mit sich herumzutragen, daß Männer wie Sie glauben, daß eine weiße Frau attraktiver ist als eine schwarze Frau. Wieweit würde mich das demoralisieren? Wenn alle Menschen mit der Idee herumliefen, weiß sei schön und schwarz sei häßlich, weiße Autos schön und schwarze Autos scheußlich – würde das nicht auch bedeuten, daß schwarze Frauen weiße Männer viel attraktiver fänden als einen Mann wie Sie? Wie bekäme denn das Ihrer Moral?«

»Oh«, antwortete er zustimmend, »alle Schwarzen haben diese Komplexe.«

Endlich! Ich habe neue *schwarze* Augen! Im Februar, es lag noch Schnee, ging ich zu meinem Optiker Dr. James Maxwell. Inzwischen war ich 48mal in seinem Geschäft in Maryland, um Kontaktlinsen zu probieren, zu testen und auszusuchen.

»Sie können zwischen vielen Farben wählen«, sagte er mir.

»Oh, das können Sie tun«, antwortete ich, »ich will einfach schwarz.«

Ich hatte geglaubt, alle dunklen Augen seien einfach schwarz oder braun, so wie ich die Neger immer als schwarz oder braun gesehen habe. Ich wurde bald eines Besseren belehrt.

Bei meinem nächsten Besuch hatte Dr. Maxwell künstliche Augen auf einen Tisch gelegt. Zögernd nahm ich eines in die Hand. Ich war überrascht, wie lebendig sie waren. Die aufgereihten Glasaugen starrten mich an, jedes schien eine eigene Persönlichkeit zu haben. Es gab sie in allen Schattierungen, in allen Tönen. Ihre feinen Linien schimmerten vom hellen Gelb bis zum dunkelsten Braun.

»Sie müssen wissen, daß jede Kontaktlinse anders bemalt ist«, erklärte mir Dr. Maxwell.

»Wie wär's mit dem hier?« Ich deutete auf eines der Augen, dessen Farbe ich für mich angemessen hielt.

»Oder das da«, schlug er vor. Die Sache war geregelt.

Dann kamen Wochen der Irrtümer und Verzögerungen. Die Fachleute aus Philadelphia hatten eine schlechte Arbeit abgeliefert, die Dr. Maxwell nicht akzeptierte. Als er schließlich mit einer »Malerei« zufrieden war und sie mir schickte, ging sie verloren. Endlich rief Dr. Maxwell an. Ein paar neue Kontaktlinsen waren angekommen. Ich fuhr zu seinem Geschäft hinaus, um sie anzupassen. Ich setzte eine Linse in das rechte Auge, dann in das linke. Dr. Maxwell hatte mich gewarnt. Ich würde Schwierigkeiten haben, mich an die neuen Linsen zu gewöhnen, und für kurze Zeit würde mein Blickfeld schmaler sein. Mir hätte das nichts ausgemacht, aber jetzt hatte ich das Gefühl, überhaupt kein Blickfeld mehr zu haben. Und nicht nur das, mein linkes Auge begann zu tropfen wie ein undichter Wasserhahn. Es hörte einfach nicht auf. Dr. Maxwell sah mich flehend an, als wollte er sagen, halten sie es noch ein Weilchen aus. Aber schließlich stand er auf. Er konnte meine Pein nicht länger mitansehen. »Nehmen Sie sie wieder heraus«, sagte er schließlich, »und versuchen Sie langsam, sich daran zu gewöhnen.«

Während er sprach, stellte ich fest, daß in dem Kästchen, in dem ich meine blauen Kontaktlinsen aufbewahre, eine Linse fehlte. »Ich habe eine Linse fallen lassen!« rief ich entsetzt. Wie durch einen plötzlichen Reflex fiel Dr. Maxwell auf die Knie, wie ein Moslem, der sein Gebet verrichtet. Auf allen vieren tastete er den Boden ab. Ich bemerkte, daß seine Technik des Suchens ganz genau der meinen glich. Wahrscheinlich strahlen alle Träger von Kontaktlinsen diese Hilflosigkeit aus. Ich war außerstande, ihm zu helfen, so sehr mußte ich lachen. Er wirkte so komisch. Plötzlich fiel mir etwas ein.

»Vielleicht habe ich die Linse in meinem Auge vergessen!« Mit unbewegtem Gesicht stand er auf.

Ich hielt meine Hand unter das Auge und nahm die schwarze Kontaktlinse vorsichtig heraus. Tatsächlich, im linken Auge saß darunter meine eigene.

»Kein Wunder, daß Sie sich nicht daran gewöhnen konnten«, meinte Dr. Maxwell.

»Gefallen Ihnen meine neuen Augen?« fragte ich ihn.

»Sie passen gut zu Ihrer dunklen Haut.«

Seit ich mich entschlossen habe, schwarz zu werden, habe ich die Gesichter vieler Neger studiert. Aber ich bin überzeugt, daß die meisten Menschen die anderen kaum ansehen. Ich habe bei mir so viele innere und äußere Veränderungen entdeckt. Doch meine Mitarbeiter, die mich täglich sehen, haben nichts davon bemerkt. Niemand hat festgestellt, daß meine Augen manchmal nicht mehr blau, sondern schwarz waren.

»Kein Fleiß ohne Preis«, pflegte mein Vater zu sagen. Daran erinnere ich mich jetzt, da ich mich mit den neuen schwarzen, brennenden, juckenden Kontaktlinsen herumquälen muß. Ich kann seitlich nichts sehen. Ich stürze. Mein Kopf schmerzt.

Versuch es weiter ... Versuch es weiter. Ich höre noch heute den Rat meines Vater ... Arbeite für das, was du haben willst.

In der Zwischenzeit war ich etliche Male bei Dr. Stolar. Aber ehe ich das Medikament nahm, wollte ich den Rat anderer Ärzte einholen. Die meisten Menschen verlassen sich auf das Urteil eines Arztes. Mir war das zu gefährlich – denn es konnte dabei um Leben und Tod gehen. Ich beschäftigte mich jetzt mit dem Zweig der Wissenschaft, in dem es zwar Experten geben mag, in dem aber das Unbekannte das Bekannte weit überwiegt.

Ich rief Dr. Aron Lerner an. Er lehrt an der Medizinischen Fakultät der Yale-Universität und soll angeblich der beste Spezialist für den Bereich der Hautpigmente sein. Ich erklärte ihm mein Anliegen erst gar nicht, sondern fragte ihn sofort: »Kann ich Sie morgen nachmittag aufsuchen?«

Dr. Lerner war einverstanden.

Als ich Washington verließ, war es feucht und sehr heiß. Als ich eine Stunde später am kleinen Flughafen von New Haven landete, war es kalt und regnerisch. Ich ging zu dem verabredeten Treffpunkt im Flughafen, konnte aber niemanden entdecken, der Dr. Lerner sein könnte. So rief ich wieder in seinem Büro an.

»Er wußte, daß Ihr Flugzeug Verspätung hat, und er erledigt noch etwas«, teilte mir die Sekretärin mit. »Er wird in ein paar Minuten dort sein.«

»Wie sieht er aus?« fragte ich neugierig wie ein Reporter. »Wie alt ist er? Vierzig, fünfzig, sechzig – ?«

»Er ist 47«, antwortete das Mädchen am Telefon. »Er ist mittelgroß und schlank, und er trägt einen braunen Regenmantel.«

Noch während Sie mir Dr. Lerner beschrieb, sah ich ihn in seinem braunen Regenmantel zur Tür hereinkommen. Wir stellten einander vor, er hängte mir den Regenmantel um die Schultern, und wir liefen zu seinem Wagen. Auf dem Weg zum Yale-Medical-Laboratorium zeigte er mir ein wenig von der Stadt. Erst als wir sein Arbeitszimmer erreichten, ließ ihm seine Neugier keine Ruhe mehr, und er fragte mich, warum ich ihn sehen wollte.

»Ich möchte das gleiche tun wie John Howard Griffin«, sagte ich ihm. »Eine Schwarze werden und darüber schreiben.« Was es mit dem Medikament Psoralen auf sich habe, wollte ich wissen. Er erklärte mir, daß der medizinische Name Trymethyl Psoralen sei und daß es unter dem Namen Trisoralen im Handel sei. Ursprünglich hat man dieses Medikament aus einer ägyptischen Pflanze gewonnen. Aber da der Stoff leicht verdarb, begann man, ihn synthetisch herzustellen. Er erklärte mir, daß der Pigmenteffekt eine Folge des Pigmentstoffs Melanin sei. Die Menge dieser Melanine bestimmt, wieweit die Farbveränderung an den verschiedenen Körperteilen sich entwickelt. Zusammen mit dem Mittel Psoralen bewirkt sie bei intensiver ultravioletter Bestrahlung eine schnelle dunkle Verfärbung der Haut. Melanine sind im Körper enthalten. Sie fehlen nur bei Albinos.

Dr. Lerner erzählte mir, daß Griffin bisher der einzige Mensch war, der diese Mischung aus Psoralen und Melanin eingenommen hatte, weil er schwarz werden wollte.

»Wissen Sie von irgendwelchen Nebeneffekten des Präparates?« Lerner behauptete, es gebe keine Nebeneffekte. »Ehe das Medikament in den Handel kam, haben wir verschiedene Tests, unter anderem auch Nierentests gemacht. Es stellte sich heraus, daß sie nicht notwendig gewesen wären.« Dann aber sagte er mir, die Voraussetzung sei eine gute körperliche Kondition.

»Ihr allgemeiner Gesundheitszustand ist in Ordnung?« fragte er mich. Ich nickte.

41

»Ihr Haar einzufärben wird heutzutage ja kaum ein Problem sein.« Bei dem Gedanken, wie leicht eine Frau ihr Haar schwarz färben kann, fiel mir ein, ob Dr. Lerner nicht eines Tages eine Pille auf den Markt bringen würde, mit der ein Mensch ganz nach Belieben seine Hautfarbe ändern könnte, so wie eine Frau sich ihre Haarfarbe aussucht.

»Sind Sie soziologisch oder psychologisch ausgebildet?« fragte mich Dr. Lerner.

Ich verneinte beides, und er führte seinen Gedanken fort.

»Glauben Sie nicht, daß gerade geistig arme Menschen Vorurteile brauchen – wie einen Felsen, um darauf zu stehen?« fragte er. »Selbst wenn sie mühsam eines dieser Vorurteile abgebaut haben – sogar bei überzeugendster Logik ist das schwierig –, grapschen sie nach einem anderen, weil sie sich anscheinend daran festhalten können.«

Ich stimmte ihm zu, ohne weitere Erklärungen parat zu haben. Ich jedenfalls wollte nicht schwarz werden, weil ich die Schwarzen oder Weißen »im ganzen« liebte. Ich hatte begriffen, daß jeder Mensch sich mit Vorurteilen, falschen Entscheidungen und persönlichem Versagen auseinandersetzen muß. Meine Anstrengungen würden unter anderem zeigen, wieweit das für mich zutraf. Ich sah das Ganze auch als eine Übung, mich von mir selbst zu lösen, als eine Art Überwachung meiner selbst, als eine Art Sublimierung meiner selbst. Die Erfahrung, die ich machte, sollte von Dauer und Wert sein.

»Ich gebe nicht vor, Probleme *lösen* zu wollen«, sagte ich, »ich will nur ein paar davon aufzeichnen.«

Seine Art und Weise, mich zu fragen, verriet mir, daß er sich für meine Sicherheit bei diesem Unternehmen, das so viele Gefahren barg, verantwortlich fühlte. Wie ich die Tabletten vertrug, war von sekundärer Bedeutung für ihn. Später schrieb er mir ein Rezept aus. Er verordnete mir jeweils eine Tablette zwei Stunden vor dem Sonnenbad, das zu Anfang nicht länger als 25 Minuten pro Tag währen sollte. Dann könnte ich es langsam bis zu einer Stunde steigern. Nach einigen Tagen sollte ich zwei Tabletten nehmen und länger in der Sonne bleiben. »In zwei bis drei Wochen werden Sie sehr dunkel sein«, prophezeite er mir.

9. Juli 1968

Ein Bote brachte mir ein interessantes kleines Paket in mein Büro vom Weißen Haus. Es waren Dr. Lerners Tabletten. Er hätte es nicht nötig gehabt, sie mir zu schikken, denn er hatte mir ja ein Rezept ausgeschrieben. Das Päckchen enthielt die unausgesprochene Nachricht, daß er auf meiner Seite war.

In New Haven hatte Dr. Lerner mir gesagt, daß er im Spätsommer Urlaub machen und nach Cap Cod fahren würde, und so schlug er vor, Dr. A. Kenny jun. aufzusuchen. Kenny arbeitete am Medizinischen Institut der Howard-Universität und im Freedman-Krankenhaus hier in Washington. Dr. Lerner wußte, daß es für mich eine Beruhigung sein würde zu wissen, ich könnte jemanden um Rat fragen, sobald ich mit dem Einnehmen der Pillen begonnen hätte.

Ich erreichte Dr. Kenny telefonisch. Ich erklärte ihm, daß Dr. Lerner mich schicke und ich mit ihm über eine persönliche Angelegenheit reden wolle. Als er mich am darauffolgenden Nachmittag in meinem Apartment besuchte, hörte ich gerade ein Violinenkonzert von Bach. Ganz nebenbei erwähnte er, dies sei eines seiner Lieblingskonzerte. Dr. Kenny ist ein hellhäutiger Neger in den Vierzigern, wirkt sehr seriös, und seine Augen strahlen viel Freundlichkeit aus.

Ich erzählte ihm, daß ich Psoralen-Tabletten nehmen wollte, um schwarz zu werden, und daß es mir um eine

Erfahrung ging, die die Situation der Neger erhellen sollte. Er hörte mir wortlos zu. Als ich geendet hatte, sagte er mir ohne Zögern, er sei froh über mein Vorhaben. Er wollte mir helfen, so gut er könne – nicht nur als Arzt, sondern auch als Freund.

Ich fragte Dr. Kenny, ob es notwendig sei, zusätzlich zu den Tabletten einen Farbstoff zu nehmen. »Ich glaube nicht, daß Sie so etwas brauchen«, antwortete er. Er meinte, daß eine kosmetische Sonnencreme genügen würde, um weiße Stellen zu verdecken, auch solche, die auf Sonnenbestrahlung und Tabletten nicht reagierten. Falls das nicht ausreichen würde, gebe es da eine Emulsion aus Walnuß. Einer seiner Patienten benutzt Tabletten aus Kaliumpermanganat, von denen er acht Stück im Wasser auflöst.

Erst als er weg war, fiel mir ein, daß ich ihn nicht gefragt hatte, ob sich der Patient dieses Zeug einreibt, oder ob er es trinkt.

Die Flasche mit den Tabletten stand so, daß ich von Zeit zu Zeit einen Blick auf sie werfen konnte. Wenn ich aus diesem oder jenem Grund das Einnehmen der ersten Tablette aufschieben konnte, war es wie eine Gnadenfrist. Endlich hatte ich sie geschluckt und legte mich im Watergate-Gymnastikklub in die Sonne. Fünf Minuten später begann es zu regnen. Ich hatte die erste Pille umsonst geschluckt.

In der darauffolgenden Nacht konnte ich nicht schlafen. Die Pille schien wie ein lebendes Wesen in meinem Magen zu sitzen und Augen und Ohren zu haben. Ich legte meine Hand auf den Bauch wie eine Schwangere, die ihr Baby spüren will. Ich bildete mir ein, die Tablette würde mich innerlich genauso verändern wie außen.

Meine letzten Tage im Weißen Haus! Meine Arbeit zu verlassen, meine Sicherheit aufzugeben – plötzlich war mir, als schwebte ich einen halben Meter über dem Boden. Ich liebe den Gedanken, frei zu sein, doch ist damit auch Qual und Angst verbunden, ein Gefühl, als ob man schwebe und keinen Halt mehr finde.

Ich nahm eine zweite Pille, und wieder – es war kaum zu glauben – regnete es. Endlich nach der dritten Pille am nächsten Tag schien die Sonne. Die Veränderung hatte begonnen. Wieder konnte ich nicht schlafen. Am nächsten Morgen wachte ich mit einem starken Schmerz am rechten Kiefer auf. Zuerst glaubte ich, eine Halsentzündung zu haben. Ich gurgelte und lutschte Hustenbonbons, aber der stechende Schmerz blieb. Ich legte jene Seite meines Gesichts auf eine wärmende Kompresse und hoffte, daß dies mir Erleichterung verschaffte. Aber ich litt bis zum Abend.

Schließlich erinnerte ich mich, was Griffin mir gesagt hatte, seine Knochen lösten sich auf, und darunter die Kieferknochen. Als ich ihn damals gefragt hatte, ob er glaube, daß diese Knochenkrankheit auf die Medizin zurückzuführen sei, die seine Haut dunkel gefärbt habe, gab er mir zur Antwort, er wisse es nicht.

Schließlich wurde mir klar, daß ich mir diese Schmerzen wahrscheinlich nur einbildete, weil ich mich mit Griffin zu identifizieren begann.

Ein neuer Tag. Ich nahm wieder eine Tablette. 45 Minuten blieb ich in der Sonne. Dennoch konnte ich keine Veränderung meiner Haut feststellen. Am Abend ging ich mit meinen neuen dunklen Haftschalen und meiner hoffentlich auch dunkleren Haut zu einer Cocktailparty. Ich war verändert, denn Angie Duke sagte: »Du siehst völlig anders aus – ich habe dich kaum erkannt!« Andere bewunderten meine schöne dunkle Sonnenbräune. Für eine Weiße ist es schick, braun zu sein, für eine Schwarze weniger.

Jene Tage waren eine mit Spannung geladene Zeit. Ich war von Menschen umgeben, die ich gern hatte und die ich doch im wahrsten Sinne des Wortes zurückstieß. Ich stieß sie schon zurück, indem ich ihnen nicht erlaubte, mir in irgendeiner Weise zu helfen.

Ich hatte nun mit drei verschiedenen Ärzten Kontakt: Dr. Lerner, Dr. Kenny und Dr. Stolar. Zwei Köpfe wissen mehr als einer, und drei sind noch besser als zwei, dachte ich. Es heißt, daß Ärzte sehr empfindlich und stolz sind, daß der eine nicht mag, wenn man einen anderen konsultiert. Ich konnte auf diesen Stolz keine Rücksicht nehmen, schließlich ging es um mein Leben. Ich wollte noch mehr über Emulsionen wissen, die die Haut verändern. Vielleicht wäre damit alles leichter, als wenn ich wirklich schwarz würde. Wieder ging ich in Dr. Stolars Praxis und wartete zwei Stunden, ehe er Zeit für mich hatte. Meine Ungeduld war fast unerträglich jetzt. Mich hielt der Gedanke aufrecht, daß schwarze Frauen in der geschäftigen Welt der Weißen immer auf geschäftige Ärzte und anderes mehr warten mußten.

»Ich war in New Haven, um mit Dr. Lerner zu sprechen«, erzählte ich ihm. »Ich habe angefangen, die Psoralen-Tabletten zu nehmen.« Ich zeigte ihm die Flasche, die Dr. Lerner mir geschickt hatte. »Es geht so langsam, und die Bräune frißt sich so tief ein, daß ich wahrscheinlich sehr lange dunkel bleiben werde«, gab ich zu bedenken. Er nickte. Ich verriet meine Ungeduld und platzte heraus, daß ich so schnell wie möglich schwarz werden wollte und ob ich nicht das Kaliumpermanganat nehmen könnte, von dem ich gehört hätte. Ich wüßte nur nicht, ob man darin bade oder es trinke. »Nicht trinken«, antwortete er mit einem breiten Grinsen. (Irgendwie war ich erleichtert, daß er grinsen konnte.) Dann fügte er ernst hinzu: »Es ist Gift. Wie viele Psoralen-Tabletten nehmen Sie?« Ich sagte ihm, daß ich mit einer angefangen hätte und jetzt zwei nähme.

»Nehmen Sie drei«, schlug er vor.

Dann sprachen wir über die Walnußtinktur. »Es gibt zwei, die natürliche und die synthetisch hergestellte«, sagte er. »Aber diese Tinkturen haften sehr stark, wenn Sie damit an ihre Nägel kommen, werden diese mindestens ein Jahr schwarz bleiben. Wo immer Sie sie anwenden, färbt sie für lange Zeit.«

»Ich könnte mir einen Zuber besorgen und ihn an eine einsame Bucht mitnehmen«, schlug ich vor. »Dort mixe ich mir dann ein Bad, steige hinein und werfe den Zuber anschließend ins Meer.«

»Gut, wenn Sie wollen . . .«

Er verschrieb mir die Emulsion, die ich alle zwei Stunden auf eine bestimmte Stelle meines Armes auftragen sollte, um festzustellen, wie die Haut reagiert.

Mit dem Rezept in der Tasche flog ich dienstlich nach New York. Auf dem Rückflug rieb ich zum erstenmal etwas von der Farbe auf meinen rechten Arm. Während des ganzen Tages wiederholte ich den Test alle zwei Stunden (»aber nachts brauchen Sie deswegen nicht aufzustehen«, hatte Dr. Stolar gesagt). Zwei Tage später ging ich in seine Praxis. Diesmal mußte ich drei Stunden warten, und ich zerbrach mir den Kopf darüber, ob er mir wirklich helfen oder ob er meine Geduld auf die Probe stellen wollte.

Die weiße fettige Flüssigkeit hatte auf der Innenseite meines rechten Armes einen gelblichroten Fleck hinterlassen. Es sah merkwürdig aus. Die Haut war nicht wirklich gelb und nicht wirklich rot und ganz bestimmt nicht schwarz. Ich hatte mit einer halben Unze von dem Zeug angefangen.

»Da werden Sie sehr viel mehr davon brauchen«, sagte Dr. Stolar und fragte mich: »Was haben Sie dafür bezahlt?«

»Etwas weniger als 5 Dollar.«

»Ich werde die Zutaten dafür selbst besorgen und denen bei der Apotheke sagen, sie sollen einen vernünftigen Preis machen. Es muß über Nacht stehenbleiben«, fuhr er fort, und es klang, als spräche er über Joghurt oder Hefeteig. Ich bekam jetzt eine große Flasche mit dem Farbstoff, den ich auf Gesicht, Arme und Beine einreiben sollte – auf alle der Luft ausgesetzten Körperteile. Die Innenseiten der Hände und Oberschenkel damit einzureiben war nicht nötig.

Tag für Tag schluckte ich jetzt die Pillen, rieb mich mit der Emulsion ein und setzte meinen Körper bei neunzig Prozent Luftfeuchtigkeit der Sonne aus. Meine Haut wurde dunkelgelb, aber nicht schwarz. Eines Tages rief ich vom Watergate-Gymnastikklub aus Dr. Solar an. Ich fürchtete, die Sonne löse die Farbe auf oder das Zeug wirke wie eine Art Sonnenschutzmittel. Er beruhigte mich.

Trotzdem gefiel mir meine Farbe, die ich mit der Emulsion gewonnen hatte, überhaupt nicht. Ich wollte sie nicht mehr benutzen und mich nur noch der Sonne aussetzen. Vielleicht war ich auch einfach zu ungeduldig. Ich mußte mich sehr zusammennehmen! Man sagt nicht umsonst, daß das Wasser nicht kocht, wenn ein zu ungeduldiger Mensch vor dem Kessel steht und wartet.

Immerhin waren die Bemerkungen über mein Aussehen recht beruhigend. In meiner Bank sagte mir eine der Angestellten: »Oh, was für eine Bräune (Pause) – sie ist so – tief!« Im Gymnastikklub: »Mein Gott, haben sie eine phantastische Farbe (Pause) – Sie sind beinahe schwarz!« Viele Frauen haben mich am Swimming-pool gefragt: »Waren Sie in Florida?« Eine andere Dame stellte fest: »Ich habe Sie doch erst gestern gesehen, und heute haben Sie eine völlig andere Hautfarbe.«

Ich finde, das Ganze ist schon ziemlich revolutionär. Ich schlucke Pillen, andere fahren nach Florida.

Mit dem langsamen Dunkelwerden meiner Haut spüre ich, daß ich mich auch psychologisch auf die Zukunft vorbereite.

Ich rief Jack Kenny in Houston an, wo er einem medizinischen Kongreß von Negern beiwohnte. Ich sagte ihm, ich wolle das Dunkelwerden meiner Haut rascher vorantreiben. »Soll ich nach Puerto Rico gehen?« fragte ich ihn.

»Das wäre wahrscheinlich ganz interessant«, antwortete er mir.

Anschließend telefonierte ich mit Dr. Lerner in Cape Cod. Er fragte mich nach meiner Meinung über die Kampagne des Präsidenten. Obgleich die Arbeit des Präsidenten drei Jahre lang mein Lebensinhalt war, interessierte sie mich so wenig, daß der Arzt ebensogut eine Frau von der anderen Seite des Mondes hätte fragen können. Ich sagte ihm lediglich, ich sei zwar dunkel, aber ich wollte *schwarz* werden.

Er schlug mir eine andere Medizin vor, die man in die Haut einreibt, ehe man sich der Sonne aussetzt. Er versprach mir, das Mittel würde die Sonneneinwirkung vervielfachen, bat mich aber, den Überschuß des Medikaments von der Haut abzuwischen, ehe ich mich der Sonne aussetzte. »Im übrigen brauchen Sie wahrscheinlich eine intensivere Sonne«, meinte er. »Schließlich liegt Washington ziemlich nördlich.«

»Ich fahre nach Puerto Rico«, sagte ich.

Er war einverstanden.

Puerto Rico

Es dämmert – ohne auch nur meine Zähne zu putzen, schlüpfe ich in einen Badeanzug und laufe die paar Meter zum Meer hinunter. Ich laufe die Küste entlang. Ich rede mit dem Sand und dem Himmel. Und sage der Welt, daß ich ihr nicht nahe genug kommen kann. In der Bucht lasse ich meine Augen über den Horizont wandern und denke an die Vergangenheit – entdecke alte Geheimnisse, alte Wunden, erlebe noch einmal Freude und Schmerz eines Lebens, das nur in einer Hinsicht hinter mir liegt, mir steht ein längeres, doch anderes Leben bevor.
Ich liege am Strand, ich sitze am Strand, ich gehe spazieren am Strand. Während die Tage an mir vorbeigleiten, sehe ich den Menschen in seiner ganzen Vielfalt, in allen seinen Farbschattierungen, alle schön, vom hellhäutigen Blonden bis zum schwärzesten Schwarzen. Sie alle verschmelzen mit dem Sand am Meer, leben und verkörpern Harmonie. Am ersten Tag meines Aufenthaltes in Lutece lernte ich einen Neger kennen – Jim Hamilton aus New York, mit Afro-Bart und -Haar und einem hübschen losen afrikanischen Hemd. Ich lag in der Sonne und sog die Farbe in mich auf. Im Vorbeigehen meinte Hamilton: »Das werden Sie alles in wenigen Tagen wieder verlieren, sobald Sie wieder in der Stadt sind.«
»Nein«, antwortete ich, »ich werde es behalten.«
Er lachte. In seinem Gesicht konnte ich lesen, daß er mich für eine alberne Weiße hielt. Aber er wollte plaudern, er wollte wissen, wer ich war, wo ich wohnte, und nach einer Weile gab er mir seinen Namen und seine New

Yorker Adresse. Es tat mir leid, als er mir erzählte, daß er am Nachmittag des gleichen Tages zurückfahren müßte. »Rufen Sie mich an, wenn Sie wieder in New York sind«, sagte er völlig unbefangen.

Die Sonne geht unter. In einem Gemeinschaftsduschraum versuche ich die Schichten der mit Schmutz vermischten Emulsion von meiner Haut abzuwaschen, die ich mit teuren Feuchtigkeitscremes verzärtelt hatte. Ein Rest der mit Sand vermischten Medizin will nicht weichen. Mein früher für Botschaftsempfänge so gepflegtes Haar ist stumpf, vernachlässigt, einfach glatt mit nervösen Fingern nach hinten gekämmt.

Es ist wie ein Ritual: in der Früh geht's an den Strand, gegen 11 Uhr laufe ich vier Häuserblocks entlang zum Café Ortitz, bestelle mir einen Milchkaffee und ein Stück Brot. Während die Musikbox ein trauriges mexikanisches Lied spielt, spüle ich mit dem Kaffee zwei »Schwarzmache-Pillen« herunter und kehre in die Sonne zurück. Am Nachmittag mache ich das gleiche. Manchmal, je nach Stimmung, nehme ich drei Tabletten.

Ich gehe am Strand spazieren. Eine junge Engländerin in Begleitung ihrer Mutter bleibt vor mir stehen. »Wie lange sind Sie schon hier?« fragt sie, und dann, während sie mich genauer betrachtet: »Oder leben Sie hier?« Ein anderes Mädchen kommt hinzu. Sie ist vielleicht 19 Jahre alt, langes Haar fällt ihr in die Augen, und ihre blasse Haut scheint jedem Sonneneinfluß zu widerstehen. »Es ist wirklich ekelhaft«, sagt sie, »ich benutze genau wie Sie Coppertone (sie zeigt auf die Flasche in meiner Hand), »aber ich werde nie Ihre Farbe bekommen.« Sie versetzt mich in prächtige Stimmung mit dem Ausruf. »Sie sind schwarz.«

»Wieviel Uhr ist es?« frage ich Ernesto, einen schwarzen Puertorikaner, der eine Art Mädchen für alles ist. Er trägt eine elegante Uhr, aber sie zeigt die Zeit nicht an. Er grinst, schaut seine Uhr bewundernd an, dann sagt er zu mir: »Negrita ... negrita.« Ich halte meinen Arm neben den seinen, um die Farbe zu vergleichen. Als wir feststellen, daß da kein Unterschied besteht, müssen wir beide lachen.

Jeden Abend, wenn ich auf der kleinen Terrasse sitze und die abendlichen Wolkenbilder betrachte, kommt eine große Frau mit sonnengegerbtem Gesicht auf dem Weg zu ihrer Kabine an mir vorbei und nickt mir zu. Sie ist Lehrerin in Philadelphia. Drei Abende lang nickt und lächelt sie. Am vierten bleibt sie stehen und spricht mich an: »Mein Gott, sind Sie schwarz!« Ich frage sie: »Wie können Sie das in der Dunkelheit feststellen?« »Sie schimmern!« gibt sie zurück.

Paulina, die ich aus Columbia kenne und die mit einem Puertorikaner verheiratet ist, holt mich zu einer Autofahrt ab. »Du bist schwarz«, stellt sie als erstes fest. Sie inspiziert mich mit einem Ausdruck, der Entsetzen gleichkommt. »Du mußt sofort zu einem Arzt, du bist verbrannt. Du mußt etwas gegen diese großen Blasen an deinen Füßen tun.«

Ich habe jedoch Angst, einen Arzt aufzusuchen. Vielleicht verbietet er mir das Sonnenbaden.

»Zuviel Sonne ist nicht gut für dich«, Paulina sagt es streng wie eine Mutter zu mir. »Man kann Hautkrebs davon bekommen.«

Während sie mich durch den Regenwald fährt, warnt sie mich immer vor den Gefahren der tropischen Sonne. Ich gebe vor, ganz mit der Landschaft beschäftigt zu sein, und zügele meine geheimen Ängste.

Der siebte Tag. Wieder einmal laufe ich den Strand entlang, reise zurück in der Zeit, zu anderen Tagen, anderen Orten, anderen Klimas, als nur die Elemente Wirklichkeit waren! Schnee, Regen, Kälte und Hitze. Damals waren wir Ignoranten und doch voller Mut, bereit zu kämpfen, wir streckten das Gesicht dem Wind entgegen und nahmen die Kälte auf uns, waren voller Eifer, lebendig und unerschrocken.

Ich gehe in mein Hotel zurück, nehme ein Bad und schließe die Fensterläden. Ich schaue in den Spiegel – und erstarre in ungläubigem Entsetzen. Meine Haut – meine schöne kostbare schwarze Haut, auf die ich so viel Mühe verwendet habe, hängt wie ein Stück heruntergerissene Tapete um meine Augen. Verzweifelt und in Tränen aufgelöst, versuche ich die abgelösten Teile wieder an ihren Platz zu drücken, versuche meinem Gesicht die einheitliche Schwärze zurückzugeben.

Ich sitze da und betrachte dieses Gesicht mit blassen, anklagenden Augen – empfinde mich als elend, häßlich und abstoßend, nicht ich selbst, noch eine andere, ein Niemand, ein Nichts. Meine Augen verdammen mich, sie sind außerstande, das Wesen zu erkennen, das ich selbst zerstört habe, sehen nur noch das scheußliche Monster, das ich schuf.

Zusammen mit dem nassen alten Badeanzug werfe ich den großen Topf mit der Teerschmiere (warum behalte ich sie nur?), die Sonnencreme und die Pillen in eine Tasche. Ich laufe nach unten, um meine Rechnung zu bezahlen. Wenn man versagt hat, gibt es immer noch die Flucht.

Lucette, die kleine französische Besitzerin des Hotels, begleitet mich zum Taxi. »Ich habe noch nie eine solche Farbe gesehen«, sagt sie. »Sie waren nur ein paar Tage hier und sind schwarz geworden.«

Vier Stunden warten, dann der Flug zurück und die lange Busfahrt vom Baltimore-Friendship-Flughafen nach Washington. Es ist Mitternacht vorbei, als ich nach Hause komme. Mein Körper scheint für meine Füße zu schwer zu sein, der Schmerz, versagt zu haben, zu schwer für mein Herz.

Ich, eine schwarze Frau, weiße Frau – ein menschliches, weibliches Geschlecht –, ich leide. Ich bin zu allein! Ich hülle mich in eine Decke des Selbstmitleids ein. Ich bin völlig erledigt von dem Gefühl eines großen Verlustes und großer Schwäche. Ich habe das Empfinden, das Versprechen verraten zu haben, das Frauen auszeichnet: unsere Geheimnisse, unser Verständnis für die verborgenen Mysterien zu hüten – denn wir kennen den Schmerz und heißen ihn willkommen.

Am nächsten Morgen besuchte mich Dr. Kenny. »Hat sich Ihre Haut nie zuvor gepellt?« fragte er neugierig. Es war mir nie passiert. Ich hatte die heiße Sonne in Peru und am Äquator genauso vertragen wie in Saudi-Arabien, Griechenland, Marokko und Algier, von Texas gar nicht zu reden. Aber die ganz normale Erfahrung des Pellens war mir entgangen. Ich fürchtete, daß die Medikamente in Verbindung mit Stunden konzentrierter Sonne zu einer Auflösung meiner Haut geführt hatten.

»Regen Sie sich nicht auf«, sagte der Arzt.

»Sehen Sie nicht, daß die neue Haut unter der abgepellten genauso schwarz ist?« Und er fügte hinzu: »Sie werden es schaffen.«

Um mich zu vergewissern, hielt ich meinen Arm neben seinen. Er ist Neger, aber ich bin dunkler.

II

Harlem

Um sechs Uhr morgens klingelt der Wecker. Ich ziehe ein einfaches Baumwollkleid und flache Schuhe an, setze meine »schwarzen« Augen ein und binde ein Kopftuch um. Ich habe mein Haar zuletzt vor meiner Reise nach Puerto Rico gewaschen. Ich packe. Die gleiche Tasche, mit der ich früher so sorglos umgegangen bin, packe ich jetzt mit ängstlicher Spannung.

Harlem, nur vier Nonstop-Autobusstunden entfernt, scheint fern und bedrohlich zu sein, ein Land der Furcht und Gefahr. Ich versuche, mir Mut zu machen. Harlem, versuche ich mir einzureden, indem ich die Logik eines Reiseführers übernehme, gehört immer noch zu diesem Land, ist telefonisch und telegrafisch mit ihm verbunden... liegt immer noch in Manhattan! Es ist eine Stadt innerhalb einer Stadt, könnte man sagen, ist nicht wie andere armselige schwarze Bezirke außerhalb unseres Gesichtskreises. Es gibt dort Drugstores... o ja, bestimmt! Und die Einheimischen sprechen sogar unsere Sprache.

Der zweistöckige Bus rollt dahin, muß fast hundert fahren. Ich habe den Bus genommen, weil es albern ist, mit dem Jet in ein Ghetto zu fliegen. Das Ticket kostet 9,15 Dollar, und in meiner Tasche habe ich nur noch zwanzig Dollar. Ich stehe unter dem Zwang, ein Zimmer zu finden, einen Job. Das muß geschafft werden, solange ich noch Geld habe.

Bald werde ich dort sein! In dem Ghetto sein, das sich jeder genau ansehen möchte, aber niemand verstehen will – in der größten schwarzen Metropole der Welt. Ich habe sie nie anders gesehen als gleichsam durch die Symbolbrille. Ich habe die Zeitungen gelesen, die Berichte über die Gewalttätigkeiten in den Straßen gehört, sie als einen mit Dickensschen Elementen bevölkerten Lebensbereich betrachtet: Trinker, Händler, Diebe, Mörder, Süchtige. Kurzum, Asoziale und Verbrecher. Vielleicht wird mich jemand anfallen – vielleicht tut er es aus Zwang! Ich habe gehört, daß ein Süchtiger zu allem fähig ist. Er raubt, stiehlt und bringt seine eigene Mutter um – nur um Geld für neue Drogen zu bekommen. Ich baue mir selbst ein Pantheon von Ganoven auf.

In Harlem werde ich aufhören, meinen Personalausweis zu tragen, der mir immer einen besonderen Status gegeben hat: weiße Amerikanerin, Mitglied *des* »Klubs«. Ich werde in ein schwarzes Land gehen. Überall, stadtauf, stadtab, werde ich nichts sehen als schwarze Gesichter. Ich werde nicht mehr der Mensch sein, der ich immer gewesen bin. Und wenn ich Zugang zu dieser neuen Welt finden will, werde ich fragen müssen, ob man mich akzeptiert. Ich werde an die Tür des Ghettos klopfen und bitten: Laßt mich ein, akzeptiert mich als eine von euch, eine Schwarze unter Schwarzen.

Und die militanten Gruppen? *Die schwarzen Panther* und die *Rams* und alle die anderen, die bewaffnet sind, jederzeit bereit, *alles* niederzubrennen? Alle die, die für jeden Schwarzen, der je getötet worden ist, einen Weißen umbringen wollen ... Wenn sie dahinterkommen, daß ich eine Weiße bin, die sich für eine Schwarze ausgibt – was werden sie tun? Ich habe gehört, daß die militanten Schwarzen genauso schlimm sind wie der Ku-Klux-Klan, rassistisch, jederzeit bereit zu töten. Sie wollen die schwarze Welt für die Schwarzen erobern, ohne daß ein »Whitey« darin herumschnüffeln kann. Sie hassen nichts so sehr wie den weißen Reporter, den weißen Schriftsteller – bezahlte Agenten des weißen Establishments. Mit den Nylonstrümpfen und der Haarbürste habe ich meine alten Ängste eingepackt. Ich *muß* dort nicht hingehen ... Der Weiße behauptet, der schwarze Mann sei eine Bestie und ein Marodeur. Der schwarze Mann wird dich vergewaltigen und ausrauben, er ist gemein wie der Teufel (und man weiß, daß der Teufel schwarz zu sein hat). Diese Mythologie stempelt mich zum Eindringling. Ich gehe dorthin, wo ich kein »Recht« zu sein habe. Meine Welt würde es nicht billigen, meine weiße Gesellschaft würde es nicht billigen, nicht verstehen.

So nähert sich der Bus Dantes Inferno. Nein, nicht Dantes, dem Inferno Claude Browns, James Baldwins und Billie Holidays. Und durch meine aufgewühlte Seele jagt das Wort: »Die Ihr hier eintretet, laßt alle Hoffnung fahren.« Die Räder drehen sich, und ich rede mir in einem inneren Monolog ein, daß die Angst nicht mitfährt. Ich erinnere mich, daß ich einmal mit Chinesen auf einer Dschunke gelebt habe, daß ich als einzige Frau auf einem Schlepper zweitausend Meilen den Amazonas hinaufgefahren bin, ohne Angst zu haben. Ich habe mich nie vor einer körperlichen Gefahr gefürchtet – warum also rege ich mich jetzt so auf? Warum habe ich mich gesträubt, in diesen Bus einzusteigen? Warum fürchte ich mich davor, diese schwarze Enklave zu betreten, wie ich mich nie zuvor gefürchtet habe?

Ich fürchte mich, weil Schatten – düstere, riesige Schatten über diesem Land liegen. Sie rufen: Du bist weiß. Du bist eine weiße Frau und hast in diesem Ghetto nichts zu suchen. Es gehört *ihnen. Alles* andere gehört dir.

Der Bus ist angekommen. Die Passagiere klettern hinaus, und ich stehe auf einer Straße mitten in Manhattan, zwischen hastenden Taxis und Menschen, die alle in den Willen zu leben gekleidet zu sein scheinen.

Ich steige in die Untergrundbahn. Will ich in die Lexington Avenue oder in die Seventh Avenue? Ich weiß, ich muß stadtaufwärts. So steige ich in den ersten kreischenden Zug, der mich dorthin bringt. Nun sitze ich in einem

Meer schwarzer Gesichter. Ich muß anfangen, aber wo?
Ich weiß nicht, wohin ich gehen soll.
Ich wende mich einem schwarzen Gesicht zu, dem einer
Frau. Durch das lärmende Geräusch der Untergrundbahn
frage ich laut: »Wissen Sie irgendwo ein Hotel?«
»Nicht in Harlem, ich lebe in der Bronx«, erklärt sie.
In der 125. Straße steige ich aus und klettere die Treppen
hinauf ans Licht. Vor mir ausgebreitet liegt die häßliche,
schreckliche offene Wunde, die sich Harlem nennt. Es ist
früher Nachmittag. Ich begegne sinnlos vor sich hin
singenden, süchtigen, monoton mit dem Kopf nickenden
Betrunkenen, die leere Flaschen wie Lassos über dem
Kopf schwingen, Hehlern und Zuhältern. Die Straßen
sind mit zerbrochenen Schnapsflaschen übersät wie ein
Schlachtfeld mit Minen.
Das ist sie, die schwarze Narbe auf unserem weißen Gewissen: Aus den Fenstern der baufälligen, heruntergekom-
menen Häuser hängen Kinder und Mamas und träge alte
Männer. Sie sitzen auf Feuerleitern, spielen in Abfalltonnen und drängen sich auf halbverfallenen Balkonen. Ein
Lastwagen hält auf der Straße. Ich traue meinen Augen
nicht, aber ich sehe, wie sich ein Mensch langsam und bedächtig vor die Räder legt. Ist es die Hitze, Drogen, Trun-
kenheit oder einfach privater Kummer, der ihn dazu
treibt? Rein zufällig sehen es einige Männer, die gerade
craps spielen, und rufen dem Fahrer eine Warnung zu.
Zu viele Eindrücke, Geräusche und Gerüche stürmen auf
mich ein. Ich sehe die endlose Reihe von Schnapsläden und
Bars, die Prostituierten, die wie hungrige Hühner herumlaufen und versuchen, einen Kunden aufzureißen. An der
116. Straße sehe ich, wie sie in Autos hineinklettern, die
an Verkehrsampeln halten.
Alles und nichts scheint hier zusammen zu gehören; weil
ich mich nicht auskenne, weiß ich nicht, ob mich das hier
an Paris erinnern soll, ob es ein Stückchen Rom oder ein
bißchen Tokio ist.

Harlem ist nicht groß, und es ist nicht klein, und man kann zu Fuß überall hingehen. Wo finde ich ein Hotel? Ein Touristenhotel? Oder bin ich etwa der erste weiße weibliche *Tourist*, der sich in diesen Teil der Stadt verirrt hat? Ich halte eine Frau in Schwesterntracht an. »Kennen Sie hier in der Nähe ein Hotel?«

»Das gibt es hier nicht!« antwortet sie so hart, daß ich schneller zu laufen beginne.

Ein paar Blocks weiter frage ich nach dem Hotel Theresa. Mir ist eingefallen, daß Fidel Castro im Jahre 1960 dort wohnte, als er die UNO besuchte. »Es ist kein Hotel mehr«, sagt man mir.

»Und was ist mit dem Wilthon-Hotel?« Ich frage eine mütterlich aussehende Frau und deute die Seventh Avenue hinunter. »Glauben Sie, ich könnte dort wenigstens für eine Nacht ein Zimmer finden?« »Oh, doch«, antwortet sie, »das wäre mehr als genug.«

Ich laufe weiter und klammere mich an den Gedanken, daß es immer Platz für einen mehr, immer ein Zimmer im Gasthaus gibt, daß der richtige Ort schon irgendwann auftaucht. Ich gehe am Hauptquartier der *Black Panthers* vorbei. Es liegt in einem für Harlem so typischen, von Verzweiflung und Erniedrigung gezeichneten Viertel. Schnapsläden und Bars und noch mehr Schnapsläden und Bars, Kirchen mit ihren Gesundbetern, Friseurläden, kleine Geschäfte, kleine Besorgungen – kein Handel, den man als »black business« bezeichnen könnte. Und die Menschen, die, in einem Freiluftgefängnis gefangen, umherwandern, als ob ihnen der Ort nicht gehörte und auch sie nur Durchreisende wären.

Ich kann Harlem nicht mit den gleichen Augen sehen, mit denen ich »fremde« Orte betrachtet habe. Ich habe auf vielen Parkbänken gesessen und habe die Atmosphäre, die Geräusche und die Gerüche auf mich einwirken lassen. Überall habe ich mich schließlich als Teil des ganzen vielfältigen Lebensstromes gefühlt. Aber Harlem ist anders.

Hier kann man sich nirgendwo niedersetzen, sogar die Mülltonnen sind von kauernden Gestalten belegt. Ich kann mir nicht vorstellen, wie ich Harlem beurteilen könnte, ohne auch Neu-Delhi gesehen zu haben ... die Slums von Lima ... Rio ... Hongkong. Hier in Harlem gibt es eine besondere Art der »Armut«, Armut inmitten von Überfluß. In *unseren* Slums trinken die Armen Diät-Cola und fahren mit dem Auto ins Armenhaus. Die Armut hier ist anders – ihr Gefüge ist schauriger, eindringlicher und paradox.

Die Straßen sind mit Autoschlangen überflutet, überall blitzt Geld auf. Ich setze mich in ein Café auf der Seventh Avenue. Der armseligste aller Trinker sitzt auf einem Barhocker neben mir und bestellt einen Teller Suppe, den er nicht ißt. Ein wenig später bestellt er Tee, er vergißt ihn zu trinken, aber er legt einen Dollar Trinkgeld auf den Tisch. Er ist schon aus der Tür, als Richard, der Besitzer, ihm nachruft: »Sie haben vergessen, Ihren Tee zu trinken.« Der Betrunkene winkt ihm zu, als habe er einen unwichtigen Fetzen Papier liegenlassen.

Es ist nicht so, daß die Menschen hier vor Hunger sterben; im Geist sehe ich die Skelette wie Trümmer auf den Straßen verstreut herumliegen – die Toten und Sterbenden Indiens. Ihre Armut ist nicht einmal verdreckt, wie die der Menschen in Paraguay. In Harlem werden die Leute ständig daran erinnert, daß sie die Ärmsten der Armen inmitten einer von Reichtum strotzenden Gesellschaft sind, da ihnen ihre *Träume* verweigert worden sind und das amerikanische Versprechen wertlos, eine Lüge ist.

Ich laufe, laufe ... Ich habe ein Gefühl, als lastete ein unbestimmter, merkwürdiger grauer Tod über Harlem und mir, ähnlich wie der Nebel in Peru. Jeder Mensch hier scheint verdammt – es gibt keinen Ausweg für ihn. Er kann rufen, schreien und bitten. Man wird seine Stimme nicht hören. Doch in diesem riesigen Gefängnis scheint alles Leben von einer wilden Gier getrieben. Mir fällt der lebendige Gang der Leute auf, ich höre die Gossensprache. (»Dieser Scheißkerl hat mein Scheißgeld genommen.«) Das Profane mischt sich mit menschlicher Wärme und klingt schmerzhaft in den Stimmen von Aretha Franklin und James Brown, deren Lieder überlaut aus den Lautsprechern der Schallplattengeschäfte – zwei, drei in jedem Block – dröhnen.

Ich laufe durch diese Straßen und denke daran, daß sie einst in der guten alten Zeit ein Mekka für die weiße Vergnügungssucht waren, für die Interessierten, die hierher kamen, um Negermusik, Negersänger zu hören und Negertänzern in Nachtklubs zuzusehen, deren Besitzer auch Weiße waren. Aus einer dieser Straßen floh Josephine Baker nach Paris, Paul Robeson nach Moskau und Lena Horne an den Broadway. Jetzt sind sie Brutstätten merkwürdiger Lebewesen. Rudelweise schlendern junge Dandies vorbei, die Hunderte von Dollars für ihre Anzüge ausgegeben haben. Ihre Eitelkeit und ihr Stolz drücken sich in den flammenden und schreienden Farben ihrer Hosen, Pullover und Krokodillederschuhe aus, die alle in einem grellen Gelb, Rot und Grün aufeinander abgestimmt sind. Ich bin nun hier, aber wohin soll ich gehen? Warum lese ich nirgendwo ein Schild »Hübsches, sauberes Zimmer zu vermieten«? –

Warum streckt sich mir keine hilfreiche Hand entgegen? Mir fällt ein, daß ich einen Neger aus New York City kennengelernt hatte – Jim Hamilton –, damals in Puerto Rico. Warum habe ich nicht eher an ihn gedacht? Warum habe ich ihm nicht geschrieben, ihn benutzt – ist das nicht der Grund, weswegen wir Amerikaner in Bars und Flugzeugen immer so freundlich tun, immer so schön einen Freund von einem Freund haben, für den Fall, daß wir an einem gottverlassenen Ort in der Klemme sind? Ich weiß nicht einmal, in welchem Teil New Yorks Hamilton lebt. Ich habe immer geglaubt, alle Neger müßten in Harlem wohnen. Plötzlich erscheint mir der Name Jim

Hamiltons wie die Vision des heiligen Konstantin. Alles, was man braucht, ist ein guter Freund. Er wird eine Familie wissen, die mich aufnehmen wird. Ich brauche nur zu ihm zu gehen und ihm alles erklären.

Ich fühle mich so erleichtert, als ob ich in Paris einen Franzosen getroffen hätte, der endlich mein Französisch verstand. Ja, ich habe das Gefühl, jetzt auf dem richtigen Weg zu sein. Ich gehe zu einer Telefonzelle an der 125. Straße, Ecke Seventh Avenue, ich suche das Telefonbuch und finde den Namen und die Nummer. Ich werfe eine Münze hinein – sie fällt wieder heraus, ich versuche es noch einmal, aber ohne Erfolg. Ich laufe zu einer anderen Telefonzelle hinüber; man hat die Scheiben eingeschlagen, und ich schleppe den ganzen Straßenlärm mit hinein. Ich versuche es wieder, diesmal behält der Apparat die Münze, aber es kommt kein Freizeichen. Von Enttäuschung gepackt und leise betend, schlage ich leicht auf den Apparat ein, schließlich mit aller Wut. Ich versuche es mit einer neuen Münze. Der verdammte Apparat schluckt sie und gibt keinen Ton von sich. In der Nähe der Telefonzelle steht ein Schwarzer. Haar und Bart sind im Afro-Look geschnitten, und stolz wie ein Afrikaner trägt er Farben, die so grell sind, daß man erblinden könnte. Er hat knallrote Hosen und einen giftgrünen Pullover an. Ich nähere mich ihm.

»Wie kriegen Sie die Telefone hier in Gang?«

Er starrt mich an, als wäre ich ein verlorenes Kind, und antwortet: »Nehmen Sie zwei Münzen. Werfen Sie die erste ganz vorsichtig hinein und die zweite noch viel, viel vorsichtiger.«

Will er mich auf den Arm nehmen? Das hier sind keine Glücksspielapparate, sondern Telefone, und die Bell Company hat versprochen, sie nähmen verschiedenwertige Münzen an.

»Ich habe keine Münzen mehr.«

»Dann besorgen Sie sich welche«, antwortet er. Er wirft

einen Blick auf meine schwere Tasche. »Die können Sie hier lassen, ich werde schon aufpassen.«

Der Mensch muß mich für verrückt halten. Um Zeit zu gewinnen, frage ich nach seinem Namen. »Mein Name ist Prince«, antwortete er mit Stolz. »Ich bin schön, und das, weil ich echt bin.«

»Wissen Sie hier in der Nähe ein Hotel, wo ich ein Zimmer bekommen kann?«

»Sie können hier nicht bleiben«, antwortet er, »nicht mal ich würde in eines dieser Hotels hier gehen. Die Schlösser schließen nicht, die ganze Nacht hindurch werden Männer in Ihr Zimmer gelaufen kommen. Und die Kakerlaken werden Sie bei lebendigem Leibe fressen.«

Überzeugt, daß mir keine Wahl bleibt, stelle ich meine Tasche neben Prince ab. Ich besorge mir Wechselgeld und versuche noch einmal zu telefonieren. Diesmal funktioniert das Telefon, aber die Nummer Jim Hamiltons gibt keine Antwort.

Wieder begebe ich mich auf die Jagd nach einem Zimmer für die Nacht. Seit vier Stunden laufe ich jetzt herum und schleppe die schwere Tasche. Schließlich lande ich am Eingang des Douglas-Hotels in der St. Nicolas Avenue und 151. Straße. Ich steige die Treppe hinauf. Erschöpfung und Hoffnungslosigkeit haben mich gleichgültig gemacht. Es interessiert mich nicht mehr, ob Strichjungen und Prostituierte und Zuhälter in diesem Haus wohnen. Ich bin einfach zu müde, sie müssen mir ein Zimmer geben.

Vor der Glaswand steht ein Schwarzer und schiebt dem Kassierer eine Geldnote hin. Er wendet sich um und zeigt auf eine Frau, die im Schatten herumlungert. Sekunden später steigen sie zusammen eine Treppe hinauf, die von einem winzigen Vestibül nach oben führt. Ich gehe zu der Glaswand, sage dem Mann, daß ich aus Washington käme und daß mir ein Freund das Hotel empfohlen habe. Ich bin verzweifelt, und ich hoffe, daß er mich richtig versteht.

»Sind Sie allein?«

»Ja.«

Er schiebt mir einen Block hin, auf dem ich meine Personalien eintragen soll. »Was für ein Zimmer wollen Sie?« »Irgendeins«, murmele ich. Ich möchte nur einen Schlüssel für mich. Ich gebe dem Mann eine Vorauszahlung von fünf Dollar und steige die Treppen hinauf. Niemand trägt meine Tasche – niemand zeigt mir, welches mein Zimmer ist. Ich betrete einen dunklen Korridor im dritten Stock und öffne die Tür zu einem stockdunklen Zimmer. Halb besinnungslos vor Müdigkeit, doch dankbar werfe ich mich auf ein Bett. Schon halb eingeschlafen, wird mir bewußt, daß ein schwerer Mann, nein, viele schwere Männer vor mir auf der Matratze gelegen haben. Sie ist völlig ausgebeult, und ich habe das Gefühl, als läge ich in einer Hängematte. Ich bin angeekelt, doch gleichzeitig zu erschöpft, um mich darum zu kümmern. So sinke ich in die ausgeleierte Matratze wie in die Arme meiner Mutter.

Die Dielen des Korridors knarren. Der schwere Schritt eines Mannes. Wir fallen Princes Worte ein: *Die ganze Nacht hindurch werden Männer in Ihr Zimmer gelaufen kommen.* Eine Tür öffnet sich, ich horche. Mein Herz beginnt wie wild zu klopfen, denn ich glaube, es ist meine Tür. Dann atme ich erleichtert auf. Der Mann ist in die Gemeinschaftstoilette nebenan gegangen.

Mein Gott! Warum bin ich nicht gleich in ein Gefängnis gegangen? Zwei oder drei Stunden später stehe ich auf und versuche, durch das blinde Fenster zu schauen. Ich starre auf eine nackte Mauer. Die düstere Tapete an den Wänden meines Zimmers scheint sich plötzlich aufzublasen und mich erdrücken zu wollen. Ich kann nicht atmen – ich muß fliehen. Auf der Straße kann ich mich wie jeder Bewohner Harlems bewegen und etwas unternehmen, ich habe eine Chance. Immer noch im selben Kleid, klemme ich meine geschwollenen Füße in die Schuhe und gehe auf die Straße zurück. In einer Telefonzelle versuche ich noch einmal, Jim Hamilton zu erreichen. Wieder keine Antwort. Ich gehe ins »Hide-A-Way«, ein winziges Eßlokal. Es ist nicht größer als ein Schlafzimmer, aber gemütlich, mit ein paar winzigen Holznischen und einer Reihe von Barhockern. Der vertrauliche Ton zwischen Bedienung und den Gästen läßt darauf schließen, daß es Stammkunden sind.

Während ich ein Schweinekotelett mit grünen Bohnen esse, versuche ich immer wieder, Hamilton zu erreichen. Endlich bekomme ich eine Antwort. Wir verabreden uns für 10.30 Uhr an der Bowery Bank. Vom Hide-A-Way-Lokal sind es etwa sechs Block zu laufen, und ich bin froh, als ich ihm schließlich an der Ecke St. Nicolas und 137. Straße gegenüberstehe.

»Mein Gott, Sie sind ja schwarz«, stellt er fest. Er ist vielleicht 36 Jahre alt, trägt einen Afro-Bart und kurzes wolliges Haupthaar. Er hält ein Taxi an – für mich das erste nach einem endlosen langen Tag.

Wir fuhren in eine kleine Bar in die 125. Straße. Jim wirkte sehr besorgt, als er dem Fahrer ein gutes Trinkgeld gab und mich in die mattbeleuchtete Bar führte.

Ein Mann mit starkem spanischen Akzent begrüßte uns. Jim schien irritiert zu sein. Er, der stolze Afro-Neger, war in einem Lokal mit lateinamerikanischer Musik gelandet. Es hatte einmal Negern gehört. Wie viele andere Harlem-Bewohner nahm er es übel, daß sich die Puertorikaner *seines* Grunds und Bodens bemächtigten. Er überlegte, ob wir bleiben oder gehen sollten. Schließlich schob er mich an die Bar.

Ohne Zweifel erwartete Hamilton, mit mir einen angenehmen und unkomplizierten Abend zu verbringen, bei oberflächlicher Unterhaltung, mit einem Glas in der Hand. Vielleicht hatte er als Schuldirektor einen schweren Tag hinter sich und wollte wie jeder durch den Tag gehetzte Mann von einer ruhigen lächelnden Frau begrüßt werden, die keine Probleme mit sich herumschleppt. Statt dessen

67

bekam er meine ganzen Beklemmungen, meine Angst, meine fehlgeschlagenen Pläne und wohl naiven Vorstellungen über seine nette Art und Gelassenheit geschüttet. Ich erzählte ihm alles und fügte hinzu: »Ich brauche Ihre Hilfe!«

Genauso offen antwortete er mir, die würde ich nicht bekommen. Er gab mir zu verstehen, daß er und viele andere seiner Art »die Nase voll« hätten von den weißen Liberalen, die ankamen, um die Verhältnisse zu »studieren« und den Negern zu helfen. »Ihr helft uns, solange ihr das Bedürfnis habt, aber sobald euer Gewissen beruhigt ist, hört dieses Bedürfnis auf.«

Er meinte, er werde nie solch romantische Vorstellungen gutheißen wie den Wunsch, meine Nase in das Leben seiner Freunde zu stecken, »um noch mehr Unwahrheiten von euren Unwahrheiten herauszufinden«. Und er fügte hinzu: »Nein, wirklich, ich werde nicht die Schränke meiner Freunde öffnen, damit Sie sie inspizieren können!«

Mit genau der weiblichen Logik, die Männer so verrückt macht, antwortete ich ihm: »Jim, ich will meinen eigenen Schrank.« Ich begriff, daß Jim Hamilton zu den empörten Schwarzen gehört, die das Gebaren der weißen Liberalen krank macht, wenn sie nach Harlem gelaufen kommen, um durch mitleidige Aktionen ihr Selbstgefühl zu stärken und ihr Gewissen zu beruhigen.

Er war bereit, mit mir ein ruhiges Bier zu trinken, weil ich eine Frau bin. Jetzt entdeckte er die Aktivistin in mir und haßte mich. – Ich war für ihn die Verkörperung jener weißen Schicht, die zwar träge und dickhäutig, aber aus egoistischen Motiven geradezu versessen darauf ist und sich im »Recht« fühlt, den Kampf zu führen, die Schwarzen unter ihre Fittiche zu nehmen, und die obendrein noch ein »Recht« darauf zu haben glaubt, daß man ihre »guten Taten« anerkennt und ihnen zujubelt. Er haßte mich, weil er mich plötzlich als Teil des »Systems« sah, das Amerika erlaubt, sich mit der Armut, den Ungerechtigkeiten und

Entbehrungen in der ganzen Welt zu beschäftigen, ohne aber mit seinen gewaltigen Reichtümern den Mißständen im eigenen Land abzuhelfen.

»Bleiben Sie draußen«, sagte Jim zu mir.

Ich antwortete: »Jim, wenn ich nur hergekommen wäre, um mit Ihnen ein Bier zu trinken, wäre alles in Ordnung gewesen. Wenn Sie mich nicht als Weiße in Puerto Rico, sondern später mit schwarzer Haut und schwarzen Kontaktschalen kennengelernt hätten, würden Sie mich akzeptieren. Aber jetzt, nachdem ich offen zu Ihnen war, Ihnen erzählt habe, daß ich mich informieren und darüber *schreiben* will, halten Sie mir das riesige *Off-Limit*-Schild vor die Nase.«

Er ließ sich nicht bremsen. »Nein, nein! Sie haben sich die Zeit nur *zu gut* ausgesucht. Genau jetzt, wo Harlem sich vor der weißen Presse abriegelt, kommen Sie daher, um Ihre Studien zu treiben. Zweifellos werden Sie über die Gewalttätigkeit der Neger berichten, während die Gewalttätigkeit gegen die Neger für so selbstverständlich gehalten wird wie das Wetter!

Warum schreiben Sie nicht über das System und das Establishment? Warum decken Sie nicht auf, wer für den Import von Drogen und Narkotika in diesem Land verantwortlich ist? Warum schreiben Sie nicht, mit welchen Mitteln die Masse seit Ewigkeiten die furchtbarste Sklaverei betreibt und weiterbetreiben wird?

Sie können mich nicht verstehen, Sie können keinen Mann und keine Frau in Harlem verstehen, da Sie niemals die besondere Bürde, schwarz zu sein, in diesem Land empfunden haben, gar nicht empfinden können. Sie können den Menschen, über den Sie da zu schreiben versuchen, nicht gekannt haben, als er ein kleines Kind war, wissen nichts über all die Jahre, in denen eine teuflische Gesellschaft einen Mann so fertigmachen kann, daß er sich schließlich schämt, mit den Unterdrückten leben zu müssen – anstatt sich derer zu schämen, die sie unterdrücken!«

Jims Zorn geißelte mein Gesicht und mein Herz. Ich startete einen schwachen Versuch, meine Position zu verteidigen. »Ich versuche nicht, euer Leben zu verstehen oder darüber zu schreiben. Ich will nichts als eine Weile in Harlem leben und dann über meine ganz persönlichen Erfahrungen berichten.«

Er wiederholte, daß dabei nie die »Wahrheit« herauskommen könnte. Während wir die Bar verließen, kam sein Widerwille noch einmal voll zum Ausdruck. »Wie mußten Sie bei Ihrer Suche um Hilfe ausgerechnet auf mich kommen?«

»Weil ich wußte, daß Sie zu den militanten Schwarzen gehören. Ich bin froh, daß ich mich nicht getäuscht habe.«

Aber als er mich bei meinem Hotel verließ, war ich verzagter denn je.

Ich kletterte auf meine ausgeleierte Matratze und wußte ganz genau, daß Jim mit seiner Beurteilung der Weißen recht hatte. Brüderliche Liebe schien so aussichtslos. Die Vergangenheit mit Sünden gepflastert. Wie sollte man sie je überwinden? Dann fiel mir der wunderbare Aufstieg des Malcolm X ein, wie er sich über den durch die Hautfarbe bedingten Haß eines Menschen erhoben hatte. Auf seiner Pilgerfahrt nach Mekka 1964 entdeckte er, daß es möglich war, mit einem blonden, blauäugigen Moslem Brot zu brechen und von ihm wie ein Bruder behandelt zu werden. Die Reise überzeugte ihn, daß nicht die Hautfarbe, sondern die Überzeugung wichtig ist; daß Bewußtheit, nicht das Pigment entscheidend war. Jetzt, als es zu spät war, dachte ich an das Vermächtnis des Malcolm X und wünschte, ich hätte es Jim zitiert: *Du kannst das System hassen* – hatte Malcolm zum Schluß seinem Volk gesagt –, *aber es ist nicht notwendig, den Menschen zu hassen.*

Meine Gedanken jagen von der Gegenwart in die Vergangenheit und wieder zurück zu dieser ersten Nacht in Harlem.

Niemand von meiner Familie, kein Mensch weiß, wo ich bin. Die Zeit saugt sich wie ein Schwamm an meine Haut. Zuerst lausche ich auf die Geräusche. Die knarrenden, schweren Schritte. Die endlos heulenden Sirenen. Wieder eine Überdosis Rauschgift? Noch eine Messerstecherei? Eine 38er-Kugel in der Brust? Ein Mord? Ein Feuer? Die lange Nacht hindurch schreien die Sirenen die Geschichte Harlems heraus – eine Kakophonie des Schmerzes, der Tragödie, der Qualen – und dann endlich Stille.

Ich horche in diese Stille, suche nach Geräuschen, die ich erkennen kann. Ich grabe in Erinnerungen, um meine Einsamkeit erträglich zu machen. Ein Kind sitzt in der Kirche (dreimal an den Sonntagen), und der Priester rennt auf seiner Kanzel auf und ab. Mit den Armen rudernd, seine Gymnastik betreibend und dann mit den Händen auf den Hüften spricht er mich direkt an: »Du kannst auf Jesus vertrauen . . . Wenn du krank bist – wenn du krank bist, wenn du ihn wirklich dringend brauchst – wird er an dein Bett kommen!« Und dann das Zimmer in Manáus in Brasilien? War das nicht noch schlimmer? Dieses vom Dschungel umgebene Ein-Dollar-Zimmer, die fremden Männer mit den dunklen Gesichtern in dem billigen Hotel, ein einziges Mädchen, die kochende Temperatur . . . die Moskitos, ein einziges dreckiges Leinentuch, und vor dem Fenster des Raumes nur eine Mauer, kein Luftzug, nicht ein einziges Gramm Sauerstoff. War es die Umgebung jener Nacht, die mich auf diese Nacht vorbereitet hat und mir jetzt sagen will, daß auch diese Nacht ein Ende haben wird?

Die einzigen Menschen, die mir jetzt helfen können, sind die Bewohner dieses Ghettos. Ich muß an ihre Türen klopfen, und sie müssen mich einlassen. Keiner meiner farbigen Freunde, die in den weißen Städten leben, kann mir jetzt helfen. Ich habe farbige Freunde. Schließlich gehöre ich zu den modernen Weißen, die glauben, immer wieder betonen zu müssen, »ein paar meiner besten

Freunde sind . . .«. Aber sie sind im Grunde Weiße mit einer dunklen Haut, und sie können mir nicht helfen.

Der nächste Morgen: Meine Füße sind zu enormen Klumpen angeschwollen, unförmig und unansehnlich. Sie sind mit Blasen übersät wie mit zerquetschten Pilzen. Sie bedecken meine Fersen, Fußsohlen und Zehen. Ich versuche aufzustehen. Ich kann nicht gehen. Auf Händen und Knien krieche ich über den schmutzigen Boden. Auf allen vieren suche ich Büstenhalter, Höschen, Kleid und Schuhe zusammen. Auf dem Boden sitzend, versuche ich mich anzuziehen. Ich probiere ein Bein aus, dann das andere. Das linke ist weniger schwach. So hüpfe ich auf dem linken Bein die Stufen hinunter auf die Straße.

Es ist früh am Morgen, aber aus den Schallplattengeschäften, die noch bis nach Mitternacht geöffnet sind, klingt schon wieder *Soul*-Musik. Ich höre dem Lied einer Musikbox zu: ». . . . Sprich zu mir, Bruder! Er schaut den Vögeln nach . . .«, tönt es aus der Musikbox, »und möchte hinwegfliegen mit seinem Geist, aber er ist an den Boden gefesselt« – an den Boden gefesselt bin auch ich – ich fühle mich lebendig begraben –, und dabei muß ich nur in eine Telefonzelle gehen, eine Münze hineinwerfen und mich mit meiner Nummer in Washington verbinden lassen. Es ist so einfach. Mein Geist könnte davonfliegen. Ich könnte so leicht fliehen, einer Wirklichkeit entfliehen, vor der niemand sonst in Harlem davonlaufen kann . . . der Realität, ein schwarzer Amerikaner zu sein.

Gestern abend, bevor ich Jim Hamilton traf, bin ich ins Hide-A-Way-Café in einem Zustand gegangen, den ich als den verzweifeltsten meines Lebens bezeichnen möchte. Nie zuvor hatte ich mich so elend gefühlt. Als ich mich später hinausschlich, rief der Besitzer, Longus Moore, der an der Kasse stand, bewundernd aus: »Sie haben die schönste Farbe, die ich je gesehen habe.« Seine Bewunderung riß mir fast das Herz aus dem Leib. *Schönste Farbe!* Ich wußte, daß die Neger verschiedene Farben und Töne als besonders schön empfinden und daß Langston Hughes die Variationen der schwarzen Schönheit besungen hatte: den blauschwarzen Schimmer, den Schmelz braunen Zuckers, sanftes Karamel, honiggold, milchkaffeebraun, schokoladenbraun, Walnuß- und Kakaotöne, die intensivste Cremefarbe bis zum tintenblauen Schwarz, zimt- oder honigfarben ... Sprach Moore als Schokoladenfarbener zu einer Karamelfarbenen, oder hatte er mich durchschaut?

»Tun Sie mir den Gefallen«, sagte er, »und kommen Sie wieder, damit ich Ihre schöne Farbe bewundern kann.«

Während ich nun versuche, mich zur Notstation des Harlemer Krankenhauses durchzuschlagen, zieht es mich zum »Hide-A-Way«. Nachdem ich mir Hafergrütze bestellt habe, kommt Moore an meinen Tisch und fragt scherzend, ob er »diese tausend Dollar« beiseite schieben dürfe, und deutet auf meine Handtasche auf einem Stuhl neben mir. Wir plaudern miteinander. Das Gespräch hat nichts mit der flammenden Rhetorik meiner Diskussion mit Jim Hamilton zu tun.

Moore ist völlig schwarz, nicht einer der modernen hübschen Jungen, sondern völlig negroid. Lippen, Nase und Augen. Er ist vielleicht 45 Jahre alt, ziemlich klein, kräftig und gedrungen, und seine Haare beginnen sich zu lichten.

»Mit diesen Füßen können Sie nicht dahin laufen«, sagt er, als er erfährt, daß ich mich auf dem Weg zum Krankenhaus befinde. Während ich bezahle, holt er seinen Wagen. Ich humpele aus dem Café und sehe ihn in einem knallblauen Cadillac-Kabriolett modernster Bauart. Schweigend fährt er mich die St. Nicolas Avenue hinunter. Die Ampel an der 135. Straße ist rot. Moore stoppt und schaut mich an. Er scheint meine Einsamkeit zu fühlen. Er weiß, daß ich hilfsbedürftig bin, wenn er auch noch nicht herausgefunden hat, welcher Hilfe ich bedarf.

Das Rotlicht an der Ampel ist kurz, aber es reicht für seine Worte: »Ich werde Ihnen helfen.« Seine Worte sind so einfach und doch irgendwie verletzend – manchmal kann das Gute schmerzlicher sein als das Schlimme. Am liebsten würde ich ihn anschreien – das ist nicht fair! Ich kam her, um herauszufinden, wer du wirklich bist, du Biest, du schwarzer, schwarzer Mann! Und du bist widerlich zu mir. Du bist ein Nigger. Du hast Mitleid mit mir. Ich tue dir leid, o Gott im Himmel, du hast mich gern! Das ist wider die Spielregeln! Du sagst mir, es macht dir nichts aus, ob du mich je wiedersiehst. Du willst mir nur helfen – du willst mir helfen, und es ist dir egal, was für Sorgen ich habe – was ich vielleicht getan habe. Bist du mein Freund? O Gott, wie ich dich brauche, wie ich deine Hilfe brauche.

Ich berge mein Gesicht in den Händen; Tränen quellen hervor. Ich fühle mich hilflos und ausgezogen, ich fühle mich aller Mythen entkleidet, die ich wie Kronjuwelen getragen habe – daß das Weiße richtig – daß das Schwarze falsch ist. Moore bringt es fertig, mit vier Worten alle Maßstäbe beiseite zu schieben: *Ich will Ihnen helfen.* Mir helfen? Wie oft kann einer dem anderen helfen? Wie oft versucht er es?

»Es ist kein Grund, sich zu schämen, weil einem das Geld ausgegangen ist . . .«, erklärt er mir, da er annimmt, daß ich Geld brauche, bis ich einen Job gefunden habe. Er will mir das Geld borgen, will mich herausholen aus meinem dunklen elenden Hotelzimmer, und er bietet mir seine Hilfe an, ein Apartment zu finden! Keine Rede davon, daß ich im Leben anderer Leute herumschnüffeln will, um neue Unwahrheiten zu entdecken. »Ich will damit nichts bei Ihnen erreichen«, erklärt er mir. Er will nichts anderes als mir helfen. »Es spielt keine Rolle, ob ich Sie wiedersehe oder nicht.«

Ich habe die Autotür geöffnet, um in das Krankenhaus zu gehen. »Aber warum, warum, warum wollen Sie das tun? Warum wollen Sie mir ohne jede Gegenleistung helfen?«

»Ich kann es mir selbst nicht erklären«, sagt er und fügt hinzu: »Ich glaube nur, daß Sie irgendwie gut sind, daß

Sie in Ihrem Leben irgendwo, irgendwann das Richtige getan haben.«

Ich stehe in der Notaufnahme des Harlem-Hospitals. Eine Frau schreit, eine Krankenschwester sagt, daß sie eine Fehlgeburt hat. Ein Mann wird auf einer Bahre vorbeigefahren, sein Kopf ist schrecklich zugerichtet.

Ich studiere die Gesichter. Die Verzweiflung und der Schmerz darin lähmen mich. So haben Goya und Daumier die armen, notleidenden, vergessenen Menschen gemalt, deren Fähigkeit zu erdulden weit über das menschliche Maß hinausging, aber weiterhin als »gesichtslose« Frauen und Männer gelitten haben. Es sind offenbar weitaus mehr Patienten da, als die Aufnahmestation bewältigen kann. Wir sind hier alle zu Zahnrädern degradiert, die in einer Reihe zur Inspektion aufgestellt sind. Du verblutest? Gebirst ein Kind? Hast zuviel Rauschgift genommen? Ein Bein gebrochen? Eine Kugel zwischen den Rippen? Hierhin stellen, darübergehen, weiter, bis du an der Reihe bist, füll das Formular aus – die nächste Gruppe bitte.

Wie ist es möglich, daß das Verlangen nach »Erster Hilfe« Menschen soviel Zeit und Kraft rauben muß? Neben mir steht ein alter siebzigjähriger Mann, dessen Auto um sieben Uhr morgens von einem Lastwagen angefahren worden ist. Sein Gesicht ist vor Schmerz erstarrt, und er hält verzweifelt seinen Nacken, der vielleicht gebrochen ist. Er wartet seit mehr als zwei Stunden, und man hat ihn nicht einmal geröntgt. Immer wieder beantworten wir beiden dieselben Fragen: Name des Vaters, Name der Mutter, Alter, Adresse, Paßnummer, Telefonnummer, Arbeitsplatz – und als wäre es damit noch nicht genug: Ihre Religion.

»Wie sind Sie hierher gekommen?« Von Schmerz gepeinigt, stößt der alte Mann die Antwort hervor: »Ich bin mit einem Bus gekommen.«

Endlich ruft man meinen Namen aus. Ich gehe in einen Untersuchungsraum, der aussieht wie eine Zelle. Ich gehe wie durch ein Meer von Schwärze – schwarze Gesichter von Männern, Frauen und Kindern. Als ich in dem kleinen Untersuchungsraum einem weißen Gesicht gegenüberstehe, bin ich einen Augenblick lang verwirrt und begreife nicht, was der Weiße hier will – zwischen uns Farbigen. Dann fällt mir ein, daß die Columbia-Universität einen Teil ihrer Studenten ins Harlem-Hospital schickt, damit sie dort praktizieren. Dieser fast albinoweiße (ich beginne sie als krankhaft blaß zu empfinden) muß einer von ihnen sein. Ich setze mich. Er scheint zu erwarten, daß ich ihm einen dramatischen Leidenszustand schildere. Als ich ihm sage, was mir fehlt, wird er wütend. »Was, Sie kommen hierher, um mir Ihre Füße zu zeigen?«

Sein Ton macht mir unmißverständlich klar, daß er ein vielbeschäftigter und wichtiger Arzt ist, der nur dann fünf Minuten seiner kostbaren Zeit erübrigen kann, wenn ich ihm verspreche, daß zumindest ein Messer zwischen meinen Rippen steckt, ich von zwei oder drei Geschossen getroffen im Sterben liege, eine schwere Fehlgeburt habe oder zumindest an einer Überdosis Rauschgift krepiere. Wie konnte ich nur auf die Idee kommen, daß ich ein Mensch sei? Ich komme nicht mehr mit – selbst ein Harlem-Nigger nicht. Er starrt mich geradezu ungläubig an. Meine Dreistigkeit, mit so einer Bagatelle hierher zu kommen, ist ihm unbegreiflich. Benommen sitze ich da, bin mehr Häftling als Patient.

»Reißen Sie die Bandagen ab!« befiehlt er, und es bleibt mir nichts anderes übrig, als zu gehorchen. Warum bin ich hierher gekommen? Ich knirsche mit den Zähnen über soviel Demütigung. Warum spricht er so mit mir? Als haßte er mich, weil ich existiere?

»Ihr Leute solltet euch häufiger waschen«, belehrt er mich, »Ihre Füße sind dreckig.« Er findet, daß meinen Füßen nichts fehlt. »Nur Blasen.« Und wieder gibt er die Weisheit von sich, daß ich mich und meine Füße jeden Tag baden muß. Er gibt mir weder Verhaltensmaßregeln

noch ein Medikament. Ich wüßte gern, ob er mit allen Farbigen so spricht wie mit mir, so als wären wir alle dreckig
und eigentlich gar keine Menschen.

Ein neuer Tag, und ich bin wieder auf den Straßen. Ich
habe kein Zuhause und keine Freunde in Harlem, und so
werden die Straßen mein Zuhause und ihre Menschen
meine Menschen. An der Ecke der 137. Straße und der
Lenox Avenue sehe ich, wie eine Frau aus einer Whiskyflasche trinkt. Ihr Mann sitzt neben ihr und hilft ihr dabei.
Sie murrt über jemanden, der sich immer in »anderer
Leute Angelegenheiten einmischt«, und daß die Leute
»sich um ihren eigenen Dreck kümmern sollen«. Ich über-
quere die Straße und begegne diesmal einem Mann, der
sich eine Whiskyflasche an den Mund hält. Aber es gibt
auch Kinder mit leuchtenden Augen, die lachend und rufend Seil springen und Ball spielen.

Irgendwie treibt es mich, trotz des Klopfens in meinen
schmerzenden Füßen weiterzulaufen. Komm, geh mit
mir durch die Straßen, schau dir die alten braunen Sandsteinhäuser aus der Nähe an, fast alle wurden in einem
einzigen Energieaufschwung von 1870 bis zum Beginn des
zwanzigsten Jahrhunderts gebaut. Du siehst mit Abfall
und Dreck übersäte Straßen, Kinder, die zwischen den
Autos Ball spielen. Du siehst die Trinker, die Huren, die
Süchtigen, die Zuhälter, die Spieler und die Strichjungen,
die große, häßliche schwarze Wunde in deiner weißen
Existenz. Du willst nicht daran denken, du blickst weg.
Jetzt aus der Nähe siehst du, daß diese Sandsteinhäuser
einst nach mittelständischer Wohlanständigkeit aussahen
und nun die Vernachlässigung korrupter Besitzer auf-
weisen, die sich nicht darum kümmern. Die Vorbauten
bröckeln ab und sind mit einer so dicken Schicht von
Schutt und Dreck verkrustet, daß das Ganze wie die Ex-
kremente der Guanovögel aussieht.

Geh die Stufen hinauf, geh in die dunklen Hauseingänge.
Schau dir die zusammengepferchten Slum-Bewohner an,

die ihre Existenz mit den Ratten, den Wanzen und den leeren Schnapsflaschen teilen. Quetsche dich in einen der armseligen Räume, die einer Gefängniszelle ähnlicher sind als einem Zimmer, in dem man leben kann, nein, schlimmer noch, die Quadrate, in die man Verbrecher sperrt, sind in besserem Zustand – und dafür sollst du auch 25 Dollar bezahlen.

Geh weiter, geh die 135. Straße entlang, an dem langen Block vorbei, der von der Lenox Avenue hinüberführt zur Seventh Avenue. Du findest nur ein paar billige, mit Plunder und Kitsch angefüllte kleine Geschäfte. Dabei war das hier um 1920 die Hauptgeschäftsstraße von Harlem. Es gab hier solide Häuserblocks, die Geschäfte gehörten der protestantischen Episkopal-Kirche St. Philips.

Hier findest du Father Divines beste Speiselokale. Während der großen Wirtschaftskrise brachte er sein Königreich des Friedens herunter auf die Erde, indem er überall in Harlem Restaurants eröffnete, in denen ein armer Mann für nur 15 Cent ein gutes Huhngericht verspeisen konnte. Wir kommen am ehemaligen Friseurgeschäft der sogenannten Elite vorbei. Einst ließen sich hier die Mills Brothers, Lester Granger und andere Berühmtheiten die Haare scheren oder entkrausen. Die ältesten Einwohner hier erzählen heute noch voll Wehmut, wie der Verkehr auf beiden Seiten der Seventh Avenue von Neugierigen blockiert war, während Joe Louis auf dem Frisierstuhl thronte.

Im Restaurant »Red Rooster« an der Seventh Avenue unterhalte ich mich mit dem Barmädchen, der großen königlichen Fannie Pennington. Eine riesige Glanzbildphotographie ihres ehemaligen Arbeitgebers Adam Clayton Powell lächelt zwischen den Flaschen zu mir herunter. In den meisten anderen Bars hängen Photographien des ermordeten Martin Luther King, eingerahmt von den ermordeten Kennedy-Brüdern.

Fannie meint, ich könnte vielleicht ein Zimmer in der

Adam-Powell-Pension bekommen, die neben seiner Kirche liegt. Die Kirche ist von Reverend A. Clayton Powell sen. gegründet, dem Vater des gleichnamigen Kongreßmannes. Um die Jahrhundertwende war er der bekannteste religiöse Führer der Gemeinde.

Ich humpele in den hinteren Teil der Bar zum Telefon, um die Pension anzurufen. Im gleichen Augenblick klingelt es. Automatisch hebe ich den Hörer ab und antworte. Eine männliche Stimme meldet sich mit Namen und fragt nach einem Dr. Grant. Ich bin eine Sekunde verwirrt und erkläre, daß das hier eine Bar sei und daß ich rein zufällig am Telefon sei. Dann gehe ich zurück, um Fannie zu fragen. Das Glück will es, daß dieser Dr. Grant kurz darauf zur Tür hereinkommt.

Als Dr. Grant, ein leichtgebauter, etwa vierzigjähriger Mann mit tiefschwarzer Haut und einem freundlichen Gesichtsausdruck, vom Telefon zurückkommt, setzt er sich mit ein paar Freunden an einen runden Tisch. Ich sitze an einem Tisch ganz in der Nähe und kann ihr Gespräch mitanhören. Dabei erfahre ich, daß der Arzt seine Praxis direkt über dem Red-Rooster-Restaurant hat.

Vorsichtig rücke ich näher an den Kreis heran und höre zu. Nach der zweiten Bierrunde kommt Dr. Grant meinem Wunsch, ihn kennenzulernen (ich möchte ihm meine Füße zeigen), zuvor und lädt mich ein, an seinem Tisch Platz zu nehmen. Dr. Grant erzählt mir, daß er drei Kliniken besitzt, in denen er eine synthetische Droge für Rauschgiftsüchtige verteilt. Wenn man sie mit in Wasser aufgelöstes Orangenpulver mischt, eliminiert sie die Sucht nach Drogen. Dr. Grant erklärt: »Die Orangenmixtur kostet pro Glas nicht mehr als fünf Cent und die Droge noch weniger.«

Einer der am Tisch Sitzenden wendet ein: »Ich glaube, auf diese Weise ersetzen Sie nur eine Rauschgift-Sucht durch eine andere.«

»In gewissem Sinn haben Sie recht«, antwortet er, aber

fügt hinzu, daß im Gegensatz zu anderen schweren Fällen der Mensch mit jener Droge fähig sei, ein normales Leben zu führen. »Einer meiner Patienten macht noch in diesem Jahr an der Columbia-Universität seine Abschlußprüfung in Elektronik, andere gehen ihrer täglichen Arbeit nach. Sie sind von dem Zwang, Rauschgift zu nehmen, befreit und dadurch wieder normal geworden.«

Ich warte, bis Dr. Grant seinen Martini ausgetrunken hat, ehe ich ihn frage, ob es ihm etwas ausmachen würde, sich meine Füße anzusehen. Er hat seine Praxis schon geschlossen, weil er in Urlaub fahren will, aber er ist trotzdem bereit, mich zu untersuchen. Er führt mich in ein Behandlungszimmer, wickelt meine Füße aus und öffnet eine große Blase. Wie eine kleine Fontäne schießt eine weiße Flüssigkeit heraus. Er bestätigt mir, was ich schon geahnt hatte: daß diese Infektion sehr gefährlich ist. Wenn ich nicht sehr vorsichtig sei, könne ich meine Zehen – sogar meine Füße verlieren.

»Zunächst muß ich Ihnen Penizillin geben, bevor ich alle die anderen Blasen öffne«, sagte er und fragte mich dann, ob ich aus irgendeinem Grund kein Penizillin vertrüge. Ich wußte, ich sollte es nicht nehmen, ohne entweder Dr. Lerner in New Haven oder Dr. Kenny in Washington gefragt zu haben, die mir die Pillen gegeben hatten, um meine Hautfarbe zu verändern.

Was sollte ich Dr. Grant sagen? Der Mann hatte seine Praxis und war auf dem Weg in die Ferien. Er behandelte mich trotzdem, um mir zu helfen, behandelte mich mit einer Güte, als sei ich ein Freund. Es wäre albern, ihm etwas vorzumachen.

»Ich habe ein bestimmtes Medikament eingenommen. Der Arzt sagte mir, ich dürfe nichts anderes nehmen, ehe ich mich nicht mit ihm beraten habe.«

»Was ist das für ein Medikament?«

»Psoralen.«

»Davon habe ich noch nie etwas gehört. Wogegen ist es?«

»Gegen . . . weil . . . um meine Haut schwarz zu machen.«
Der Arzt schaute mich scharf an, als sähe er mich zum
erstenmal – oder vielleicht versuchte er, mich neu zu
sehen? Dann noch immer sehr überrascht: »Wer sind Sie –
eine weiße Frau?«

»Was glauben Sie?« fragte ich zurück.

»Um die Wahrheit zu sagen, ich habe gar nicht darüber
nachgedacht. Ich habe Sie einfach als Menschen gesehen.«
Dr. Grant war einverstanden, daß ich Dr. Lerner oder
Dr. Kenny anrufen sollte, ehe er mir das Penizillin gab.
»Ich werde Ihnen die Füße steril bandagieren«, sagte er.
»Hoffen wir das Beste.« Für die Zeit seiner Abwesenheit
von New York gab er mir den Namen eines anderen
Arztes in Harlem, Thomas Day. Wenn es notwendig
wäre, sollte ich ihn anrufen.

Der nächste Morgen sieht mich noch immer im Douglas-
Hotel. Ich schaue meine Füße an. Ich weiß nicht, woher
ich die Kraft nehme, sie überhaupt zu bewegen.

Ich bin mit nur 20 Dollar in der Tasche hier angekommen, weil ich glaubte (und das ist bestimmt weibliche
»Logik«), die finanziellen Schwierigkeiten seien schwerer
zu bewältigen als die physischen oder psychologischen.

Jetzt muß ich zu einer Bank gehen. Ich habe mein Geld
in Washington und will es mit einem Scheck auf eine
Harlemer Bank transferieren. Ich laufe die Straße hinunter mitten zwischen überquellenden Mülltonnen. Warum,
warum nur werden sie nicht geleert? Aber in Harlem
gibt es nur Fragen und keine Antworten. Meine Lungen
atmen die mit Fäulnis getränkte Luft, ich sehe einen
schwankenden Süchtigen, sehe seine Mutter von einer
schmutzigen Terrasse herunterkommen. »He«, schreit
die Frau einem acht- oder neunjährigen Jungen auf der
Straße zu, der eigentlich in der Schule sein sollte. »Lauf
zu ›Sam's‹ und hole mir ein paar Flaschen Bier, Budweiser.«
Es ist nicht einmal neun Uhr – ist das ihr Frühstück?
Die Menschen lächeln mich an, wünschen mir einen guten

Morgen, und wenn ich mit ihnen rede, nennen sie mich Liebling, Schätzchen oder Süße.

Diese überraschenden Liebenswürdigkeiten sind die Räder, die das Ghetto in Bewegung halten. Alle Ghetto-Bewohner sind herausgeputzt und gehen doch nirgendwohin. Aber ohne Ausnahme sind alle nett zu mir. Guter Gott! Neger sind noch nie freundlich zu mir gewesen. Immer wirkten sie widerspenstig und verdrossen, schauten stur an mir vorbei, als trauten sie mir nicht. Jetzt ist das alles anders. Sie verstehen mich, fühlen sich mir im Leid verbunden. Wir alle begreifen, daß wir in diesem Ghetto wie in einer Hölle leben, aber in dieser Hölle sind wir wenigstens zusammen. Die innere Haltung ist klar: Seit vierhundert Jahren haben wir gelächelt, anderen Leuten die Stiefel geleckt, uns prostituiert und die Lügen erzählt, die der weiße Mann hören wollte. Wir setzten alles von uns ein und gaben als Feld- und Haussklaven dem weißen Mann nicht nur alle unsere physischen Kräfte, sondern das Beste von unserer Musik und unsere religiöse Demut. Nun ist es endlich an der Zeit, uns selbst – uns Niggern – zu helfen.

Ich schlendere zu »Teddy's Shanty« hinüber, um zu frühstücken. In einer Ecke sitzt ein dicker weißer Mann, raucht eine Zigarre und beobachtet eine schwarze Kellnerin, die das Silber zählt. Er kann ihr also nicht trauen. Seine Brieftasche liegt auf dem Kassentisch, und ich bin ziemlich sicher, daß ihm die Kneipe gehört. Ich beobachte das Kommen und Gehen der jungen schwarzen Dandies. Sie besitzen nichts in Harlem, aber sie tragen hautenge Hosen und dünne elegante Lederjacketts, die sicher 100 oder 150 Dollar kosten. Soziologen nennen das »Kompensationskonsum«, eine phantasievolle Formulierung für den Tatbestand, daß die armen Schwarzen nichts besitzen außer ein paar hübschen Kleidern.

Ein Kellner kommt und will meine Bestellung aufnehmen. »Haben Sie Hafergrütze?« »Nein«, antwortet er. Ein Blick des Einverständnisses, wir sind einander gleich. Und so hat er keine Bedenken, mir ein Konkurrenzunternehmen zu empfehlen. »Warum gehen Sie nicht zu ›Whimpies‹ hinüber? Dort bekommen Sie Hafergrütze.«

Ich nehme seinen Vorschlag dankbar an. Nach meinem kleinen Mahl gehe ich zur Chase-Manhattan-Bank, die dem Notausgang des Harlemer Krankenhauses gegenüberliegt. Drinnen empfängt mich eine Welle der berühmten weißen amerikanischen Leistungsfähigkeit. Hinter vier himmelblauen und grauen Stahltischen, die in geradezu perfektem Abstand voneinander stehen, sitzen Beamte, die so zuversichtlich und wichtig aussehen, als hätte man sie auf das Dach der Welt gesetzt und ihnen befohlen, Länder, Meere, Städte und Menschen darunter zu dirigieren.

Von dem freundlichen Lächeln eines der Beamten ermutigt, setze ich mich in einen leeren Sessel vor seinem Tisch. Beinahe gnädig fragt er mich, wie er mir helfen könne. Viel zu laut für diese geheiligten Räume platze ich mit der Frage hinaus: »Können Sie mir bitte sagen, wo es hier in der Gegend eine *schwarze* Bank gibt?«

»Eine was?« Er schleudert mir die Worte so laut entgegen, daß die anderen, die bisher schweigend ihrer Beschäftigung nachgegangen sind, sich neugierig umdrehen. Er senkt seine Stimme: »Eine was, sagten Sie?«

»Ich versuche«, erkläre ich ihm, »eine Bank zu finden, die Schwarzen gehört. Eine Bank, in der das Kapital den Negern untersteht. Ich habe nichts gegen Ihre Bank«, beteure ich hastig. »Ich weiß, es ist eine gute seriöse Bank. Aber ich lebe hier in Harlem, und ich möchte meine Geschäfte mit einer von Schwarzen geleiteten Bank abwickeln.«

»Nein, ich kenne keine.« Er sagt es kurz angebunden und steht dabei auf, um mir klarzumachen, daß auch ich mich zu erheben habe. Mit nervöser, beinahe drängender Handbewegung fordert er mich auf, zu verschwinden, und bittet den nächsten Kunden, Platz zu nehmen. Ich fühle mich wie mit Füßen getreten, habe einen schalen Geschmack im Mund und gehe unsicher auf die Tür zu. In diesem Augenblick gibt mir ein Schwarzer von der anderen Seite der Bankhalle her ein Zeichen, zu ihm herüberzukommen. Es ist ein bärtiger Mann mit einer Brieftasche in der Hand. Er wartet, bis ich fast auf Hautnähe an ihn herangekommen bin, dann flüstert er mir zu: »Laufen Sie ein paar Häuserblocks weiter, nehmen Sie den Bus zur 125. Straße und gehen Sie zur Eigth Avenue hinüber.« Seine Anweisungen sind die einfachsten der Welt, doch die hastigen, nervösen Blicke des Mannes und sein verschwörerisches Flüstern deuten darauf hin, daß wir mit Spionage zu tun haben.

In Gedanken versunken, wird mir im Bus langsam klar, daß ich hinter die schwarze Fassade Harlems zu sehen beginne. Als Schwarze unter Schwarzen habe ich vergessen, in ihnen Leute, Individuen zu *sehen:* Fett, kurz, reinlich, schmutzig, hübsch oder häßlich.
So blicke ich nun um mich und sehe undeutlich meine Reisegefährten. Einer ist ein junger Mann, vielleicht 22 Jahre alt, der zusammen mit mir in den Bus gestiegen ist.
Er hat eine in Zeitungspapier gewickelte Dose bei sich. Die Dose erregt meine Aufmerksamkeit, weil sie so ordentlich verpackt ist, als ob es das Werk eines Menschen wäre, der von morgens bis abends nichts anderes tut, als Dosen einzuwickeln. Sobald wir fahren, hebt der junge Mann die Dose an den Mund und beginnt zu trinken. Wenige Augenblicke später wirkt er völlig betäubt, beginnt zu nicken, verliert dann völlig die Kontrolle über seinen Kopf, der auf eine Seite fällt. Was war in der Konservendose? Welche Pillen hatte er genommen, bevor er daraus trank? Es ist sinnlos, darüber nachzudenken. Rauschgift ist heute in Harlem so weit verbreitet, seine

Varianten und Arten, sie sich zu verabreichen, sind so zahlreich oder zahllos wie die Süchtigen selbst.

Wir Passagiere scheinen alle das Hinübergleiten des jungen Mannes in eine andere Welt bemerkt zu haben – die Realität einer morgendlichen Busfahrt im Herzen des Ghettos. Uns alle verbindet ein Gefühl des Kummers und Schmerzes bei diesem Anblick.

Keiner von uns starrt den jungen Mann an, niemand gibt durch einen Blick eine Kritik kund, und niemand wendet sich ab. Was sich hier abspielt, ist eine in Harlem alltäglich gewordene Szene.

Ich verlasse den Bus an der 125. Straße und betrete die »Bank der Nationalen Freiheit«. Hinter einem Tisch sitzt ein schwarzer Bankbeamter. An seinem Jackett trägt er eine Plakette mit dem Namen C. C. Norman. Ich frage ihn: »Gehört Schwarzen diese Bank?«

»Ich glaube, der größte Teil des Kapitals ist in schwarzen Händen«, antwortet er. Mir gefallen seine Freundlichkeit, sein Gesicht und sein Akzent.

»Sind Sie von Jamaika?« will ich wissen.

»Ich bin aus Afrika!« antwortet er. Der Stolz, mit dem dieser Mann sich als Afrikaner bekennt, beeindruckt mich tief.

»Mein Land ist Sierra Leone«, erklärt er. Krampfhaft suche ich in meinen Gehirnwindungen nach dem Namen der Hauptstadt seines Landes, um ihm eine Freundlichkeit zu erweisen. Doch habe ich keinen Erfolg dabei, und so bleibt mir nichts anderes übrig, als einen 200-Dollar-Scheck fürs Konto auf den Tisch zu legen und mich mit einem »Vielen Dank, Mr. Norman« zu verabschieden.

»Und wir danken Ihnen, Miss Halsell«, ist die ebenso prompte Antwort.

In der Adam-Powell-Pension schreibe ich der Empfangsdame einen Scheck aus. Sie heißt Frau Thomas und ist eine Frau mit schlaffem, blassem Gesicht. Argwöhnisch betrachtet sie meinen Scheck. Dann fragt sie: »Wieviel

Geld haben Sie auf Ihrem Konto?« Der Scheck ist auf die Summe von 13,50 Dollar ausgeschrieben, der wöchentlichen Miete.

Ich bin so sprachlos über die freche Frage nach meinem Bankguthaben, daß ich außerstande bin, zu antworten. Abwägend hält sie den Scheck in der Hand. »Im übrigen wäre es uns angenehm, wenn Sie zur Kirche gingen«, sagt sie. Mit der Kirche meint sie natürlich Adam Clayton Powells Baptistenkirche gleich nebenan. Ich antworte ihr, ich könne es kaum erwarten. Wirklich, ich würde gern dreimal am Tag hingehen, wenn ich so dem scheußlichen dunklen Hotelzimmer entfliehen könnte, in dem ich nun schon vier Nächte geschlafen habe und in dem ich immer damit rechnete, gleich vergewaltigt zu werden oder sonst irgendein »Schlimmer-als-der-Tod«-Erlebnis zu haben. Endlich gibt sie mir zu verstehen, daß ich ihre »Sicherheitsprüfung« bestanden habe. Ich bin so erschöpft, daß ich mich nur noch auf den nächsten Stuhl in der Halle fallen lassen kann. Mein Zimmer liegt im sechsten Stock. Der Lift ist außer Betrieb, und ich muß mich einfach ausruhen, ehe ich alle diese Treppen hinaufsteigen kann. Ich schaue mich um. Es ist Abend geworden. Hier in der kleinen ebenerdigen Halle, die mein »Zuhause« ist, versammeln sich die anderen weiblichen Bewohner der Pension.

Eingeklemmt als schwarze Frau zwischen lauter schwarzen Frauen, die sich um das Fernsehgerät geschart haben, empfinde ich es als seltsam, ja idiotisch, daß alle Gedanken, die dem Schirm entströmen, völlig weiß orientiert sind. Es ist, als existierten die Menschen anderer Hautfarben als Publikum überhaupt nicht. Eine weiße Frau auf dem Bildschirm ruft aus, wenn sie ihr Leben noch einmal leben könnte, dann lieber als Blonde. Und sie fragt: »Würden Sie nicht auch lieber blond sein?« Ich schaue mich um – selbst das hellste Blond aller Färbemittel würde in unserer Versammlung seinen Zweck nicht erreichen.

Schließlich steige ich die sechs Treppen zu dem Verschlag

hinauf, der mein Zimmer ist. Er hat eine verzweifelte Ähnlichkeit mit einem Sarg, es fehlen nur noch die Griffe daran. Dennoch habe ich das Gefühl, in einem Stückchen Himmel, an einer sicheren Küste gelandet zu sein. Ich werfe ich mich aufs Bett und versinke sofort in einen tiefen Schlaf, aus dem mich irgendwann ein scharfer, ja brüllender Schmerz in meinen Füßen weckt. Ich richte mich auf und untersuche sie vorsichtig. Mit Entsetzen muß ich erkennen, daß beide Füße von einer Infektion befallen sind. Mir jetzt noch etwas vorzumachen, wäre nicht nur leichtsinnig, sondern einfach naiv. Ich brauche einen Arzt, und das schnell.

Ich hatte zunächst nicht begriffen, daß meine Krankheit mit den Medikamenten, die ich genommen hatte, in Zusammenhang stehen könnte. Denken ist mir jetzt gar nicht mehr möglich. Wie die Anhängerin einer wundergläubigen christlichen Sekte klammere ich mich an den »guten Gedanken«, damit all dies Schreckliche und der Schmerz plötzlich wie durch ein Wunder verschwinden mögen.

Ich rufe Dr. Grant an. Er ist noch immer verreist. Als nächstes versuche ich, den Mann zu erreichen, den er mir empfohlen hat, Dr. Day. Aber es meldet sich nur der Telefondienst, von dem ich nie weiß, ist er eine Maschine oder eine menschliche Stimme. Damit »er« begreift, daß ich mich für einen dringenden Notfall halte, sage ich: »Wenn ich Dr. Day *heute nacht* nicht erreichen kann, muß ich nach Washington fliegen und dort zu einem Arzt gehen.« Offensichtlich ist die Frau am anderen Ende der Leitung ein fast menschliches Wesen. Sie kichert und meint, daß das eine »ziemliche Entfernung« sei, nur um einen Arzt zu sehen.

Endlich entschließe ich mich, das zu tun, was ich gleich hätte tun sollen. Ich rufe Dr. Kenny in Washington an. »Doktor Kenny, mit meinen Füßen ist etwas Furchtbares passiert.«

»Vergeuden Sie keine Minute mit Erklärungen«, antwortet er. »Wahrscheinlich haben Sie sich eine gefährliche Infektion geholt. Es könnte Sie Ihre Füße kosten!« Er bittet mich, das nächste erreichbare Flugzeug nach Washington zu nehmen. Er wird dort sofort in mein Apartment kommen.

Roscol Dixon, den ich auch benachrichtigt habe, holt mich am Flughafen in Washington ab. Er trägt mich praktisch durch einen Hintereingang zu einem Frachtaufzug und bringt mich in mein Apartment. Ein paar Minuten später ist Dr. Kenny da und versucht, meine Füße zu retten.

Er informiert mich davon, daß ich an beiden Füßen Verbrennungen dritten Grades habe, die durch zu intensive Sonnenbestrahlungen in Puerto Rico ausgelöst worden sind. Infolge der Medikamente konnten die Sonnenstrahlen die Haut viel schneller und viel tiefer durchdringen, als es gewöhnlich der Fall ist. Merkwürdigerweise zeigten sich die Brandschäden erst etliche Tage nach meiner Rückkehr aus Puerto Rico. Warum das, verstehen wir beide nicht.

»Könnten Sie sich vorstellen«, fragt er mich, »warum diese schweren Verbrennungen sich nur an Ihren Füßen zeigen? Es ist mir rätselhaft, warum die Wunden ausgerechnet dort und nicht an anderen Stellen Ihres Körpers aufgetreten sind. Normalerweise hat der Mensch an den Füßen die dickste und unempfindlichste Haut.«

»Wollen Sie damit sagen, daß jeder andere Teil meines Körpers davon hätte befallen werden können«, frage ich, »zum Beispiel mein Gesicht?« Ja, antwortet er und fügt hinzu, wenn ich wollte, könnte ich mich sehr glücklich schätzen.

Ja, ich habe wirklich Glück gehabt.

Zehn lange Tage bin ich ans Bett gefesselt. Dann endlich erklärt mir der Arzt, daß meine Füße wohl heilen werden. Ich will zurück nach Harlem. Ich habe das gleiche Gefühl, das ich als Kind empfand, als mich einmal ein Pferd abgeworfen hatte. Ich wußte damals, daß ich sofort wieder in den Sattel steigen müsse, um mit der Sache fertigzuwerden. Nach Harlem zurückzukehren wird leichter sein als meine erste Reise dorthin, die von allen meinen Ängsten belastet war. Noch immer mache ich mir Sorgen um meine Füße. Ich leiste mir den Luxus, nach New York zurückzufliegen und dort ein Taxi zu nehmen, obgleich ich die zynische Definition von Harlem wohl im Kopf habe – »ein Ort, zu dem hinzufahren sich weiße Taxifahrer weigern«. Wir sind schon unterwegs, ehe ich dem Fahrer – er heißt Smith und hat eine weiße, die Schwarzen würden sagen graue Haut – die Adresse angebe. Scheinbar lässig sage ich 179 West, 137. Straße, heuchle Gelassenheit und beobachte interessiert den vorbeiflutenden Verkehr. Dennoch entgeht mir nicht, daß er mich durch den Rückspiegel wütend anstarrt. In meiner Nervosität scheint es mir, als wolle er den Wagen im nächsten Augenblick mit Gewalt von der großen Autostraße heruntersteuern. Er weiß offenbar nicht, ob er nun weiterfahren oder anhalten soll, um mich und den Koffer in den nächsten Straßengraben oder auf den Friedhof zu werfen, dem wir uns nähern. »Haben Sie West 137. Straße gesagt?« wiederholt er. »Sie wissen, daß das in Harlem ist!« Und dann sagt er mir genau das, was ich erwartet habe – daß er, wenn ich ihm die Adresse vorher gesagt hätte, diesen Auftrag nicht angenommen hätte. »Ich fahre niemals dahin!« fährt er mich an. Ich spüre, daß seine Wut immer größer wird. Er ist so wütend, daß er, als wir in die 125. Straße einbiegen, immer »unfallbereiter« wird und jeden Taxifahrer verflucht, dem wir begegnen.

Es wäre wirklich eine Ironie des Schicksals, in Harlem durch die Hand eines weißen Taxifahrers zu sterben, nur weil dieser wie ein Wilder darauf aus ist, dem verhaßten Viertel zu entfliehen. Als er zum ersten- und dann zum zweitenmal falsch einbiegt, warte ich buchstäblich darauf, daß ihm vor Wut Schaum vor den Mund tritt. Die Taxiuhr läuft und läuft, und dabei hätten wir die Adam-Powell-Pension längst erreicht, wenn der Kerl statt seiner Ellbogen sein Gehirn benützte. Endlich, als er noch einmal völlig falsch im Kreis herumgefahren ist, habe ich genug. »Ich will aussteigen, und zwar sofort!« In der Mitte irgendeines Häuserblocks tritt er scharf auf die Bremse, ich klettere aus dem Taxi, gebe ihm fünf Dollar, nehme das Wechselgeld in Empfang und bringe mein Leben aufs neue in Gefahr, weil ich ihm kein Trinkgeld gebe.

»He, du Idiotin! Und was gibst du mir dafür, daß ich dich hierher gebracht habe?« schreit er. Und während ich mich durch den Verkehr hindurchwinde, um den Bürgersteig zu erreichen, brüllt er mir nach: »Erst verlangst du, daß ich dich in dieses Höllenloch fahre, und dann gibst du mir nichts dafür – du dämliche schwarze Hure!« Er spuckt eine Kanonade von Flüchen aus. Sie gellen in das Schweigen der schwarzen Menschen, die auf den Stufen vor ihren Häusern sitzen und in den Eingängen stehen. Es ist früher Nachmittag, heiß und stickig.

Eine Negerin ruft von ihrem Balkon ein paar Kindern auf der Straße zu: »Kommt herüber und helft dieser Dame.« Ein etwa neunjähriger Junge mit süßem Kindergesicht und zwei Mädchen zwischen zwölf und dreizehn helfen mir, die Pension zu erreichen.

Als ich mit meinen kindlichen Samaritern die Stufen hinaufwanke, höre ich eine Stimme: »Geht es Ihren Füßen besser?« Ich drehe mich um. Es ist Tony, der gelegentlich einen Lift in der Pension bedient. Da ich ihn dort nur einmal gesehen hatte, sage ich bewundernd: »Sie haben ein fabelhaftes Gedächtnis.«

»Ich vergesse niemals ein Gesicht«, antwortet er. Mit einem Lachen fügt er hinzu: »– oder Füße.«

Endlich bin ich in meinem Zimmer, in meinem kleinen Gefängnis innerhalb des großen Gefängnisses Harlem. Ich sehe mich um in dem kleinen Zimmer – vier Wände, die ein Bett und einen Schrank umgeben, eine matte elektrische Birne baumelt von der Decke. Die »Armseligkeit«

meiner Existenz hier steht in scharfem Kontrast zu dem, was ich in Washington zurückgelassen habe. Nichts von den Annehmlichkeiten meines Zuhauses ist mir geblieben. Ein Blick aus diesem Fenster zeigt mir weder Gärten, Blumen, Bäume, Vögel, noch über die Äste huschende Eichhörnchen. Ich denke an all den Luxus, den ich inzwischen für so selbstverständlich gehalten habe. Ein Bad mit Dusche, Seife, alles für mich allein und kein langer dunkler Korridor, auf dem ich zu warten habe, bis ich an der Reihe bin. Salon und Eßzimmer, ein Schlafraum – eine bequeme Küche und ein mit Nahrungsmitteln gefüllter Eisschrank. Ein Telefon. Einen Anrufbeantworter. Fernsehen. Radio. Plattenspieler. Portier. Postbote. Alle mir so vertrauten Gerüche, Geräusche, Gesichter.

Jetzt, hier in diesem Gasthaus, bin ich eine Frau unter Frauen. In einer Umgebung, die ich immer als fremdartig, deprimierend und unnatürlich empfunden habe. Die meisten Menschen hier sind starkknochiger, größer und stärker als ich. Ich bewege mich zwischen ihnen, gebe meine Post am Empfang ab, starre auf den Fernseher in der Halle, warte, bis ich beim Telefon, in der gemeinsamen Toilette und im Duschraum an der Reihe bin. Wir alle sind *Frauen*, die durch ihre mysteriösen, unergründlichen, tragisch-glücklichen Geheimnisse bestimmt in irgendeiner Weise miteinander verbunden sind. Dennoch ist mir klar, daß ich sie immer nur oberflächlich kennen werde. Sie haben sozusagen ihr Leben auf einem fremden, mir fernen Planeten gelebt.

Ich habe von einigen Männern in Harlem gehört, daß in der Pension Frauen leben, die mit anderen Frauen ins Bett gehen. Jetzt, da ich solche Mannweiber mit Muskeln von Dockarbeitern sehe, überlege ich, daß das »Schlimmer als der Tod« durch den Angriff eines Weibes Wirklichkeit werden könnte.

Eines dieser Mädchen, stark wie ein Ochse und immer in hauteng Jeans gekleidet, wuchtet täglich im Hof des

Harlemer Postgebäudes zahllose Postsäcke auf bereitge-
stellte Lastwagen. Sie ist stets von einem quadratisch gebauten und unglaublich fetten Mädchen begleitet.

Ich beobachte, wie die beiden sich auf der Straße miteinander unterhalten. Ein Neger, dem das »fette Huhn« zu
gefallen scheint, beginnt mit ihm zu flirten. Das Mädchen
in den Jeans gerät außer sich vor Wut, weil seine Position
als männlicher Beschützer und Liebhaber angetastet wird.
Sie springt dem Mann ins Gesicht, bearbeitet ihn mit ihren
Fäusten und schlägt ihn zu Boden. Niemand kommt auf
die Idee, in diesen Kampf einzugreifen. Der Mann ist
kaum in der Lage, wieder aufzustehen, und schleicht sich
mit blutender Nase davon, verfolgt von einem Feuerwerk
wütender Flüche des sich wie verrückt gebärdenden Mädchens. Das »weibliche« Mädchen genießt mit einer Mischung aus Furcht und Befriedigung die Tatsache, der
Grund für einen so blutigen Kampf gewesen zu sein. Wil-
lig schmiegt sie sich an den Sieger. Sie beschenkt die andere
mit einem anbetenden zärtlichen Blick, legt ihren Arm in
den ihres »Beschützers«, und so setzen beide unbeeindruckt
und unverfroren ihren Spaziergang fort.

In diesem Augenblick begreife ich, daß es unmöglich ist,
als Neger ein wirklicher Mann – stark, aggressiv und füh-
rend – zu sein, so wie es für eine Negerin unmöglich ist,
feminin, liebenswürdig und nur Geliebte zu sein – unmöglich durch die Gesetze einer weißen Society. Gesetze,
die seit Jahrhunderten bestimmt haben, daß eine schwarze
Frau wie ein Ochse schuften muß und daß ein schwarzer
Mann sich seinem weißen Herrn unter allen Umständen
zu beugen hat.

Ich gehe in eines der typischen Negerrestaurants. Ich ver-
misse die Kellnerin, die mich normalerweise bedient. Sie
ist ungefähr 45 Jahre alt und trägt nur Hosen. Sie heißt
zwar Melissa, aber man nennt sie allgemein Browny. Ich
höre, wie der Besitzer des Lokals sagte: »*Er* muß wirklich
sehr krank sein, denn ich weiß, daß *er* sonst telefoniert

hätte oder hier wäre ... *Er* hat das noch nie getan, *sie* muß wirklich krank sein ...«

Verwirrt frage ich den Besitzer: »Meinen Sie Browny? Warum sagen Sie einmal ›sie‹ und einmal ›er‹?«

»Oh«, erklärt mir der Besitzer »er ist beides ...« Und er sagt es so selbstverständlich, als sagte er, ihr Name ist zwar Melissa, aber sie hat es gern, wenn man sie Browny nennt. Er sagt es ohne jede Kritik, respektiert, daß niemand als sie selbst über sich und ihr Wesen zu entscheiden hat.

Während ich am nächsten Morgen meinen Kaffee trinke, sehe ich einen »Mann« zum Frühstück hereinkommen. Er bestellt Eier, Schinken und Hafergrütze. Plötzlich springt er von seinem Barhocker: »Oh, ich habe meine Pille vergessen!« Er ruft einer Kellnerin zu: »Ich bin gleich zurück!« Er lebt gleich nebenan in einem Apartmenthaus und nimmt, wie man mir erzählt hat, Pillen, um weibliche Brüste zu bekommen.

Ein wenig später erscheint er in einem Kleid, dessen Dekolleté seinen Brustansatz zeigt. Die anderen Männer auf den Barhockern beginnen mit ihm zu flirten, machen gutmütige Witze und bitten um ein Rendezvous. »Wie soll ein Mensch bei all diesem Theater essen!« schmollt er. Scheinbar verärgert schiebt er seinen Teller zurück, läuft zu seinem Apartment hinüber und kommt ohne Perücke und Kleid, angezogen wie ein normaler Mann, zurück. Jetzt endlich ist es ihm erlaubt, in Ruhe zu essen.

Ich erzähle zwar von einer Negerin, die einem männlichen Rivalen die Nase blutig geschlagen hat, und einem Neger, der weibliche Brüste haben möchte, aber ich möchte nicht den Eindruck erwecken, daß es in Harlem mehr Homosexuelle und Lesbierinnen gibt als anderswo. Bestimmt nicht. Ich habe keine Statistiken, die das beweisen könnten, noch bin ich daran interessiert, solche zu studieren.

Was mich wirklich beeindruckt, ist der verzweifelte Versuch der Menschen hier, sich von der weißen Leibeigenschaft zu lösen, sich in der Geschichte der Menschheit selbst zu »entdecken«. Ich spüre das zitternde Beben all dieser menschlichen Herzen um mich herum – die Erregung, den Aufruhr. Das Leben ist nichts als die Suche nach dem Leben, und in Harlem mag dieses Suchen verzweifelt und sogar bösartig sein (durch das Böse der Vergangenheit, das Böse des weißen Mannes), aber dennoch ist es wirklich, lebendig, vital, kraftvoll.

Samstagmorgen: Ich sitze allein in meinem sargähnlichen Zimmer. Die winzige Putzfrau Marcela, die gleichzeitig Herrenschneider und Sängerin ist, klopft an die Tür und kommt herein, um mit mir zu plaudern. Wir sprechen über das Leben der Frauen. »Sex ist für eine Frau nicht so wichtig«, sagte sie. »Für einen Mann bedeutet es viel, für eine Frau ist es Glück genug, ein wenig bewundert und angebetet zu werden. Wir können viele Monate ohne Sex leben, ohne daß es uns etwas ausmacht.
Frauen behaupten immer, sie trügen die Saat für ihre Kinder, das stimmt nicht. Im Anfang trägt der Mann das Kind. Er trägt es in seinem Sperma. Die Frau ist nichts als der Nährboden. Aber jetzt«, erklärt sie, »beginnt die amerikanische Frau unabhängig zu werden, und der Mann wehrt sich dagegen, weil er der Boß sein will. Und es ist richtig, wenn der Mann der Boß ist.« Aber dann fügt sie hinzu, daß sie nie wieder heiraten möchte. »Warum sollte ich?« Sie stellt die Frage, ohne eine Antwort zu erwarten.
Sie ist gekommen, um meine Bettlaken auszuwechseln. Ich habe sie schon zusammengefaltet und in den Kopfkissenbezug gesteckt. »Aber wenn eine Frau ihren Körper nicht benutzt«, fährt sie fort, »trocknet er aus. Und es ist fast, als würde man wieder Jungfrau ...« Sie gesteht mir, daß sie seit vielen Monaten mit keinem Mann geschlafen hat, daß es das letzte Mal trocken und schmerzvoll gewesen sei. Sie hat einen Arzt gefragt, und er hat ihr erklärt, daß sie wieder so gut wie eine Jungfrau sei. Aber es

macht ihr nichts aus. »Ich brauche es nicht so sehr . . . ich hab genug andere Dinge zu tun.« Sie ist zufrieden und glaubt daran, die Pflegemutter der 39 »Kinder« zu sein, die in diesem Hause wohnen.

Um unser philosophisches »schwesterliches« Gespräch zu beenden, erzähle ich Marcela, wie überrascht ich war, daß in meinem Kleiderschrank so ungeheuer viele Kleiderbügel hängen. »Es müssen mindestens 200 sein«, stelle ich fest. »So viele habe ich noch nie gesehen.«

»Nun«, antwortet sie, »Sie wissen doch, wie gern junge Mädchen Kleider kaufen!« Ich besitze nur drei Kleidungsstücke, aber die meisten Mädchen und Frauen in der Pension besitzen so viele, daß sie sie in den Kleiderschränken nicht unterbringen können. Sie geben für ihre Verhältnisse ungeheure Summen für Kleider und chemische Reinigung aus. Hier tragen die Leute pausenlos Kleider in Zellophanhüllen über die Straße; sie kommen alle aus der Reinigung.

Nach und nach lerne ich meine Nachbarinnen kennen. Neben mir wohnt Deliah. Sie ist 25 Jahre alt und hat eine Figur wie eine auf den Kopf gestellte Coca-Cola-Flasche. Deliah hat mir aus meinem Zimmer im sechsten Stock ins Parterre hinunter und in ein Taxi hineingeholfen, als ich mit meinen entzündeten Füßen nach Washington fliegen mußte. Ich hatte an jenem Tag kaum noch Geld und konnte auch keinen Scheck einlösen. Deliah borgte das Geld von ihrer besten Freundin, einem schwerknochigen maskulinen Mädchen namens Sadie, das unten am Ende der Halle ein Zimmer hat. »Nimm es«, hatte Deliah mich überredet und hinzugefügt: »Schätzchen, in dieser Welt müssen wir uns alle gegenseitig helfen.«

Deliah ist zur Zeit ohne Arbeit. Früher war sie die einzige schwarze Kellnerin unter Weißen in einem Restaurant, das mit Vorliebe von reichen Playboys besucht wurde. Sie verdiente 200 Dollar im Monat, hatte ein Apartment im Lenox Terrace House und war in einen schwarzen Musiker verliebt, der schwarzarbeitete. »Das Bunny-Kostüm, das ich bei der Arbeit tragen mußte, hat ihn gestört«, erzählte Deliah mir. Sie hatten einen Streit, und er stellte sie vor die Wahl, entweder ihn oder den Job. Sie gab den Job auf. Als nächstes gab sie ihr hübsches Apartment auf, ihre Streitereien wurden immer häufiger, und schließlich verlor sie auch ihren Freund.

Sonntagnachmittag: Ich gehe in die Pension zurück. Einer von Deliahs Freunden hat auf dem Empfangstisch ein Paket für sie hinterlassen. »Würden Sie das bitte mit hinauf zu Deliahs Zimmer nehmen?« fragt mich die Hotelangestellte. Ich klopfe an ihre Tür. Ich bekomme keine Antwort, öffne und will das Paket auf den Tisch legen. Deliah liegt zusammen mit Sadie in ihrem schmalen Bett. Jeder Eindringling würde ihrer Aufmerksamkeit entgehen. Sie sind dabei, sich zu lieben. Schnell schließe ich Tür. Fassungslos laufe ich in mein Zimmer, dann die vielen Treppen hinunter und auf die Straße hinaus, um meine Gedanken zu ordnen. Deliah hat Freunde. Sadie hat einen Mann, der in Deutschland stationiert ist. Ich erinnere mich, daß ich Sadie gefragt hatte, warum sie ihre Mann nicht nach Übersee begleitet habe. Sie hatte mit den Schultern gezuckt: »Zuviel Konkurrenz.«

»Du meinst die deutschen Mädchen?«

»Ja«, gab sie zurück und fügte hinzu: »Und der Kerl liebt diese blonden blassen Huren.« Jetzt scheint das Durcheinander vollkommen.

Sonntagabend: Ich bin in mein Zimmer zurückgekehrt. Aus der Kirche, der Adam Clayton Powell Church, dringen die Stimmen der älteren Generation herüber, derjenigen, die in ihrem Leben nichts gehabt hat als Arbeit und Mühen und die es mit dem süßen Glauben an ein besseres Wiedersehen in der Ewigkeit durchgestanden hat. Aber die jungen Menschen wollen hier leben, jetzt auf dieser Erde, nicht irgendwann nach ihrem Tode. Sie gehen auf die Straßen hinaus, tragen ihre hautengen Hosen und

Lederjacken und empfinden nichts als Bitterkeit über diese alten Lügen.

Das Beten der Leute treibt mich hinaus. Ich gehe um die Ecke zur Adam-Powell-Kirche hinüber. Ich habe ein schwarzes Tuch um den Kopf gebunden. Auf der Straße folgt mir ein Mann und spricht mich an.

»Wollen Sie mit mir reden?« Er ist ein großer Kerl in einem knallgrünen Anzug. Ich weiß nicht, ob er zuviel Marihuana geraucht oder zuviel getrunken hat.

»Nein, nein, ich will in die Kirche gehen.«

Er läuft weiter neben mir her, und als wir um die Ecke biegen, ruft er: »Wenn Sie schon nicht mit mir reden wollen... Wollen Sie wenigstens ein Gebet für mich sprechen?«

»Ja, mein Bruder«, verspreche ich ihm.

Während ich in der Kirche auf das Meßopfer warte, betrachte ich die Frauen und ihre Kleider. Ihre Hüte faszinieren mich. Manche sind groß, andere haben weiße weiche Krempen, sie sind aus Filz oder Samt angefertigt und mit großen Federn besteckt. Ich vergesse, ein Gebet für den schwarzen Bruder zu sprechen, den ich auf der Straße zurückgelassen habe.

Wir singen die gleichen alten Lieder, die genauso zu meiner Kindheit gehören wie dunkles Brot und Maisbrei. Ein Brief des heiligen Paul an die Korinther wird gelesen: Er handelt von der alles ertragenden, freundlichen Liebe, die nie etwas Böses im Sinn hat. Ich sitze auf meinem Stuhl und entwickle böse Gedanken über den großen jungen Prediger in seinem 200-Dollar-Anzug – man sieht dem Material an, daß es kostbar ist –, während er den Leuten erzählt, sie sollten dafür sorgen, daß keine »Meere« Menschengruppen voneinander trennten. Powell ist an diesem Sonntag über das Meer nach Bimini, seinem karibischen Zufluchtsort, gefahren. Um 7 Uhr 40 verlassen wir die Kirche. Ich begegne zwei Ordensschwestern. »Die Messe war sehr kurz«, stelle ich fest.

97

»Das Leben hier ist so schlimm geworden«, antwortet die eine. »Da will niemand mehr am Abend auf der Straße sein.«

Am nächsten Sonntagmorgen besuche ich den Gottesdienst in einer Baptisten-Kirche. Ein Gebet, das dreißig Minuten dauert, muß von jenen alten Gebetsnächten zur Zeit der Sklaverei herrühren, die den Negern die einzige Möglichkeit gaben, ihren Gefühlen und Gedanken freien Lauf zu lassen. Später beginnt der phantastische rhythmische Predigtsong, bei dem die Gemeinde eine ebenso lebhafte Erzählerrolle übernimmt wie der Priester. Ihre Einsätze sind so perfekt, erst einer, dann, einander stützend, ein anderer, daß es den Eindruck erweckt, als sei das Ganze unendlich oft geprobt. Die Moral der Geschichte ist, *Er* wird dir aus der Klemme helfen, du brauchst ihn nur »anzurufen«.

Mittwochnachmittag: Connie Wright, die ich durch Dr. Grant kennengelernt habe, erzählt mir, daß ihr bevorzugter Schönheitssalon Wilbert Simons gehört, der sein Geschäft zwischen der 125. Straße und Fifth Avenue hat. Ich steige die steilen Stufen hinauf, drücke auf eine Klingel, und eine der Kundinnen öffnet die verschlossene Tür. Man hat den Eindruck, in ein »Kaffeekränzchen« von einer Gruppe erzählender, schwatzender Frauen geraten zu sein. Die Atmosphäre ist so vertraut und gemütlich wie bei einem Zusammentreffen alter Freunde. Ungepflegte grüne Pflanzen kämpfen sich an den schmutzigen Fenstern hoch, und an einer Wand stehen unter einem drei Jahre alten Kalender Dutzende von leeren Coca-Cola-Flaschen. Vom Fernsehapparat dringen die Schluchzer eines in Liebe verstrickten Dreigespannes der täglichen Serie. Und wir fühlen uns alle schwesterlich miteinander verbunden bei Wilbert, unserem Bruder, der genau wie Gott die geheimsten Kammern eines weiblichen Herzens kennt.

Wilbert wäscht mein Haar und massiert eine mir unbekannte Flüssigkeit hinein. »Was ist das?« frage ich besorgt und fürchte schon, daß er die gewohnte scharfe Essenz auf meinen Kopf geschüttet hat, mit denen die schwarze Frau ihr Haar glättet.

»Machen Sie sich keine Sorgen«, antwortet er, »hier wird man nicht nur mit einfachem Shampoo gewaschen wie in anderen Friseurläden.« Genauso geschickt wie jeder Friseur in Tokio, Kairo oder Chihuahua legt Wilbert mein Haar in etwa acht Minuten ein. Andere Kundinnen sitzen da und studieren ein Friseurmagazin so intensiv, als müßten sie seinen Text auswendig lernen. Die abgebildeten Modelle sind natürlich weißhäutig und haben weiches seidiges Haar. In geradezu sklavischem Imitationsbedürfnis nimmt die schwarze Frau jede Tortur der Hölle auf sich, um ihre krausen Locken in das verwandeln zu lassen, was sie »gutes« (glattes) Haar nennt.

Aus den Gesprächen der Frauen erfahre ich, daß die meisten Negerinnen ihr Haar einmal in der Woche »bügeln« lassen. Das Glätten wird mit alkalischen Chemikalien erreicht, die man wieder herauswäscht; auch Säuren werden dazu benutzt, und das ist wie Dauerwelle, nur mit umgekehrter Wirkung.

Inzwischen hat man mir die Trockenhaube vom Kopf genommen, und ich höre, wie eine Mrs. Johns, eine pensionierte Lehrerin, vom Schulstreik in New York City erzählt und von den Negern, die sich in einigen Bezirken »den Weißen unterwerfen«. »Die Schuld an dem ganzen Dilemma können wir uns selbst zuschreiben...«, sagt sie verächtlich, »und die Weißen suchen sich die intelligentesten Neger aus und schieben sie in irgendeine Prestigeposition, wo sie sicher sein können, daß der Neger sein Maul hält. Sie geben hervorragenden schwarzen Lehrern einen Job, der sie zwar mit einem Titel versieht, ihnen aber auch die Hände bindet. Denken Sie nur an Thurgood Marshall, er war ein guter Rechtsanwalt, wir brauchten ihn. Jetzt ist er zwar am Obersten Gerichtshof, aber er kann uns nicht mehr helfen. Oder nehmen Sie Senator Brooke, er ist nichts anderes als eine Art Onkel Tom. Und Jacky Robinson – er ist zu den Weißen übergelaufen und arbeitet für Gouverneur Rockefeller. Er hätte hierher zurückkehren können, um anderen beizubringen, was er gelernt hat. Aber er hat Harlem vergessen.

Selbst wenn Neger wie Robinson und Brooke versuchen, genauso zu leben wie die Weißen, wird man sie trotzdem wie Neger behandeln, sie werden das immer tun, und wenn du nicht mehr als ein Prozent Negerblut in den Adern hast...« Und Mrs. Jones fügt hinzu: »Aber ihr wißt es ja selbst, ihr wißt, was ich meine.« Sie erzählt, daß einige der »besseren« hellhäutigen Negerfamilien sich weigern, ihre Kinder in Harlemer Schulen zu schikken. Ihr Gesicht wendet sich mir zu, und sie wiederholt: »Die Schuld an dem ganzen Dilemma können wir uns selbst zuschreiben.«

Ich bin fertig, aber ein plötzlicher Regenschauer zwingt mich, noch zu bleiben. So setze ich mich wieder und höre Mrs. Jones zu: »Ich sehe, wie die jungen Mädchen heutzutage herumlaufen und ihren Körper zur Schau stellen. Ich gehe täglich durch die Straßen, mir entgeht nichts, ich sehe alles. Aber ich werde mein Volk nie verleugnen. Nein nein, ich gehöre nicht zu denen, die davongelaufen sind ... ich könnte das nicht.«

Aus dem Fernsehapparat dröhnt es weiter, während die Mädchen sich unterhalten. Zwischen ihnen sitzt in hautengen Jeans das Riesengeschöpf Jane, das jede Woche die 90 Meilen von Poughkeepsie bis Harlem fährt, um sich ihre Haare behandeln zu lassen. Ich beobachte drei Frauen, die gerade die Prozedur des Glättens über sich ergehen lassen. Wilbert geht erst zu der ersten, dann zu der zweiten und massiert eine weiße schaumige Flüssigkeit in ihr Haar.

Ich bin sicher, daß Wilbert sein eigenes Rezept hat, aber ich habe irgendwo gelesen, daß Malcolm X ein Rezept erfunden hat, als er noch ein kleiner Junge war. Es besteht aus kleingeschnitzelten weißen Kartoffeln, die man in eine Fruchtpresse wirft. Man mischt sie mit *Red Devil Lye* (einer sehr scharfen Lauge) und zwei Eiern. Das Ganze ergibt eine blaßgelbe, geleeartige Mixtur, die unter dem Namen Congolen bekannt ist. Zuerst schmierte Wilberts großer Freund Vaselin ins Haar, dann schüttete er das Congolen darüber. Die Lösung brannte wie das leibhaftige Höllenfeuer und schien die Kopfhaut aufzulösen. Schließlich wurde das Haar gewaschen.

Jahre später gab Malcolm zu: »Wie idiotisch ich war! Das war wirklich mein erster großer Schritt zur Selbsterniedrigung, als ich diese ganzen Schmerzen auf mich nahm, im wahrsten Sinne des Wortes mein Fleisch verbrannte, nur damit mein Haar wie das des weißen Mannes aussah. Ich hatte mich der Masse der schwarzen Männer und schwarzen Frauen in Amerika angeschlossen, denen man den Glauben eingetrimmt hat, daß die schwarze Bevölkerung ›minderwertig‹ und die weiße Bevölkerung ›überlegen‹ sei – die bereit waren, ihren von Gott geschaffenen Körper zu vergewaltigen und zu verstümmeln, um nach weißen Maßstäben ›hübsch‹ auszusehen.«

Jetzt bei Wilbert fällt mir auf, unter welchem Zeitdruck der Mann arbeitet, und ich schlage vor: »Wilbert, Sie haben so viel zu tun, könnte ich Ihnen ein wenig helfen?«

»Sind Sie verrückt?« antwortete er. »Das fehlt mir gerade noch, ein Gehilfe ohne Arbeitslizenz! Sie würden mir morgen den Laden schließen. Im übrigen würde keine meiner Kundinnen erlauben, daß jemand außer mir ihr Haar anfaßt. Kennen Sie Ella Lee, die Opernsängerin? Sie ist genau wie Sie aus Texas. Sie würde von überall hierher fliegen, sogar von Spanien – nur um sich von mir die Haare behandeln zu lassen.«

Ich habe in Magazinen wie zum Beispiel *Ebony*, das in

seitenlangen Berichten die Möglichkeiten des Haarglättens beschreibt, gelesen, daß schwarze Frauen einen großen Teil ihrer Zeit und ihrer Energie der »krönenden Pracht« einer Frau, ihrem Haar, opfern.

Auf meinen Spaziergängen habe ich in jedem Häuserblock zwei oder drei Schönheitssalons gesehen. Manche sind zwölf und fünfzehn Stunden täglich geöffnet. In manchen wird schon gearbeitet, wenn ich um sieben Uhr in der Früh auf die Straße gehe, und in anderen sitzen die Kundinnen noch um zehn und elf Uhr nachts. Ein paar der Salons sind in privatem Besitz und stellen Assistenten ein. Andere werden von Managern geführt und vermieten für 18 oder 20 Dollar pro Woche Angestellte an einzelne Friseure. Die Preise sind ungefähr die gleichen wie bei einem weißen Friseur. Bei Wilbert habe ich für das Waschen und Legen meines Haares 5 Dollar bezahlt.

Auf dem Heimweg trinke ich bei »Whimpies« einen Kaffee und plaudere mit Loretta, die mit mir in der gleichen Pension wohnt und sofort merkt, daß mein Haar frisch frisiert ist. Sie schlägt vor, das nächste Mal sollte ich zur Appex-Schönheitsschule gehen, wo sie ihr Haar gerade hat glätten lassen. »Der Kunde wird dort gut behandelt, weil das mit zur Ausbildung gehört«, erklärt sie mir. »Im übrigen kostet das Ganze dort nur die Hälfte. Geh an einem der nächsten Tage mal dort vorbei. Aber nicht vor zehn, vorher haben sie ihren Gottesdienst.«

»Gottesdienst?« frage ich.

Sie erklärt mir, daß die Schule von einer kirchlichen Gruppe geleitet wird, die darauf besteht, daß alle Lehrlinge erst etwas singen und ein paar Gebete sprechen, bevor sie die heißen Eisen in die Hand nehmen.

Loretta geht fort. Ich schlürfe an meinem Kaffee und versuche mich in die Haut einer jungen Negerin zu versetzen, die mehr vom Leben erwartet als eine Dienstbotenkarriere. Ich versuche mir vorzustellen, daß ich mich entschlossen habe, Friseuse zu werden. Ich hätte für 50 Dollar die Woche so lange als Kellnerin arbeiten müssen, bis ich die 700 Dollar für die Ausbildung zusammengehabt hätte. Dann müßte ich auf irgendeine Weise versuchen, während der acht Monate meiner Lehrzeit ein Zimmer und mein Essen zu finanzieren. Um ein Diplom zu bekommen, müßte ich acht Stunden täglich arbeiten. Und dann würde der Tag – der ersehnte Tag kommen –, ich könnte höchsten Ansprüchen genügen, ich wäre die Beste in der Klasse. Die Welt wäre offen!

Als schwarzhäutige Haarspezialistin begänne ich zu suchen, an Türen zu klopfen, zu fragen – aber wo? In einem weißen Schönheitssalon? In Washington oder New York? Wenn irgendein von Weißen geführter Schönheitssalon in den Vereinigten Staaten mich als Friseuse engagierte, wäre ich wahrscheinlich die erste. In den weißen Salons läßt man die schwarzen Frauen den Boden scheuern. Man läßt sie vielleicht das Haar waschen – aber es niemals einlegen!

Zurück in der Pension, klettere ich die sechs Treppen zu meinem Zimmer hinauf und gehe dann in den gemeinschaftlichen Duschraum – was für eine dumpfe feuchte Nacht wir haben! Ich versuche ein Fenster zu öffnen. Im gleichen Augenblick höre ich Lorettas Stimme: »Öffne bloß nicht das Fenster!«

»Aber es ist so furchtbar heiß.«

»Ich bin erkältet. Warte einen Augenblick, ich bin gleich fertig«, ruft mir Loretta aus einer Badewanne zu.

Unter der Dusche begreife ich endlich: Natürlich, sie weiß, daß die heiße feuchte Luft von draußen ihr Haar wieder kraus machen wird! Es könnte sich in den ursprünglichen scheußlichen Urzustand, zurückverwandeln! Selbst in den Armen eines Mannes während des Liebesakts müssen diese Frauen sich zurückhalten, denn sie könnten ins Schwitzen geraten, und das könnte schon Grund genug sein, die wunderschöne Veredelung ihres Haares zugrunde zu richten. Das Leben ist unfair!

Es ist morgens. Ich wache früh auf. Eine Gewohnheit aus meiner Kindheit, in der mich das Krähen der Hähne weckte. Noch vor sieben bin ich auf der Straße. Ich gehe zu »Whimpies« hinüber, um zu frühstücken.

Ein blasses weißes Mädchen kommt herein. Ich bin überrascht, hier eine weiße Frau zu entdecken. Sie ist neunzehn oder zwanzig Jahre alt mit langen glatten, blonden Haaren, die ihr bis auf die Schultern reichen. Sie trägt dicke falsche Wimpern und einen Minirock, der da aufhört, wo ein Bikini beginnt.

»Hallo Baby«, begrüßt Charles, der schwarze Kellner, sie. Während Charles »Baby« betrachtet, beobachte ich die braunhäutige Kellnerin, die neben Charles arbeitet und eine Art Vorrecht zu genießen scheint. Die Blonde verlangt einen großen Orangensaft.

»Zwei Dosen?« fragt Charles. Sie nickt.

»Wie gefallen Ihnen Ihre Klassen?« fragte Charles und serviert ihr den Saft. Ich schätze, sie ist Lehrerin. Sie lächelt müde und meint, sie seien in Ordnung. »Es ist besser, die Anfängerklassen zu haben, die fürchten sich noch ein bißchen und machen nicht soviel Scherereien.« Charles nickt verständnisvoll. »Aber die älteren«, sagt sie nach einer Weile und schaut ihm in die Augen, »sie können wirklich die Hölle sein.« Ich bemerke, daß die dunkelhäutige Kellnerin das Mädchen mit sehr viel weniger Sympathie betrachtet als Charles. Die Blonde trinkt ihren Saft aus und stolziert, sich ihrer langen weißen Beine unter dem Minirock wohl bewußt, aus dem Café.

In einer der hinteren Nischen entdecke ich einen Landstreicher, der aussieht, als habe er die ganze Nacht getrunken. Andere Gäste in seiner Nähe sprechen ihm von Zeit zu Zeit tröstend zu:

»Haben Sie sich verletzt?« höre ich einen Mann besorgt fragen. Ich glaube, hier gibt es kaum einen Menschen, der die qualvolle Lage seines Nachbars nicht begreift.

Auf dem Barhocker neben mir sitzt ein Mann und bestellt

die Spezialität des Hauses, Waffeln und gebratenes Huhn (ja, Huhn zum Frühstück). »He Bill! Komm mal rüber!« ruft er einem Freund zu. Müde und ein wenig verloren kommt Bill zur Bartheke. Sein Freund stellt fest: »Du siehst aus, als hättest du gerade deinen besten Freund verloren!«

»Ja«, murmelt Bill. »Den Präsidenten –.« Den Präsidenten! Ich bin völlig entgeistert, bis ich Bill sagen höre: »Abe Lincoln.« Ist dieser Mann nach so vielen Jahren noch immer der beste Freund der Neger?

Immer noch laufe ich durch die Straßen, sitze in Restaurants und beobachte die Menschen. Ich tue das seit Wochen, aber es ist noch nicht genug. Ich brauche einen festen Punkt, eine Art Ankerplatz, einen geregelteren Tagesablauf. Ich muß einfach weg von der Straße, muß irgendwo eine Art Zugehörigkeitsgefühl entwickeln. Ich entschließe mich, im Harlemer Hospital nach einer Arbeit zu fragen. Hier in diesen Straßen bin ich eine Schwarze unter Schwarzen, und ich fühle mich nie so schwarz, wie wenn mir ein weißer Polizist entgegenkommt. Ich begreife die Spannung, die die schwarze Bevölkerung erfaßt, wenn sie sich voll Angst fragt: Was tun sie hier – warum kommen sie uns so nah und starren uns an? Diese weißen Polizisten hier geben mir nicht einmal eine Spur des Gefühls von Sicherheit oder Schutz, wie ich es normalerweise empfinden würde. Es ist, als wären sie meine natürlichen Feinde. Wenn ich hier in Schwierigkeiten geriete, würde ich wahrscheinlich eher vor ihnen davonlaufen als sie um Hilfe anrufen.

Im Personalbüro des Harlemer Krankenhauses spreche ich mit einer Frau Harrell. »Was kann ich für Sie tun?« fragt sie mich. Mir fällt ein, daß es, obwohl ich riesige Gehälter verdient habe, nicht viele Jobs gibt, die ich ausüben kann. »Sind Sie Krankenschwester? Oder Hilfsschwester?«

Ich hatte mir vorgestellt, in der Küche oder als Bedienerin

zu arbeiten, aber ich glaube nicht, daß meine Füße eine solche Belastung aushalten würden. »Ich kann maschineschreiben«, sage ich ihr schließlich.

Sie schickt mich zu einer Schreibmaschine hinüber. Eine einzige Seite auf diesem antiquierten Ding zu tippen kostet ungefähr soviel Kraft, als wollte man vier Morgen Land umpflügen.

Als ich Frau Harrell das Ergebnis zeige, fühle ich mich wie ein Schulmädchen, das einen Fehler gemacht hat: »Ich wollte diesen Satz hier unterstreichen, aber ich habe ihn aus Versehen ausgeixt.«

Sie wirft nur einen kurzen Blick auf das Papier. »Machen Sie sich deshalb keine Sorgen, Kleine.« Ihr beinahe zärtlicher Trost wirkt auf mich wie eine Beruhigungstablette. Ich denke kaum an das Gehalt (es sind 35 Dollar in der Woche), ich ertappe mich bei dem Wunsch, einfach vor ihr zu bestehen.

Frau Harrell drückt mir andere Formulare und Fragebogen in die Hand. Ich fühle mich hier von einer Welle von Aktivität umgeben: Klappernde Maschinen, klappernde hohe Absätze, klingelnde Telefone, Menschen, die dumpf und ernsthaft die Gewohnheiten von gestern wiederholen, eine Kaffeepause machen, Briefe aus dem Schubfach »eingegangen« nehmen, kurz bearbeiten und sie in das Schubfach »erledigt« einordnen. Auf den vollbepackten Arbeitstischen mischen sich Kaffeetassen mit Papieren und unbearbeiteten Vorgängen, an den Wänden hängen Tages- und kitschige Jahreskalender. Ich blicke auf einen dieser Kalender, und plötzlich wird mir klar, daß ich auf den Tag genau vor drei Jahren im Weißen Haus angefangen habe zu arbeiten. Plötzlich entdecke ich soviel Vergleichbares: das Abnehmen der Fingerabdrücke, Formulare, die ich ausfüllen muß, der ermüdende Vorgang, allen Kollegen vorgestellt zu werden, lernen, wo die Dinge hingehören (Umschläge hier, Briefpapier dort), und das Starren auf eine Uhr, die sich nie vorwärts zu bewegen scheint. Nun ist es schon fünf Stunden her, seit ich gefrühstückt habe. Die Luft hier im Raum ist stickig. Ich blicke durch die schmutzigen Scheiben eines Fensters, hinter dem ich die freie Welt ahne. Mitten in meine Träume hämmern die Absätze von Frau Harrells Schuhen. Sie hält meinen Lebenslauf in der Hand. »Für zwanzig Jahre Ihres Lebens haben Sie hier keine Erklärung abgegeben!« sagt sie mir. »Irgend etwas müssen Sie da schon hineinschreiben.«

Zwanzig Jahre! Nicht nur zwei, oder drei, oder vier Jahre, sondern zwanzig Jahre! Bisher habe ich immer die Wahrheit gesagt, und meine Fragebogensünden haben eher in der Auslassung als in falschen Angaben bestanden. Ich senke meinen Kopf auf halbmast und frage mich, was ich in dieses Loch meiner Biographie einsetzen soll. Ich brauche eine einfache Erklärung, eine Erklärung, hinter der ich die Vielfalt meiner sogenannten »Sünden«, die Varianten meines Lebens verbergen kann und die doch glaubwürdig klingt. Schließlich murmelte ich: »Ich war... verheiratet.«

»Meine Süße«, gibt sie zurück, »es mag in Ihrem Leben ein paar Dinge geben, die Sie lieber vergessen möchten, schreiben Sie sie trotzdem auf – und dann vergessen Sie sie!«

Am nächsten Morgen: ich muß die medizinischen Routineuntersuchungen über mich ergehen lassen. Eine Frau drückt mir einen rosa Zettel in die Hand und erklärt mir, wohin ich zu gehen habe. Von dem Hauptgebäude laufe ich durch lange Korridore hinüber zu einem Labor, wo eine Frau mir Blut aus dem Finger entnimmt. Ich war schon gestern dort, und dieselbe Frau hat mir aus demselben Finger Blut abgenommen. »Sie haben das gestern schon gemacht«, sage ich vorsichtig, aber sie hört nicht zu. Im Lift sieht der Fahrstuhlführer meinen verpflasterten Finger und fragt: »Bohren die schon Löcher – so früh am Morgen?« Jeder um mich herum möchte etwas sagen, irgendeine Bemerkung, um einen wissen zu lassen, daß man nicht auf Gleichgültigkeit stößt, daß man gesehen wird.

Mrs. Harrell erklärt mir schließlich, daß sie vergeblich versucht habe, Mr. S., den Verwaltungsdirektor, in dessen Vorzimmer ich als Schreibkraft arbeiten soll, zu erreichen. »Aber zu seinen Ehren fand gestern abend irgend so ein Dinner statt, und er wird heute nicht ins Büro kommen. Sie wissen, wie die Direktoren so sind.« Ich begreife sehr wohl, daß sie versucht, sich und mich in jenen Kreis der Mitarbeiter einzubeziehen, die sich mit Leuten wie Mr. S. in dieser Welt herumplagen müssen. Sie fügt nämlich hinzu: »Sie tun einfach, was sie wollen. Er wird weder heute noch morgen herkommen.« Sie schlägt vor, daß ich in zwei oder drei Tagen noch einmal vorspreche.

Laufen wir durch die Straßen von Harlem. Wir schwimmen durch ein Meer von Schwärze – vorbei an vielen Gesichtern, die kommen und gehen, an Menschen, die die Straßen überqueren, uns die Morgenzeitung verkaufen, uns unsere Hafergrütze, unseren Schinken und unsere Eier servieren, die sich mit uns durch die triviale Welt eines Arbeitstages bewegen und in den Geschäften bedienen – sie alle sind schwarz. Und gehen wir weiter durch die Geschäftsviertel, wo immer das auch sein mag – zu den chemischen Reinigungen, in die Blumengeschäfte, in die schäbigen, schmutzigen Lebensmittelläden, in denen halbvergammeltes Gemüse und verrottete Früchte ausliegen – und hinter deren Theken ein *weißer* Mann sitzt.

Die Hitze und der Dunst werden immer unerträglicher. Ich brauche ein paar leichte Baumwollsachen, nichts Aufregendes, irgend etwas Einfaches, was nicht teuer ist. »Gibt es hier ein Montgomery-Kaufhaus in Harlem«, frage ich eine Frau in der Pension, »oder irgendeine andere Filiale aus den großen Geschäften der Innenstadt?« Die Antwort ist »nein«. Es ist einfach unglaublich, denn man findet solche Filialen sogar in unterentwickelten Ländern. Aber hier in Harlem gibt es nichts. Es gibt kein Geschäft, das Markenartikel oder »garantiert« einwandfreie Ware verkauft. Es gibt hier keines all der Kaufhäuser, die in der »Außenwelt« nur allzu gut bekannt sind. Hier gibt es nur »Blumenstein«, ein Geschäft im Herzen Harlems, das einen weißen Besitzer hat. Dort hat 1957 eine geistesgestörte Frau, Mrs. Izola Ware Curry, Martin Luther King jun. einen japanischen Brieföffner in die Brust gestoßen, als er ankam, um einige Exemplare seines ersten Buches zu signieren.

»Blumenstein« liegt im Zentrum der Harlemer Einkaufsgegend, und man weiß nicht, ob man lachen oder weinen soll, wenn man diese armseligen Geschäfte »Einkaufsgegend« nennt.

Ich gehe die »Hauptstraße«, den Broadway von Harlem, entlang. Es ist ein kurzes Stück auf der 125. Straße zwischen Eighth und Lenox Avenue. Das Ganze hat etwas von Karneval oder einer Zeltschau an sich. Ich komme an einem billigen kleinen Geschäft nach dem anderen vorbei, und die Ware in den Fenstern wirkt eher hineingestopft als ausgestellt. Im Inneren der Geschäfte sind die einzelnen Artikel aufgestapelt wie abgelegte Kleiderbündel für die Heilsarmee.

Woher kommt all dies Zeug? Hat jemand ein Lager mit »made-in-Japan«-Erzeugnissen entdeckt, oder sind es Überreste, die noch aus der Zeit vor dem Krieg stammen? Überreste aus New Yorker Warenhäusern, die entweder abgebrannt sind oder einen »Räumungsverkauf« veranstaltet haben. Selbst in Peru, in Iquitos, im Herzen des größten Regenwaldes der Welt, in den keine Straße hinein- oder hinausführt, habe ich anständigere Waren gesehen als hier in Harlem, USA.

Ehe ich mich entschlossen hatte, hier in diesem Ghetto zu leben, habe ich genau wie die anderen davon gehört, daß die Armen für schlechtere Waren höhere Preise zahlen.

Und genau wie die anderen habe ich gedacht – es geschieht ihnen recht! Niemand zwingt sie, in Harlem einzukaufen! Warum studieren und vergleichen sie nicht die Preise in den großen Kaufhäusern in anderen Bezirken New Yorks – wie »Gimbel's«, »Macy's«, »Bloomingdale's«, »Sears« oder dem »Montgomery Ward«. Warum springen sie nicht auf einen Bus oder in die Untergrundbahn oder ins Auto und fahren zu jenen Orten, um dort umherzustreifen und die Preise zu vergleichen? Arme Leute sind vielleicht dazu verurteilt, in Slums zu leben, aber man hat sie doch schließlich nicht *angekettet*.

Alles, was ich dazu sagen kann, ist – ich bin im Ghetto, und ich fühle mich hier angekettet. Es ist unwirklich, und doch ist alles auch schmerzliche Wirklichkeit.

Dieses Ghetto hat keine Mauern, wenn du deine Augen schließt, könntest du glauben, daß es hier keine Grenzen gibt. Die Ghettomauern existieren dennoch. Sie sind genauso schrecklich wie jene »grünen Vorhänge«, die sich hinter mir im Dschungel schlossen, die mich einzwängten, so daß ich und meine Begleiter das Gefühl hatten, uns nur wie Gefangene innerhalb der Grenzen der Enklave bewegen zu können. Draußen gab es Plätze, wo ich nicht hingehen sollte, denn draußen birgt eine andere Welt etwas Ungeheuerliches und Bedrohliches. Dort ist man unerwünscht!

Hier habe ich das Gefühl, wenn ich in andere Stadtbezirke gehe, ist die psychologische Anspannung des Hinüberwechselns und Zurückkommens so groß, daß ich es nicht fertigbringe. Ich habe weder den Willen noch den Mut, durch die unsichtbare und doch so reale Mauer zu gehen, die das Ghetto von der anderen Welt abschließt.

Weiter. Man beobachtet nur, wie die schwarzen Frauen in Harlem einkaufen. Man sieht ihnen an, daß sie von Preisen und Qualität keine Ahnung haben. Sie kaufen nicht wirklich ein – sie unterliegen einfach dem Geschwätz der Verkäufer.

Ich stehe vor einem Geschäft in der 125. Straße und versuche, ein paar der ausgestellten Dinge preislich zu taxieren. Ein weißer Verkäufer kommt heraus und versucht sofort, mich einzufangen wie einen Fisch. »Guten Tag. Mein Name ist Steve!« – und dabei lacht er mich an, als wäre diese Begegnung der Anfang einer wunderschönen Freundschaft. »Wie wär's denn mit einem schönen farbigen Fernsehgerät? Sie können es ausprobieren. Es kostet Sie gar nichts ...« Ich empfinde mich plötzlich als zweigeteilt, die eine Hälfte ist eine Reporterin, die das Ganze aus einer Entfernung beurteilt, der andere Teil ist eine Frau, die sich wie in Trance in eine Traumwelt begibt, widerstandslos und wie gelähmt.

Was träumt sie? Sie träumt von der Möglichkeit, etwas zu besitzen – einen Fernsehapparat, eine Uhr, einen Ring, einen Plattenspieler, und sie stellt sich vor, daß diese trivialen Güter sie hinausheben in eine bessere Welt, sie dem amerikanischen Traum von Erfolg und – Gleichheit – näherbringen. Der Verkäufer spricht zu ihr, als verstünden sie beide, was der Begriff Amerika bedeutet – *Dinge zu besitzen*, denn diese Dinge stellen Prestige dar, und sie bringen andere dazu, zu ihr aufzuschauen, so wie sie immer gezwungen war, zu anderen aufzuschauen.

Wie magnetisiert lausche ich den angeblichen Vorzügen des Farbfernsehers und murmele schüchtern eine Frage nach dem Preis. Damit habe ich ein Wort ausgesprochen, das in der Harlemer Sprache nicht existiert. Hier gibt es keine Preise. Das Wort Preis wird niemals benutzt. Es ist ein Wort, das dieser Steve nicht einmal versteht. Man könnte es genausogut in Griechisch oder Chinesisch ausdrücken – er würde nicht begreifen, wovon man spricht. Es kostet keinen »Preis«, es kostet einen Dollar Anzahlung, der Rest wird in kleinen Raten bezahlt – es ist doch so *leicht*. Und das ist der Trick, mit dem Steve und alle anderen Harlemer Verkäufer – zumindest neunzig Prozent von ihnen – arbeiten.

Was immer ich auch in einem Schaufenster entdecke, es steht nie ein Preis daran, ich habe nie die Möglichkeit des Vergleichs. Ich werde nie wissen, ob ein Fernsehgerät hier in Harlem teurer oder billiger ist als eines in den übrigen New Yorker Geschäften. Ein Ghetto-Verkäufer arbeitet nur mit »Zahlen« – eine Zahl, die für ihn einen vernünftigen Preis darstellt, und dann verschiedenen anderen Zahlen, die auf die Einfältigkeit des Käufers abgestimmt sind.

Nach dem Farbfernsehgerät zeigt mir Steve ein Eßgeschirr. Auf dem Preisschild steht wieder *ein Dollar*. Es ist immer dasselbe, ganz gleich, ob es sich um ein Paar Babyschuhe, eine Nähmaschine oder einen Plattenspieler handelt. Ich frage ihn nach den Zahlungsbedingungen. Ich höre sehr genau zu, aber ich muß erkennen, daß zwei ausgekochte Rechtsanwälte mindestens eine Woche brauchen würden, um sich darüber einig zu werden – falls das überhaupt möglich wäre –, was Steve da eigentlich erzählt, so irreführend sind seine Erklärungen. Langsam begreife ich: warum sich bei Details aufhalten, es genügt doch, einen dieser armseligen Papierfetzen, den sie Vertrag nennen – zu unterzeichnen – und das Eßgeschirr gehört dir!

Ich sehe die schwarzen Frauen vor mir, wie sie solche ›Verträge‹ unterschreiben, ohne sie überhaupt gelesen zu haben. Sie fühlen genau, daß bei einem Rechtsstreit um einen solchen Vertrag der Verkäufer fast immer gewinnen würde. Also lesen sie weder den Kontrakt, noch bitten sie um eine Kopie. Sie nehmen die Sachen und hoffen das Beste. Und wenn es schiefgeht, befällt sie eine maßlose Bitterkeit und Enttäuschung, die sie schließlich dazu treibt, Steine in die Schaufenster zu werfen.

Und warum, werden Sie vielleicht fragen, bleiben weiße Geschäftsleute trotzdem in diesen Bezirken? Und warum kommen sie immer wieder zurück, obgleich ein Aufruhr und Krawall den anderen ablöst? Die Geschäftsleute kommen zurück, weil die Schwarzen große Konsumenten sind.

Das Geschäft mit den Slums ist ein Geschäft mit Profit. Nur das Pfandhaus ist nach einem Krawall für immer verschwunden. Es konnte seine Ware weder eintreiben noch ersetzen.

So kommen weiße Geschäftsleute nach wie vor auf ihre Kosten. Der schwarze Verbraucher trägt die Ware in dem glücklichen Gefühl nach Hause, Besitz prägt den Lebensstil, wenn nicht gar das Leben selbst. Der Kunde wird nach einer Woche wiederkommen, um seine nächste Rate zu bezahlen. Und bei dieser Gelegenheit wird der Verkäufer ihm einreden, er solle etwas Neues kaufen – wieder mit einem Dollar Anzahlung. Auf diese Weise gerät der schwarze Verbraucher mehr und mehr in materielle Abhängigkeit des weißen Geschäftsmannes. Dieses Verfahren erinnert nur allzusehr an die frühere Beziehung des Pächters zum ländlichen Laden in den Südstaaten.

Da ganz Harlem auf dieser Kreditbasis lebt, sind die schwarzen Konsumenten und weißen Verkäufer in einer Art von Todestanz miteinander vereint: Die Wünsche der schwarzen Bevölkerung werden pausenlos durch ausgekochte und mit Überredungskunst begabte Verkäufer angereizt. Ihre Urteilsfähigkeit ist begrenzt, und sie haben zu wenig Bargeld – so haben sie die Löhne der nächsten Monate für die Waren, die sie heute kaufen, im Grunde längst ausgegeben. Ihre Kreditwürdigkeit wird dadurch immer geringer und gibt dem Geschäftsmann die Ausrede, wegen des Risikos schlechte Ware zu Höchstpreisen zu verkaufen.

Wenn der Kunde seine Raten nicht regelmäßig bezahlt, hat der Verkäufer das Recht, die Ware zurückzunehmen. Er tut es in den seltensten Fällen, denn selbst die neuen Waren sind so miserabel verarbeitet und von so schlechter Qualität, daß sich die Mühe kaum lohnt. Der Verkäufer kann klagen, er wird den Prozeß mit Sicherheit gewinnen und kann den Besitz seines Schuldners pfänden lassen. Reicht dieser Besitz nicht aus, die Schulden zu decken, hat er das Recht, den Verdienst des Kunden einziehen zu lassen – eine Methode, die in Harlem nur zu bekannt ist.

Ich habe angefangen, im Harlemer Krankenhaus zu arbeiten. Ich muß mich zwingen, den ganzen Tag dazusitzen und auf der Maschine zu tippen. Meine Beschäftigung ist langweilig und ermüdend, und ich komme langsam dahinter, daß die meisten Menschen in Berufe eingezwängt sind, die sie nicht unbedingt gern ausüben. Wieder einmal wird mir klar, wieviel Glück ich gehabt habe. Mir hat meine Arbeit in den vergangenen Jahren wirklich immer Freude gemacht.

Ich werde aus meiner Pension ausziehen und versuchen, in einem kleinen Apartment zu leben. Ich habe eines in demselben Gebäude gefunden, in dem Deliah früher gewohnt hat. Sie hat mich mit dem Verwalter, einem verkrüppelten, kleinen, etwa sechzigjährigen Mann, bekannt gemacht. Er hat mir ein frei gewordenes Zimmer mit Herd, Eisschrank und Bad gezeigt. Die gesamte Wohnfläche hat nur wenige Quadratmeter, aber für mich bedeutet es jetzt schon einen großen Luxus, mein eigenes Bad, einen Eisschrank und einen Herd mein eigen zu nennen. Bisher bin ich morgens um sechs Uhr aufgestanden, habe mich angezogen und in einem Straßencafé meine erste Tasse Kaffee getrunken, die ich am Morgen so nötig brauche.

Ich habe eine kleine Glückssträhne. Der Verwalter hat mir ein Bett und eine Kommode angeboten, die der letzte Mieter hinterlassen hat. »Sie können sie für 50 Dollar kaufen«, bietet er mir an. Auf diese Weise bin ich in der Lage, das Apartment zu »möblieren«. Das einzige, was ich jetzt noch brauche, sind ein paar Leinentücher. Die Miete kostet 95 Dollar im Monat, für Harlemer Verhältnisse wirklich nicht teuer. Es gibt genug Mädchen, die 25 Dollar pro Woche für ein Zimmer bezahlen, in dem sie nicht einmal etwas kochen können.

Mit Conny Wright, der Bekannten von Dr. Grant, habe ich mich sehr angefreundet. Sie arbeitet als Fürsorgerin und lebt im Lennox-Terrace-Apartmenthaus. Wir haben uns für heute abend im »Jock's«-Restaurant verabredet. Einer von Connys Freunden kommt vorbei. Conny stellt ihn mir als Clifford Henry Jones vor, und er sagt mit einem gutmütigen Lachen, »schließlich habe ich das Recht, genausogut drei Namen zu tragen wie Princess Margarets Ehemann«. Er setzt sich zu uns und erzählt mir, daß er Conny und ihre ganze Familie seit Jahren kennt.

Conny und Cliff, wie sie ihn nennt, vertiefen sich in ein ziemlich intimes Gespräch und erzählen einander ihre Herzensangelegenheiten.

»Ich kann ohne eine emotionale Bindung einfach nicht leben«, bekennt Cliff. »Geht es dir nicht genauso, Conny?« Conny nickt. »Wie lange ist es her, seit du wirklich mit Haut und Haaren in jemanden verknallt warst?« will er wissen. »Das war 1958«, antwortet Conny. Ich höre der Unterhaltung kaum zu und beobachte ein großes tiefschwarzes Mädchen in einem aufregenden, den Popo betonenden Hosenanzug und natürlich wallenden Haaren. Plötzlich höre ich Cliff ärgerlich fragen: »Ist es für einen Mann eigentlich möglich, sich mit Ihnen *als Frau* zu unterhalten?« Er ist offensichtlich gekränkt, weil ich der Unterhaltung nicht interessiert zugehört habe.

»Versuchen Sie doch mal, mit mir als Mensch zu reden«, antworte ich ihm.

Jetzt, da er die Aufmerksamkeit auf sich gelenkt hat, schließe ich die von außen kommenden Ablenkungen aus und sehe ihn das erste Mal wirklich an. Er ist relativ unauffällig, aber teuer angezogen. Er hat große braune Augen, die typische flache negroide Nase und eine sehr helle Haut, wesentlich heller als die meine. Sein nicht sehr dichtes Haar ist kurz geschoren, und ich kann mir vorstellen, daß er in der Nacht einen Damenstrumpf über den Kopf zieht, um sein Haar möglichst glatt und flach tragen zu können. Ich erfahre, daß er im Jahr 15 000 Dollar verdient und eine Wohlfahrtsorganisation für Neger leitet.

Er erzählt leidenschaftlich, dennoch, wie mir auffällt, beherrscht, wie sehr ihn bei der Zusammenarbeit mit den Schwarzen ein Gefühl des Mißerfolges und der Frustration bedrängt. Er spricht immer von »denen«, als wäre er weiß und nicht einer von »denen«.

Er gibt vor, »militant« zu sein, aber er ist weit davon entfernt. In Wirklichkeit ist er ein typischer Vertreter der Mittelklassenneger, die gern Golf spielen, sich mit der verlorenen Sache des Negers von vor 30 Jahren identifizieren und die nur als Zeremonienmeister von Programmen agieren, die die Weißen in der Hand haben.

Ich höre mir seine Erklärungen an: »Ich kann mich weder mit diesen *Rams* noch mit den *Black Panthers* zusammentun, weil sie alles zerstören. Sicher, ich bin ein Militanter, aber einer mit einem Ziel. Man muß wissen, was man tut, man muß einen Grund haben, um alles zu zerstören. Ich begreife den Weg dieser Organisation nicht.

Was *ist* die Lösung? Das ganze Hilfsprogramm für die Armen war von Anfang an zum Scheitern verurteilt – die Armen können damit nicht umgehen. Ich kann den Weißen ihren Widerwillen und ihren Abscheu nicht verübeln – ich habe selbst selten so dämliche Hunde gesehen! Sie werden es nie schaffen, ihre Situation zu verbessern. Man hätte dieses Programm genauso wie Roosevelt aufziehen können – ein paar Almosen verteilen.«

Mit halb entsetzter, halb mitleidiger Verachtung spricht er von dreizehn- und vierzehnjährigen Mädchen, die »ihre Röcke heben« und sich auf der Straße verkaufen, und wenn man ihnen Arbeitsmöglichkeiten anbietet, antworten sie: »Ich werde mit meinem Freund zusammenleben.« Und wenn man dann fragt, welchen Beruf dieser Freund hat, lautet die Antwort, er macht eine ganze Menge. Und worin besteht die »Menge«? (Der Frager weiß es, aber er fragt.) »Ein bißchen Stoff, wissen Sie, Haschisch und so ...

Zuhälter spielen.« Ich höre nicht auf, mich über Cliffs Aggressivität und seine Verachtung gegenüber den Armen der schwarzen Bevölkerung zu wundern.

»Was bleibt dem Schwarzen denn anderes übrig, als illegitime Geschäfte zu machen, solange der legitime Arbeitsmarkt fest in weißer Hand ist?« frage ich ihn.

Sofort beendet Cliff Jones das Thema. Er blickt auf die Uhr und sagt, er müsse nach Hause, um sich umzuziehen.

»Ein Mädchen wartet, daß ich sie abhole.« Er fragt Conny, ob er uns irgendwo hinfahren kann, und wir folgen ihm zu seinem Auto. Es ist ein teurer, funkelnagelneuer Sportwagen. Conny lädt mich zu einem letzten Drink in ihr Apartment ein. Sie legt eine Frank-Sinatra-Platte auf und mixt uns einen Scotch.

»Cliff und ich haben zusammen die Schule besucht«, erzählt sie mir. »Er sah so gut aus, daß alle Mädchen hinter ihm herliefen. Wir alle dachten, er hätte das *savoir faire*. Ich hätte ihn beinahe geheiratet, aber dann heiratete er Muriel, meine beste Freundin. Sie hat mir später von einigen ihrer Probleme in dieser Ehe erzählt.«

Cliff war jung und stark, und sie schliefen jede Nacht miteinander. Oft hatte er zwei- oder dreimal hintereinander eine Erektion. Nach ein paar Jahren hatte Muriel zwei Kinder geboren, und Cliff stieg beim Gesundheits- und Wohlfahrtsministerium immer weiter auf. Eines Tages mußte Cliff ein altes verfallenes Harlemer Gebäude inspizieren. Er stand allein in einem Lift. Plötzlich rissen die Seile, und er stürzte mit der Liftkabine ab. Wie durch ein Wunder war er nicht verletzt. Nach einer gründlichen Untersuchung stellten die Ärzte fest, daß Cliff einen schweren nervösen Schock erlitten hatte.

Schon bald darauf nahm Jones seine normale Arbeit wieder auf. Aber obgleich seine physische Kraft völlig ungeschwächt war, stellte er fest, daß er plötzlich impotent war. Er suchte einen Arzt auf. Während der Untersuchung legte der Arzt seinen Finger in Cliffs Rektum, um die Prostata zu massieren. Die Reaktion war ein plötzlicher Samenerguß und eine Art künstliche Befriedigung. Aber wen konnte er bitten, ihm auf diese Weise zur sexuellen Befriedigung zu verhelfen, da er keinen normalen Koitus ausführen konnte.

Als er mit seiner Frau Muriel über dieses Problem sprach, war sie sofort bereit, seine sexuellen Wünsche zu erfüllen. Aber Cliff war sich dessen genau bewußt, daß er ihre Wünsche nicht befriedigen konnte.

Beide hatten sich mit aller Leidenschaft und Natürlichkeit geliebt. Jetzt waren sie plötzlich befangen, Cliff mehr als Muriel. Er wollte nicht aufhören, sich selbst zu beschimpfen, und ging bei einem heftigen Ausbruch sogar so weit, Muriel zu drängen, daß sie sich »einen Mann« verschaffte. Er schlug ihr einen ihrer Freunde, Horse, vor, der ein kräftiger Sportlehrer war. Vielleicht war es die Macht der Suggestion, jedenfalls ging Muriel mit Horse ins Bett, und das Ergebnis war, wie Cliff es sich vorgestellt hatte. Der Sex trug den Sieg davon, Muriel verließ Cliff und heiratete Horse.

»Das alles ist lange her«, erzählte Conny weiter. »Ich glaube nicht, daß Cliff je eine andere Frau als Muriel geliebt hat. Er betet seine nun schon erwachsenen Kinder und einen inzwischen geborenen Enkelsohn an. Er lebt nur für diesen Enkel. Aber er verabredet sich noch immer mit Frauen, und wahrscheinlich wird er dich anrufen. Ich glaube, daß er dich mag.«

Ein paar Tage später: Ich sitze im Harlemer Krankenhaus und tippe auf der alten Maschine. Das Telefon läutet. »Hier spricht Clifford Henry Jones.« Ich muß lächeln, er nennt noch immer alle drei Namen. Er lädt mich zum Abendessen ein. Ich sage zu, und er holt mich in meiner Wohnung ab. Er fährt mich in die 125. Straße zu »Frank's«, einem Restaurant, von dem ich weiß, daß die Neger der Mittelklasse hier gewaltige Preise bezahlen, um von weißen Kellnern bedient zu werden.

Als wir das Lokal betreten, nimmt Cliff meine Hand. Offenbar will er den anwesenden Gästen und den Kellnern damit klarmachen, daß ich eine neue Freundin bin. Er verlangt seinen »gewohnten« Tisch, und ein *maître d'* weist uns den Weg.

Während Jones die Getränke bestellt und nach der Qualität des Roastbeefs fragt, stelle ich in den überdimensionalen Speisekarten fest, daß die Preise genauso hoch sind wie im »Waldorf Astoria«. Ich kann mir schon jetzt ausrechnen, daß Cliff für dieses Abendessen mindestens 30 Dollar ausgeben muß. Jones belehrt den Kellner, einen rotgesichtigen, irisch aussehenden Mann, daß er sein Roastbeef nicht nur »ausgezeichnet«, sondern »sehr ausgezeichnet« haben will.

»Ja, Sir, selbstverständlich, Mr. Jones«, verspricht der Kellner eifrig. Meine Gedanken und meine Augen wandern durch das elegante Restaurant. Ich weiß, daß es seit Jahrzehnten einen weißen Besitzer hat.

Jones reißt mich zornig aus meinen Gedanken: »Anstatt pausenlos im Raum herumzustarren, sollten Sie zur Abwechslung einmal mich ansehen. Schließlich habe ich Sie hierher gebracht.«

Ich schlucke seine Kritik wie eine bittere Pille. Ich glaube, wir empfinden beide irgend etwas füreinander, denn warum sonst hätte er das Bedürfnis, mich so zu verletzen, und warum sonst könnte ich seine Worte wie einen Schlag ins Gesicht empfinden? Wie kann, überlege ich, eine Frau bei ihm eine Frau sein? Und wie kann auch er ein Mann sein ohne eine Frau, eine *ganze Frau*, die ihm all die Sicherheit gibt, die er braucht? Mir liegt es nicht, einem Mann zu schmeicheln. Ich selbst brauche männliche Bewunderung viel zu sehr. Tränen steigen mir in die Augen, meine Kontaktlinsen beginnen zu schwimmen.

Cliff spürt genau, daß er mich getroffen hat, aber er hat noch nicht genug: »Noch etwas – Sie haben mir doch erzählt, daß Sie ein Konto bei der Nationalen Freiheitsbank haben. Sie müssen im Harlemer Krankenhaus ganz hübsch verdienen. Warum kaufen Sie sich dann nicht ein paar neue Kleider? Das hier ist doch dasselbe, in dem ich Sie kennengelernt habe. Sie wußten schließlich, daß ich Sie in ein elegantes Restaurant führen würde. Sie hätten wirklich etwas Besseres anziehen können. Hier sind alle meine Freunde. Und«, hält er inne, wohl nach der richtigen Begründung für die Notwendigkeit, mich herauszuputzen, suchend, »wenn Sie wirklich ›berufstätig‹ werden wollen (damit meinte er wohl, daß ich mich über die Rolle des Domestiken erheben werde), warum benehmen Sie sich dann nicht auch so, ziehen sich entsprechend an. Es würde Ihnen sehr helfen. Sie müssen immer das Beste aus sich machen.« Seine Stimme bekommt plötzlich etwas Bittendes, so, als wolle er mir sagen, meine Aufmachung würde mich dann von »ihnen« (jenen schmutzigen Straßenniggern) unterscheiden.

Wir haben das Lokal verlassen und fahren, ohne miteinander zu reden, durch die Straßen. Das Schweigen vereint uns auf merkwürdige Weise. Ich weiß genau, wenn wir einander öfter sähen, würden wir uns immer mehr aneinander binden, und zwar wie bei den meisten Menschen durch den Drang, einander zu verletzen. Und wir werden bemerken, das Registrieren des Schmerzes ist ein Ausdruck von Zuneigung. Jetzt, da er mich beleidigt hat, kann ich nicht mehr plaudern oder fröhlich sein. Cliff auf der anderen Seite weiß, daß er die Kraft hat, mich zu verletzen, und er scheint glücklicher, als er es den ganzen Abend gewesen ist.

Er parkt den Wagen vor meinem Apartmenthaus und begleitet mich zur Tür. Wie wird er sich verabschieden? Ich warte einfach ab, ich möchte ihm nicht das Gefühl nehmen, den Abend beherrscht zu haben. Wir gehen zum Fahrstuhl, und er ist noch immer der Herr und ich die Sklavin. Oben schließt er meine Tür auf. Wir gehen hinein.

In meinem Zimmer, das durch seine Winzigkeit und das große Bett zwangsläufig eine intime Atmosphäre ausstrahlt, verwandelt sich Cliff plötzlich. Die Verwandlung ist so schnell und vollkommen, als habe er in einem Theaterstück die Rolle gewechselt. Er ist jetzt nicht der starke Mann, nur ein unterwürfiges, nachgiebiges, bittendes Wesen, das versucht, durch Schmeichelei und Konzessionen das zu bekommen, was es will.

»Ich habe leider keinen Scotch«, entschuldige ich mich, »aber hier ist eine Flasche französischer Rotwein.« Ich reiche ihm die Flasche und einen Korkenzieher hinüber. Seine Hände zittern so sehr, daß er die Flasche kaum öffnen kann. Ich möchte jetzt gern seine Augen sehen, aber ich habe einfach nicht den Nerv.

Wahrscheinlich benehmen wir uns beide merkwürdig und versuchen vorsichtig, uns gegenseitig zu prüfen. Als ich ihn in mein Apartment gelassen habe, bin ich in meine Rolle als Reporterin geschlüpft. Ich kenne sein sexuelles Geheimnis und beginne ihn zu testen. Ich möchte wissen, wie er es anstellen wird, mich, ein ihm fremdes Wesen, dazu zu bringen, ihm die Befriedigung zu verschaffen, nach der er sich zweifellos sehnt. Er hat sich zu sehr als Jäger gefühlt, ich bin gespannt, wie er sein Wild nun zu erlegen gedenkt. Ich bin gleichzeitig verwirrt und etwas ängstlich, denn ich könnte ja Gefühle aufrühren, mit denen ich dann nicht fertigwerden würde.

Wir trinken den Wein, und ich beginne über seinen Sohn, der Medizin studiert, und über seinen Enkel zu sprechen. Sofort zeigt Cliff mir ein paar Photos und behauptet stolz: »Jeder behauptet, er sähe genauso aus wie ich.« Wir haben die Flasche gerade zur Hälfte geleert, als Cliff plötzlich einfällt, er müsse am nächsten Morgen um sechs Uhr aufstehen, um in New Jersey Golf zu spielen. Er erzählt mir, daß er fleißig trainiert, um es zu einer Art Meisterschaft zu bringen. An der Tür bleibt er stehen. Er küßt mich nicht zum Abschied, aber ich hebe ihm mein Gesicht entgegen und erlebe einen Augenblick der Spannung, die ein Kuß genannt werden kann. Dann geht er.

Ganz abgesehen von seinen sexuellen Komplexen stimmen mich Cliffs einstudierte anmaßende Haltung, sein großer Drang, andere Leute zu beeindrucken, ungemein traurig. Es wirkt albern, dumm und spießbürgerlich. Warum muß er anderen Negern imponieren? Glaubt er, er sei besser als sie, weil er Erfolg hat und teure Anzüge trägt? Warum war er nicht natürlicher, warum hat er mich nicht in ein Negerrestaurant geführt und statt dreißig fünf Dollar ausgegeben? Warum muß er sich genauso aufführen *wie so viele Weiße, die ich kenne?* Der schwarze Mr. Jones will nichts anderes als mit den weißen Jones konkurrieren. Aber was gibt es sonst für Maßstäbe in diesem Land, nach denen Schwarz oder Weiß urteilen soll. Wie einer unserer Werbesprüche uns einhämmert, wenn du die Sache erst einmal hast, prunke damit.

Am nächsten Nachmittag gehe ich in einen Buchladen der 125. Straße und kaufe ein paar Bücher von Le Roi Jones und Malcolm X, die ich immer schon lesen wollte. Ein großer schwarzer Verkäufer, er ist vielleicht 25 Jahre alt, bietet mir plötzlich ein Medaillon an, sein Name ist John. »Was haben Sie für ein Medaillon?« frage ich. Er angelt unter dem Hemd eine leere Patronenhülse heraus, die an einem Lederband befestigt ist. »Es ist das Symbol der *Black Panthers.*«

»Ich hätte auch gerne eine. Was kostet sie?« frage ich.

»Einen Dollar.«

»Würden Sie mir Ihre verkaufen?«

»Nein, aber im Hauptquartier der *Black Panthers* in der 125. Straße können Sie eine bekommen.« Und plötzlich fragt er mich: »Kennen Sie zufällig das ›Museum‹?«

»Ja.« Er fragt mich, ob ich Zeit und Lust hätte, mit ihm dort hinzugehen.

Das kleine Museum über einem Schnapsladen in der 125. Straße wird als eine große kulturelle Leistung in Harlem gepriesen; es ist tatsächlich das einzige seiner Art in der schwarzen Hauptstadt. Auf unserem Weg dorthin denken wir weder an die *Black Panthers* noch an Gewehre oder den Kleinkrieg zwischen den Militanten und den Polizisten, von dem immer wieder in den Schlagzeilen der Zeitungen zu lesen ist. Wir fühlen uns wie zwei Kinder, die die Schule schwänzen, die sich einfach die Zeit nehmen, spazierenzugehen und ein Museum zu besuchen.

Zu unserer Begegnung meinte John: »Dies konnte nur in New York passieren.«

»Oh«, antwortete ich beiläufig, »das könnte an so vielen Orten passieren.«

In wunderbarem jugendlichem Überschwang sprüht er nur so vor Lebenshunger, und seine Hoffnungen und Sehnsüchte sprudeln aus ihm hervor – er möchte durch die Welt reisen, lesen (er schleppte ein Bündel Bücher unter dem Arm), eine Universität besuchen, studieren, lernen, seinem Leben einen Sinn geben. Er wiederholt mehrmals: »Es ist nur so wenig Zeit.«

Im Museum betrachten wir ein kunstvolles »elektronisches« Gebilde, das die Rhythmen einer Stadt wiedergibt. Wir diskutieren über Farben und technische Möglichkeiten und wie die Kunst das Alltagsleben durchdringen kann. Mir schießt durch den Kopf, wie die Menschen auf alle möglichen Arten Kontakt zueinander finden können, zusammen eine Straße hinunterlaufen, das Aufblitzen der Verkehrsampeln als »Rhythmen« beobachten – lachen, sich freuen und das menschliche Bedürfnis nach der Gegenwart des anderen befriedigen.

Nachdem wir das Museum verlassen haben, frage ich John, wie stark er an die Black-Power-Bewegung glaubt. Er antwortet mir: »Wir müssen an die Macht der Schwarzen glauben, weil wir zu lange die Macht der Weißen gespürt haben.«

Er drückt seine Verachtung für jene Neger der älteren Generation aus, deren Ziel es war, so »weiß« wie möglich und in der Gesellschaft des weißen Mannes akzeptiert zu werden. Er kommt zu dem Schluß, daß »wir Schwarzen die alten Fesseln der Abhängigkeit von den Weißen brechen und unsere eigene politische und wirtschaftliche Kraft entwickeln müssen«.

Durch John lerne ich begreifen, warum die schwarzen militanten Gruppen die weißen Liberalen noch härter ablehnen als die fanatischen Schwärmer des Südens. »Die Rassisten im Süden nennen das Kind wenigstens beim Namen«, meint er.

Ich vergleiche den jungen militanten John mit Clifford Henry Jones, der im Gegensatz zu John offensichtlich nur die Mittelklasse verkörpert und mir gegenüber meinte: »Ich habe schon daran gedacht, einen dieser *armen* Jungen aus dem Süden zu adoptieren und ihn hier aufzuziehen.«

John sprach geradezu mit Abscheu über diese Neger der Mittelklasse, die weißen Liberalen, »die sich über die Ungerechtigkeiten des Südens empören, aber nichts tun, um der Not im schwarzen Ghetto vor der eigenen Haustür abzuhelfen«.

Die Schwarzen der Mittelklasse, meinte John, identifizieren sich nur sehr selten mit ihren Ghetto-Brüdern und nehmen die Haltung ein: »Ich habe vielleicht deine Hautfarbe, aber ich bin trotzdem anders als du.«

Ein paar Tage nach unserem gemeinsamen Besuch in dem kleinen Harlemer Museum fragt mich John am Telefon, ob ich Lust hätte, mit ihm in eine Ray-Charles-Show zu gehen.

Ich habe schon viel vom Apollo-Theater gehört. Sammy Davis jun., Nancy Wilson, Diana Warwick, Eartha Kitt – sie alle sind dort aufgetreten. Als Antwort auf meine naive Bemerkung, im Apollo-Theater sei man wohl im »Herzen Harlems«, erklärte John mir fast behutsam, daß das Apollo niemals einen schwarzen Besitzer gehabt habe. Er nannte die großen schwarzen Unterhaltungskünstler reine »Fälle zum Herzeigen«, auf die die Weißen mit dem

Finger deuten können: »Seht, was der Neger leistet, wenn er nur arbeiten will!« Aber die Kneipe besitzen, das Team, das Theater? Nie.

Das Theater war zum Bersten gefüllt. Und dann kam Ray Charles. Man spürte seine Verbundenheit mit seinem Volk. Das ausschließlich schwarze Publikum gab ihm alles, und er gab alles dem Publikum. Es rief seinen Namen, mal leise und murmelnd wie ein griechischer Chor, manchmal laut rufend, schreiend, ihn anpeitschend und inspirierend, so wie er die Menschen dort unten anpeitschte und inspirierte.

Charles ist ein wirklicher Künstler. Er ist durch alle Tiefen des Lebens gegangen und frohlockt noch immer *Glory be!* In seinen Blues, in denen seine tiefe Traurigkeit zum Ausdruck kommt, entfaltet er die ganze Tiefe seiner Vorstellungskraft und vertreibt damit seine Traurigkeit und die der Zuschauer. »Und jetzt hören wir ein paar Blues..., ich sage euch, ihr fühlt euch leichter, wenn ihr heute nacht hier fortgeht.«

Nach der Show gehen wir in eine Bar und trinken einen Whisky. John fragt mich, ob er mit mir in mein Apartment kommen darf. Ich zeige Überraschung, weil er keinen Hehl daraus macht, daß wir jetzt miteinander ins Bett gehen sollten.

»Warum nicht?« ist seine Antwort auf meine Reaktion.

»John«, versuche ich zu erklären, »wir sind gute Freunde.« Er sagt, daß er das weiß. »Im übrigen könnte ich beinahe deine Mutter sein.« Er meint, daß das Alter damit nichts zu tun habe. »Im übrigen möchte ich es nicht.« Und wieder fragt er: »Warum nicht?« Meine Logik bringt mich offenbar nicht weiter. »Du kannst doch nicht einfach herumlaufen und jeden Menschen lieben«, sage ich zu ihm und meine vielleicht mich selbst mehr damit als John.

»Nun«, erwidert John, »man kann es ja versuchen.«

Plötzlich fällt mir ein, daß er ein *Black Panther* ist. Sollte er da nicht eigentlich jeden hassen? Bei diesem Gedanken muß ich über seine Bemerkung so laut und ansteckend lachen, daß er mitlachen muß. Vor meinem Apartmentgebäude komme ich mit einem Gute-Nacht-Kuß davon, und noch in meinem Zimmer beschäftigt mich der Gedanke, wieviel Liebe und Haß im täglichen Umgang mit Menschen bedeuten können.

An der Tür hatte ich zu John gesagt: »Du scheinst vor nichts Angst zu haben.«

»Ich habe keine Angst mehr gehabt, seit ich fünf war.«

»Aber ich. Ich habe immer Angst gehabt«, gestehe ich ihm. »Ich laufe nur herum und handle, als ob ich keine hätte.«

»Ist das nicht im Grunde das gleiche?«

Nun, da ich schon ein paar Wochen gearbeitet und eine Wohnung für mich habe, entschließe ich mich, den Mann anzurufen, der mir als erster in Harlem seine Freundschaft und seine Hilfe angeboten hat – Longus Moore. Ohne daß er es wußte, hat mir seine Freundschaft all die Zeit hier in Harlem geholfen.

Ich rufe ihn an, und er holt mich nach meiner Arbeit am Krankenhaus ab. »Ich habe darauf gewartet, von Ihnen zu hören«, sagt er mir. »Ich habe im Douglas-Hotel nachgefragt, und man hat mir gesagt, daß Sie ausgezogen sind. Ich wußte nicht, wie ich Sie erreichen konnte. Ich kannte nicht mal Ihren Familiennamen.«

In seinem großen blauen Kabriolett fahren wir durch Harlem, und er zeigt mir, wo er als Waise gelebt hat. »Eine alte Dame hat sich meiner angenommen, und nun ist sie nur noch Haut und Knochen. Sie lebt jetzt in meinem Haus. Zwei- oder dreimal am Tag fahre ich nach Hause, um mich zu vergewissern, daß sie noch lebt, und um sie zu fragen, ob sie etwas braucht. Ich lege sie dann in ihrem Bett von einer Seite auf die andere, damit sie nicht immer nur auf einer Seite schlafen muß.«

Plötzlich fragt er mich, ob ich Geld brauche. Ich verneine es.

Ich spüre, daß er zu den Männern gehört, die eine Frau

verwöhnen möchten: Hier, ich knie vor dir nieder, alles, was du willst, gebe ich dir, wenn es in meiner Macht steht. Moore erzählt mir, daß er schon mit zehn Jahren arbeiten mußte. Er war Tellerwäscher in einem griechischen Restaurant und mußte auf einer Orangenkiste stehen, weil er so klein war. Er hat sein Leben auf dem amerikanischen Traum von Erfolg aufgebaut. Und er glaubt noch immer an diesen Traum. »Es gibt genug Möglichkeiten in diesem Land, mehr als je zuvor. Warum wollen die jungen Menschen nicht arbeiten?« Er selbst hat sich nie vor einer Arbeit gefürchtet: »Ich hatte vier, fünf Jobs zur gleichen Zeit. Ich habe eine Menge Geld verdient. Einmal hatte ich in einem Schuhkarton 30 000 Dollar in bar, und ich habe den Schuhkarton zu einer Bank getragen. Ich will nicht angeben, ich will nur sagen, daß ich hart gearbeitet habe und daß andere das genauso können. Ich glaube sogar, daß es für sie leichter wäre, als es für mich war.«

Er schaut mich genau an. »Aber Sie sollten nicht so hart arbeiten. Sie müssen vorsichtig sein. Sie müssen auf Ihre Füße achten. Ich möchte... ich möchte...« Was will er mich fragen, was will er von mir? Ich falte meine Hände im Schoß und warte. Schließlich sagt er mir, daß er sich um mich kümmern möchte.

»Aber Sie wissen doch gar nichts über mich.«

»Das ist nicht wichtig«, antwortet er. »Ihre Vergangenheit interessiert mich nicht. Sie kennen das Zeichen des großen Onkel Sams, der mit seinem gekrümmten Finger lockt: ›Ich will Dich.‹ Sehen Sie, genau das möchte ich sagen: ›Ich will dich.‹ Nicht nur mit Ihnen schlafen. Ich will Sie ganz. Ich will Sie heiraten, Sie beschützen. Ich habe immer nur gearbeitet, und wofür? Ich habe nie die richtige Frau gefunden, bis ich Ihnen begegnet bin, und ich kann es nicht einmal erklären.«

Ich weiß nicht, was ich ihm anworten soll. Ich kann diesem Mann so wenig geben – meinen Körper und den Versuch, aufrichtig zu sein, aber auch nicht mehr und keine Ehe, die er vorschlägt. Kann ich ihm die Gründe dafür erklären? Wie kann ich aufrichtig gegenüber Moore sein?

Ich sage ihm, daß ich sehr hilfsbedürftig war, als ich nach Harlem kam, daß ich niemanden kannte, daß ich mich fürchtete und deshalb seine Geste der Freundschaft nie vergessen werde, daß er mir seine Hilfe in einer Weise angeboten hat, die mir Vertrauen eingeflößt und mich nicht gekränkt, sondern mir ein Gefühl des Stolzes gegeben hat, eine Frau zu sein.

Aber ich füge hinzu, daß ich versuche zu schreiben, versuche die Welt zu erkunden – auf eigene Verantwortung. Ich gehöre nicht zu den Frauen, die einen Mann brauchen, der auf sie achtgibt, ihre Miete bezahlt, sie ernährt und kleidet. Und ich sage ihm auch, daß ich in Wirklichkeit keine Schwarze bin. Ich erzähle ihm, daß ich Medikamente eingenommen habe, um meine Haut für einige Zeit dunkel zu färben – daß ich auf diese Weise versuche zu erfahren, wie die schwarze Bevölkerung in Harlem wirklich lebt.

Was immer auch Moore bei meinen Enthüllungen empfindet – ob er schockiert, verärgert, beeindruckt oder enttäuscht ist –, er zeigt es nicht. Vielleicht ist er durch sein Leben so an die verschiedensten Enttäuschungen gewöhnt, daß keine mehr eine Spur hinterläßt. Ich glaube sogar, daß ihm meine Hautfarbe, obgleich er sie schön fand, im Grund gleichgültig ist, daß sie ihm nicht mehr bedeutet als die Farbe meiner Augen oder meiner Haare. Er zuckt mit den Schultern, als wolle er sagen, na und – das alles ist doch nicht wichtig. Aber er spricht es nicht aus.

Als ich ihn frage: »Werden Sie mir erlauben, in meinem Buch über Sie zu erzählen?« lächelt er.

Zunächst fürchtete ich mich in Harlem vor dem Verbrecher, vor dem schwarzen Teufel, der nach mir greifen, mich vergewaltigen oder töten könnte. Jetzt lerne ich eine neue Angst kennen – die Angst, so großer menschlicher Aufrichtigkeit, wie Moore sie verkörpert, nie gerecht zu werden. Als ich mich von ihm verabschiedet habe und in mein Zimmer gehe, überlege ich, ob es überhaupt möglich sei, ihn zu verlassen, ohne ihm weh zu tun.

»Sie werden fortgehen und mich vergessen«, hatte er während unseres Gespräches gesagt.

»Nein, ich werde Sie nie vergessen«, habe ich ihm versprochen. Ich habe ihn gefragt, warum er sich selbst so preisgegeben hat – so ganz verwundbar und ungeschützt. »Wissen Sie nicht, daß ich Sie verletzen könnte?« »Das sind nun mal meine Spielregeln«, war die Antwort.

Am nächsten Abend lädt Longus Moore mich ein, mit ihm zu essen und anschließend in ein Kino zu gehen. Auf der Speisekarte studiere ich die typischen einfachen Negergerichte. Damit bin ich groß geworden. Nichts davon ist mir fremd, und die vornehme Kost der Schwarzen schon gar nicht. Es ist eben Südstaaten-Kost, alles gebraten und so fett und reichhaltig, daß es dick macht.

Das typische Harlemer Essen besteht aus all den einfachen, sättigenden und billigen Teilen des Schweines (Füße, Schnauze, Schwanz, Eingeweide und Magen). Dazu gibt es so nahrhafte Gemüse wie braune Bohnen, Okra, weiße Rüben, Grünkohl und Senfgemüse. Die Neger sprechen von »gutem, schön füllendem Fett«, eine Reverenz an ihren ureigenen Stil dunkelbraun gebratener und fetter Gerichte (gebratenes Huhn, gebratene Spanferkel oder Fische und die typischen *Hushpuppies,* in Fett gebratene kleine Roggenmehlpfannkuchen, die sie uns aus Afrika und von den Westindischen Inseln mitgebracht haben). Alle Schwarzen aus dem Süden haben eine große Schwäche für Süßigkeiten. Das Angebot an Desserts in Moores Restaurant enthält hausgemachte Schokoladen-, Bananen- und Ananaskuchen, hausgemachte kleine Nußplätzchen, Apfel- und süße Kartoffelpfannkuchen.

Nach dem Abendessen fahren wir zur Seventh Avenue ins Roosevelt-Kino. Man spielt einen drittklassigen Horrorfilm, der schon so alt ist, daß nicht einmal das Fernsehen ihn kaufen würde. Ich würde lieber wieder ins »Apollo« gehen und mich von Darstellern in Fleisch und Blut unterhalten lassen, aber Moore tut das Theater als »eine der übelsten Feuerfallen von New York« ab.

»Gibt es nicht noch andere Kinos in Harlem?« frage ich.

»Nein, sie sind alle verkauft und in Kirchen verwandelt worden.«

»Kirchen! Warum ausgerechnet Kirchen?«

»Wer sonst, wenn nicht die Kirche, hätte das Geld gehabt, sie zu kaufen?« antwortet Moore. »Niemand, es sei denn, er hätte sein Geld auf genau die gleiche Weise verdient wie die Kirche. Die Kirchenleute, die Priester, die Schieber, Gauner oder wie immer Sie sie nennen wollen – da gibt es keinen Unterschied, wissen Sie –, sie sind die einzigen, die in der Lage wären, ihr Guthaben zu vergrößern.«

Longus erklärt mir, daß die Ausläufer Harlems bis zur 110. Straße, bis zur Gegend der Washington Avenue und beinahe vom East River bis zum Hudson reichen. Hier leben ungefähr eine Million Menschen. Aber was für schöpferische und kulturelle Möglichkeiten haben sie? Als ich mit Moore eine Straße nach der anderen hinauf und hinab fahre, fange ich an zu begreifen, warum es für einen Bewohner dieses Riesengefängnisses, das sich Harlem nennt, so einfach ist, der Prostitution, den Drogen oder dem Alkohol zu verfallen. Das ist oft das einzige, was sie tun können. Die Bars werden um acht Uhr am Morgen geöffnet. Sie haben keine Erlaubnis, etwas anderes als Alkohol zu verkaufen, und bei ihrem ausgekochten »Vier-für-Einen«-System kann sich der schwarze Mann in eine pausenlose Betäubung versetzen.

Ich bitte Moore, mit mir in eine dieser Bars zu gehen. Wir setzen uns auf die Barhocker, und er bestellt: »Scotch bitte.« Der Barmixer gibt ihm nicht nur *ein* Glas, sondern stellt zwei, drei, vier Gläser Whisky vor ihn hin. Diese »Vier-für-Einen«-Drinks werden zum Preis eines einzigen Getränks, für 90 Cent verkauft.

Panschen die Besitzer dieser »Vier-für-Einen«-Bars ihre Getränke? Mischen sie sie mit Chemikalien oder anderen künstlichen Zusätzen, um zum Beispiel den Scotch zu strecken? Und ist das Ganze nicht gegen das Gesetz?

»Ja, es gibt Gesetze«, erklärt mir Longus. »Aber sie scheinen nie den weißen Mann zu fassen zu kriegen, denn die Kontrollen führt auch ein Weißer durch. Sobald ein farbiger Barbesitzer ein solches Gesöff zusammenpanscht, wird er eingesperrt, und die Lizenz wird ihm für immer entzogen. Für ihn wäre das Risiko viel zu groß, also verkauft er anständigen Whisky. Er macht diesen ›Vier-für-Einen‹-Trick nicht mit, weil er genau weiß, daß er geschnappt wird.«

Da wir im Augenblick nichts Besseres zu tun haben, entschließen wir uns, herumzufahren, um die Alkoholläden und Bars zu zählen. Wir wählen das Gebiet von der 155. zur 110. Straße für unsere Untersuchung: Lenox Avenue: 17 Alkoholläden, 31 Bars. 8. Avenue: 24 Alkoholgeschäfte, 44 Bars. 7. Avenue: 18 Alkoholläden, 50 Bars. Das Ergebnis: 59 Alkoholgeschäfte, 125 Bars.

Von den 59 Alkoholläden haben nicht mehr als ein oder zwei Dutzend einen schwarzen Besitzer, erklärt mir Moore. »Und die Bars?« »Den Farbigen gehören bestimmt nicht mehr als fünf oder sechs von ihnen . . .«

Wir fahren an einer Unzahl kleiner Geschäfte vorbei: Möbel, Haushaltwaren, Lebensmittel, Schuhe und anderes. »Praktisch alle haben weiße Besitzer«, erzählt mir Longus. »Auch wenn die Leute, die dort arbeiten, Farbige sind – ihre Arbeitgeber sind Weiße.«

»Was ist, wenn sie *Soul Brother*, also ›Schwarzer Bruder‹, draußen dranstehen haben?«

»Manchmal gibt's den ›schwarzen Bruder‹ vielleicht wirklich, und er versucht dem weißen Mann zu helfen«, erklärt er mir. »Es gab hier in der 125. Straße das ›Jackie Robinson's‹-Geschäft, in dessen Schaufenster Hüte für hundert Dollar lagen. Aber dann sind die Leute dahintergekommen, daß dieser Jackie Robinson die Weißen deckte, und sie schlugen die Fenster ein und nahmen die Hüte mitsamt dem anderen teuren Kram heraus. Der Laden gehörte *nicht* ihm. Erinnern Sie sich an die Bar, an der wir gerade vorbeigefahren sind, gleich drüben in der Seventh Avenue? Sie nennt sich ›Count Basie‹, aber Count Basie hat nie etwas mit ihr zu tun gehabt.«

Longus erklärte mir, daß die Neger deshalb so wenig eigene Geschäfte besitzen, weil sie zu keinem Eigenkapital gelangen, das sie aufs Spiel setzen könnten. Er selbst hat als Tellerwäscher drei Dollar in der Woche verdient. Dann hatte er das Glück, bei einem lottoähnlichen Glücksspiel 100 Dollar zu gewinnen. Wie hätte er je, fragt er, von seinem Verdienst genügend *sparen* können, um ein eigenes Geschäft anzufangen?

Ich frage ihn, ob er *irgendeinen* Schwarzen kennt, der ein Wohnhaus besitzt.

»Ein ganzes Haus? Es gibt eine Menge Farbige, die an der St. Nicolas Avenue eine Wohnung besitzen. Aber das ist nicht das gleiche wie ein wirkliches Wohnhaus, ein Apartmenthaus mit Fahrstuhl usw. Nein, es gibt kaum Neger, denen ein Apartmenthaus gehört. Die meisten mieten Zimmer oder Apartments. Und die Räume für ihre Bars und Restaurants sind auch nur gemietet. Die einzige Ausnahme«, erklärt er mir, »ist ein Neger namens Sherman, der in einem kleinen Schuppen nichts als Rippchen, Huhn und Schweinefüße verkauft hat und das Ganze ›Sherman's Bar-B-Q‹ nannte. Jetzt hat er drei davon, und sie gehören ihm, und er hat eine Menge Geld damit verdient. Aber er ist eine der wenigen Ausnahmen.«

Ich sitze im Harlemer Krankenhaus und tippe. Mir scheint dieser Job inzwischen als völlig ungeeignet, wenn ich mir wirklich ein Bild davon machen möchte, wie die Masse der schwarzen Bevölkerung lebt. Die Leute, mit denen ich arbeite, gehören zur Oberschicht, sie sind intelligent, verkörpern gute Mittelklasse, unterscheiden sich nur wenig von der Mittelklasse der Weißen.

Jeden Morgen Punkt acht Uhr öffne ich den Deckel meiner Schreibmaschine und beginne wie eine Wilde zu schuften und Tabellen zu tippen. Wie das so richtig funktioniert, ist mir alles andere als klar: ich überlasse mich ganz meinen Eingebungen. Dabei fallen mir die Inkas ein, die, um eine gerade Linie zu ziehen, sich ganz auf ihr Augenmaß verlassen mußten, da sie keine entsprechenden Instrumente hatten.

Ich sitze zwischen zwei Frauen. Die eine ist Loretta Tailor, Sekretärin des Direktors und mit all dem Charme der Angestellten einer hohen Autorität ausgestattet. Die andere ist eine Mrs. Johnson, die genau wie ich von Zeit zu Zeit für Miss Tailor arbeitet. Jede Frau hier trägt täglich ein anderes Kleid, während ich immer in derselben Aufmachung herumlaufe: Rock, weiße Bluse, abgetragene flache Schuhe und keine Strümpfe. Ich besitze nur ein Paar Strümpfe, und die hebe ich für den Gottesdienst auf. Vielleicht liegt Anmaßung in meiner Bescheidenheit, aber ich habe mich von solchen Äußerlichkeiten wie hübschen Kleidern innerlich distanziert. Ich möchte zum Wesentlichen vordringen, lernen, was in einer »schwarzen Seele« vorgeht.

Über das Klappern meiner Maschine hinweg höre ich Miss Tailor und Mrs. Johnson über irgendeine Frau hinten in der Halle sprechen, die keine Strümpfe trägt. »Sie weiß es eben nicht besser. Sie sagt, Strümpfe seien zu teuer für sie. Sie hat vielleicht kein Geld, um welche zu kaufen, aber schließlich hat sie einen Job als Angestellte, also ist sie verpflichtet, Strümpfe zu tragen. Und jeder Mensch mit normalem Verstand weiß das.« Ich hämmere auf meiner Maschine herum, höre den beiden zu und weiß ganz genau: sie meinen mich. Es gibt gar keine Miss Sowieso in der Halle. Sie reden über mich. Können sie mich entlassen, nur weil ich keine Strümpfe trage? In mir kriecht langsam das furchtbare Gefühl hoch, »außerhalb« der »In«-Gruppe zu sein, die weiß, was die Gesellschaft vorschreibt, was *man* zu tun hat. Mein Gesicht brennt, als hätte ich vor einem Schmelzofen gestanden. *Ich habe das Office entehrt. Ich habe das Niveau heruntergezogen. Ehe ich hierher kam, war es ein anständiges Office.*

Schließlich verläßt Mrs. Johnson den Raum. »So«, fragt Miss Tailor mich, »werden Sie nun morgen Strümpfe tragen?«

Du wirst dich fügen! Du willst doch nicht gegen die Gesellschaft anrennen? Das hier ist das System, und innerhalb des Systems haben wir Macht gewonnen. Wir sorgen dafür, daß die Räder sich drehen. Wir wissen, wie ihre Beine aussehen sollten. Und wenn das Tragen von Strümpfen ein Zwang ist, gibt es vielleicht noch andere Regeln: Vielleicht die Länge des Rockes? Die Art der Frisur?

Ich fühle mich gedemütigt und geschlagen wie ein Mensch, der mit einem Ding verwechselt wird. Ich antworte: »Ihre Botschaft ist angekommen.«

»Es war keine Botschaft«, erklärt sie mir. »Ich würde nie etwas hinter Ihrem Rücken sagen, das ich Ihnen nicht auch ins Gesicht sagen würde.« Ich bin ihr beinah dankbar für diese Erklärung. Sie hat mir ins Gesicht gesagt, was sie dachte, aber ich habe nicht den Mut, ihr ins Gesicht zu sagen, daß ich mich ihren Gesellschaftsregeln nicht zu unterwerfen gedenke.

Wenn ich meine Schreibmaschine abgedeckt habe und durch die Straßen laufe, muß ich erkennen, daß es selbst in dieser völlig schwarzen Rassengemeinschaft so etwas wie eine Apartheid gibt. Meine schwarzen Kolleginnen halten sich streng an die Gesellschaftsregeln, die nichts anderes sind als eine Variante des weißen Systems. Konformismus, Kleider machen Leute, sei wie die anderen, richte dich danach, was normal und respektabel ist. Du brauchst nicht für dich selbst zu denken, aber sei wie die anderen.

Und wenn die anderen Strümpfe tragen, trägst du auch Strümpfe.

Wie die militanten Neger um mich herum möchte ich den Kräften, die uns in einem System, das jeden Individualismus zerstört, Menschen zu Zahnrädern degradiert, ein »zum Teufel, nein« zuschreien. Warum behauptet der weiße Mann, die schwarzen Militanten seien Fremdkörper? Der schwarze Militante begreift, daß die einseitige Hörigkeit gegenüber der Technik und dem Warenkosum den Weißen dazu gebracht hat, allen Kontakt mit sich selbst und mit dem Leben zu verlieren. Sie begreifen, daß der Weiße und die Onkel Toms, der schwarze Mann oder die schwarze Frau, die Weißen nachäffen, sich selbst entfremdet sind, verloren, sich selbst verloren haben.

Am nächsten Morgen: Ich fühle mich wie »fallengelassen«, wie eine Ausgestoßene. Ich mag all den braven Frauen nicht ins Gesicht schauen, die genau das tragen, was sie tragen sollen. Ich laufe lieber in den Straßen herum, wo so viele Harlem-Bewohner ihr ganzes Leben verbringen. Ich gehe in eine Telefonzelle. Ich rufe Miss Tailor an und sage ihr, ich würde nicht kommen. Aber ich bin nicht ehrlich ihr gegenüber. Wenn ich ehrlich wäre, würde ich sagen, gehen Sie mitsamt ihren Strümpfen und ihren den Weißen abgeguckten Lebensgewohnheiten zum Teufel. Statt dessen schwindele ich ihr vor, ich hätte einen anderen Job.

Und wieder gehe ich durch Harlem, um neue Eindrücke zu sammeln. Die vielen Menschen, die vielen Autos! Man begreift schnell, daß das Auto für den Schwarzen ein so wichtiges Statussymbol ist wie für den Weißen. Es gibt nur einen Unterschied, der Neger verdient soviel weniger als sein weißer Statuspartner, so daß er sich für lange Zeit in Schulden stürzen muß, um sich sein Statussymbol anschaffen zu können. Die meisten Autos in Harlem sind nichts anders als Show, denn Harlem ist nicht besonders groß, und man kann fast jeden Punkt des Ghettos zu Fuß erreichen. Im übrigen gibt es Busse, Taxen und natürlich auch Untergrundbahnen.

In Harlem benutzen die Leute ihre Autos meist nur, um die paar Blocks von ihrem Arbeitsplatz nach Hause zu fahren oder um jemanden, der nicht allzu weit entfernt wohnt, zu besuchen. Ich bin immer wieder überrascht und verwundert, wenn jemand sagt: »Ich werde Sie mit dem Wagen zum Essen abholen«, und ich dann entdecke, daß unser Ziel nur ein paar Blocks weiter liegt. Auch hier ist der Lebens*stil* das einzig Wichtige, selbst wenn dieser Lebensstil den Menschen mehr Sorgen als Freude einbringt. Es ist unvermeidlich, daß jeder Autobesitzer ein paar Male um den Block fahren muß, um einen Parkplatz zu finden und dann schließlich das Risiko einzugehen, sein Auto in die Nähe eines Parkverbot-Schildes oder in eine zweite Parkreihe zu stellen. Eine Sitte, die zwar verboten, aber in Harlem weit verbreitet ist.

Durch dieses Parken in Zweierreihen geraten die armen Opfer, die auf der Innenseite geparkt haben und jetzt nicht heraus können, oft außer sich vor Wut und drücken wie wild auf ihre unbestreitbar lauten Hupen. Wem diese Huperei eigentlich gilt, bleibt für immer ein Geheimnis!

Es gibt in Harlem kaum eine Möglichkeit, die Autos nicht auf der Straße zu parken. Die um die Jahrhundertwende gebauten Backsteinhäuser haben keine Privatgaragen. Die Straßen sind Tag und Nacht mit alten und neuen Autos überfüllt. Und für zahllose Harlem-Bewohner ist das Stehlen von Autos eine Art Beruf geworden. Viele dieser Autodiebe sind Süchtige, die auf diese Weise ihre Drogen finanzieren.

Viele Autobesitzer in Harlem haben in ihre Wagen Sirenen einbauen lassen, die die Polizei alarmieren, sobald ein Dieb versucht, die verschlossene Autotür zu öffnen. Als einziges Ergebnis dieser technischen Sicherheitsmaßnahmen hört man oft nächtelang das Heulen zahlloser Autosirenen. Die Diebe lassen sich mit solchen Mitteln nicht abschrecken.

Einmal hat sich ein Harlemer ein neues Kabriolett gekauft und sich eine solche Sirene einbauen lassen. Am nächsten Morgen war sein Auto verschwunden. »Später, als sich der Wagen im Hof eines Schlachthauses wiederfand«, erzählte er mir, »mußte ich feststellen, daß die Diebe die Plexiglasscheiben aufgeschnitten hatten. Damit war die Sirene überflüssig geworden.«

In mancher Hinsicht ähnelt Harlem einem Friedhof: Wer »in« ist, hat das Gefühl, nie wieder hinaus zu können; wer »draußen« ist, will hinein. Die Weißen, die in Harlem Apartmenthäuser besitzen, würden niemals im Ghetto leben. Die Slumbewohner bekommen immer mehr zu spüren, daß die Herren ihres Schicksals gesichtslose Fremde sind. Wenn sie eine Beschwerde vorbringen wollen, finden sie niemanden, der ihnen zuhört. Und Enttäuschung und Hoffnungslosigkeit, die immer unterdrückt werden, neigen dazu, eines Tages mit Gewalt aufzubrechen.

Das typische Lebensmittelgeschäft an der Ecke ist nicht viel mehr als ein Loch in der Wand. Sie alle haben eine magere Auswahl von Nahrungsmitteln, die viel zu teuer sind, vor allem Konserven, die nicht verderben können. Das Fleisch, dessen schwärzliches Rot von gelben Fettstreifen durchzogen ist, geht weg wie warme Semmeln – Fleisch, das du oder ich beschnuppern und dann in den Abfalleimer werfen würden. Was die sogenannten frischen Gemüse angeht, habe ich so etwas wie sie noch nie gesehen – außer in Abfalltonnen.

»Was kostet dieser Salatkopf?« frage ich in einem Geschäft und nehme ein grünes Gebilde von der Größe eines Tennisballs in die Hand, das aussieht, als wäre es schon eine Woche alt, und das in einem Laden für weißhäutige Kunden nie aufs Regal gekommen wäre. 39 Cent will der Weiße an der Kasse dafür haben. Ich nehme einen Karton mit sechs Eiern in die Hand. »45 Cent.« In einem anderen Geschäft wird ein Dutzend Eier für 75 Cent verkauft, während man in der Innenstadt große, ganz frische für

65 Cent kaufen kann. In ganz Harlem kostet ein viertel Liter Sahne 1 Dollar 50. In Washington bekomme ich ihn für 90 Cent.

In den kleinen Geschäften hier gibt es niemals frische Früchte. Ich glaube, sie sind eine der größten Raritäten im ganzen Ghetto. An einem offenen Stand in der 125. Straße muß man für fünf Orangen 79 Cent bezahlen, während in Washington das Dutzend 69 Cent kostet. In Harlem kosten fünf Zitronen 35 Cent. Ein normales Geschäft in Washington verkauft sechs für 25 Cent.

Die hinaufgeschraubten Preise im Ghetto erstrecken sich auf alle Gebrauchsartikel: Reinigungsmittel, Zahnpasta, die Lösung zur Befeuchtung meiner Kontaktlinsen. Was immer ich auch kaufe, in Harlem bezahle ich mehr dafür. Hier herrscht, was Senator Warren G. Magnuson den »legalisierten Diebstahl« genannt hat, eine Geschäftemacherei, die im Ghetto der Armen blüht und gedeiht. Warum sollen die Armen für einen geringeren Gegenwert mehr bezahlen? Während der wirtschaftliche Boom des weißen Amerika immer weiterrollt, wird die Scheibe, die sich die Slumbewohner davon abschneiden dürfen, immer dünner. Die Ghetto-Armen sehen sich den so einseitig verteilten Reichtum in Amerika voll Bitterkeit an. Sie können nicht einmal notwendige Lebensmittel wie Milch, Eier und Fleisch kaufen, und dabei wissen sie, daß die im Überfluß lebende Gesellschaft ein Übermaß an Nahrungsmitteln produziert – Fleisch und Gemüse in fast beschämenden Mengen.

Wenn der Stadt-Neger sich dem Aufuhr und dem Protest anschließt, protestiert er gegen diesen »legalisierten Diebstahl« und alle die anderen verheerenden Bedingungen, unter denen ein Neger in der Stadt leben muß – der Müll, der nicht abgeholt wird, die abwesenden Hausbesitzer, die sich weigern, schadhafte Rohre reparieren zu lassen und gegen die Ratten vorzugehen. Mit seinem Aufruhr drückt der Neger seine Qual über die Unfähigkeit aus, wirtschaftliche Emanzipation zu erreichen. Was er will, ist kein Geheimnis: die Freiheit, einen Teil dieses großen Amerika zu besitzen, man nenne es schwarzen Stolz, schwarze Identität, schwarzen Kapitalismus oder wie auch immer.

Um einen Ort kennenzulernen, ist es notwendig, jede Pore zu öffnen, um die Bilder, Geräusche und Atmosphäre ganz in sich aufzunehmen. Sie müssen mit einem zusammenwachsen, ein Teil des eigenen Lebens werden, so wie die Arme, Beine oder Verstand und Geist zu einem gehören.

Ich habe langsam das Gefühl, daß ich hierher gehöre, daß ich hier geboren bin und daß ich Harlem nie verlassen werde. Und ganz von selbst drängt sich mir die Frage auf: Würde ich es verlassen wollen?

Ja, ich liebe Harlem, weil ich es lieben muß. Es gibt keine Wahl – man kann nicht anders. Harlem verlangt nicht: gib mir zehn Prozent deiner Zugehörigkeit oder fünfzig oder gar hundert. Es fordert mir alles, zweihundert Prozent, ab! Man muß Harlem lieben oder seine Augen abwenden. Und wenn ich nicht bekenne, es zu lieben, müssen mir diese Straßen, dieses Volk – und die Stadt ist das Volk – häßlich erscheinen.

Ihr, meine Brüder, seid von denen verraten und verurteilt worden, die nicht wissen, wie euer Leben ist. Sie haben euch Wunden geschlagen, weil sie euch nie gestattet haben, kreativ zu arbeiten. Sie stellen euch als Arbeiter an, aber geben euch nie die Möglichkeit, einen Teil ihres »Systems« in die Hand zu bekommen. Und ihr, meine schwarzen Schwestern, seid keine nachlässigen Mütter (wer außer schwarzen Frauen hätte während der vergangenen drei Jahrhunderte unter solchen Umständen die Familie zusammenhalten können?), ihr schafft euer Heim, ohne ein Heim zu haben. Nicht einmal eine Hypothek darauf könnt ihr besitzen. Ihr habt nicht so sehr versagt, wie ihr das Versagen anderer zu spüren bekommen habt.

Ich bin allein nach Harlem gekommen, fühlte und dachte weiß; jetzt werde ich es mit einem dunkleren Schatten von *soul* verlassen. Ich habe bei euch, ihr Männer und Frauen von Harlem, für eine Weile gelebt, und ich habe etwas gelernt: Unter den Umständen und Schwierigkeiten, denen ihr ausgesetzt seid, wäre ich nicht in der Lage, die Hälfte von dem zu leisten, was ihr leistet. Es war die Hölle, in dieses Ghetto zu gehen, aber jetzt scheint mir, daß die Hölle mich draußen erwartet, auf der anderen Seite des schwarzen Vorhangs, wohin zu gehen mir verboten ist – in die Welt der Weißen!

Ich überschreite die Grenze und fahre mit dem Bus über die Fifth Avenue. Ich sehe hübsche Mütter mit ihren hübschen Kindern in hochrädrigen Kinderwagen, sehe die Jungen und Mädchen mit blondem oder rötlichem glatten Haar und bin mir darüber im klaren, daß zwischen der Welt, die nur ein paar Häuserblocks von hier entfernt liegt, und diesem Teil der Stadt Lichtjahre liegen.

Es ist nicht nur der Gegensatz zwischen den schmutzigen Slums, der reichen, eleganten Avenue und dem gepflegten Central Park – es sind die psychologischen Schranken, die sich wie unübersteigbare Gebirge zwischen den Schwarzen und den Weißen auftürmen. Über die Fifth Avenue kehre ich zurück in meine gewohnte Umgebung, in mein Land, zu meinem Volk und zu meinem Zuhause.

Ich möchte mich in dieser anderen Welt aalen, mich an ihr erfreuen, aber die Unsicherheit all dessen, was ich erlebt habe, verläßt mich nicht, ist ein Teil von mir geworden, ist mir so nah wie der Grind auf meinen Beinen und der Schmutz auf meiner Haut. Ich weiß, ich habe einen Schlüssel zu dem schönen, sauberen, weißen Apartment meiner Verwandten, und doch öffne ich tausendmal meine Tasche und betrachte immer wieder diesen Schlüssel. Ich habe das Bedürfnis, ihn immer wieder anzufassen, denn es ist der Schlüssel zum anderen Leben – ein kostbares Band zur Flucht in die Annehmlichkeiten der weißen Welt.

Ich versuche, meine Verwandten anzurufen. Es ist Freitag. Sie sind auf dem Land. Ich rufe ein halbes Dutzend Male an. Ich weiß genau, sie sind nicht da, aber ich fühle mich nicht vertrauenswürdig. Ich spüre, sie sähen es nicht gern, wenn ich mich hereinschliche ... Aber warum empfinde ich es als ein »Hereinschleichen«? Schließlich haben sie mir den Schlüssel gegeben. Ich will einfach nicht, daß sie mich so sehen, wie ich bin!

Aber ich habe das dringende Bedürfnis, in das Apartment zu gehen und zu baden, zu spüren, daß ich wieder ich selbst bin. Ich will die Maske abnehmen, will mich von schwarz wieder zu weiß verwandeln. Innerlich – und nicht nur schwarze Schmutzringe in der Badewanne hinterlassen. Nach dem Bad will ich mir aus dem Kleiderschrank eines der hübschen Kleider aussuchen, will das saubere Leinen des Bettes spüren und mich daran erinnern, daß ich selbst mehr als zwei billige Kleider besitze – daß ich andere, gute Schuhe tragen kann.

Ich bin voller Erwartung und ängstlicher Neugierde. Wie ein Tourist schaue ich mit großen ungläubigen Augen um mich, sehe alles, als sei ich gestorben und wiederauferstanden und als könne ich an das Wunder noch nicht glauben.

Dort drüben liegt das Plaza Hotel, in dem ich so oft gewohnt habe. Ich hatte ein Zimmer im 14. Stock mit einem Blick auf den Park. Und dort ist »Tiffany« – wie oft habe ich dort eingekauft –, und dann alle die teuren Kleider und Schuhe bei »Bonwit's«. Es ist meine Straße ... meine Welt.

Aber während ich mir all das vorsage, glaube ich selbst nicht daran. Nein, ich komme aus dem Ghetto – und wenn ich mir einrede, es sei alles so wie früher, ist es ungefähr so ehrlich, wie wenn ich behaupten würde, ich hätte mit der Königin von England Tee getrunken oder wäre auf den Mond geflogen.

St. Thomas
Die Jungfraueninseln

Ich liege am Strand und erinnere mich daran, wie ich zum erstenmal die Medikamente genommen habe, um meine Haut schwarz zu färben, und der Arzt mir damals sagte: »Sie werden für ein ganzes Jahr schwarz sein.« Aber schon während der letzten Tage in Harlem war mir aufgefallen, daß ich mein so schwer verdientes dunkles Pigment langsam zu verlieren begann. Nun bin ich von New York hierher geflogen, damit mich die Sonne wieder so dunkel färbt, wie ich war.

Die schwarzen Eingeborenen hier sind stolze, selbstsichere und schöne Menschen. Es ist den Weißen nicht gelungen, sie davon zu überzeugen, daß sie Nigger sind. Die Bevölkerung der Insel ist zu achtzig Prozent schwarz und zu zwanzig Prozent weiß. In einer Hinsicht wenigstens wird der weiße Mann hier in Schranken gehalten.

Es ist mein letzter von zehn Tagen hier in der Margens Bay. Aus dem Strandrestaurant in der Nähe höre ich die Stimme von James Brown. »Wenn ich die Welt regierte.« Ich muß daran denken, daß er ein Teil meiner Welt ist; ich betrete seine Welt. Ja, mein Bruder, ich kenne deine Straßen. Ich weiß eine Menge von dir – ich weiß, warum du so bist, wie du bist.

Und morgen werde ich wieder eine andere Welt betreten – den Süden.

III

Der Süden

An einer Busstation in New Orleans überlege ich, wo im Süden ich anfangen soll. Da ich dort niemanden – weder schwarz noch weiß – kenne, finde ich den einen Ort so gut oder so schlecht wie den anderen. Ich studiere zuerst die Fahrpläne der Greyhound-Busse, dann die der Eisenbahnen. Ich wähle schließlich Jackson in Mississippi – aber erst nach einigem Zögern. Meine Erinnerungen an Medgar Evers und Gouverneur Ross Barnett und James Meredith lassen mir Mississippi bedrohlicher und furchterregender erscheinen als etwa Alabama. Ich möchte aus erster Hand erfahren, warum so viele Menschen Mississippi für den rückständigsten Staat der Union halten. Als ich die 5,90 Dollar für meine Busfahrkarte bezahle, werde ich von den gleichen dunklen Vorahnungen bedrängt wie auf meiner ersten Fahrt nach Harlem. Daß ich selbst aus dem Süden komme, gibt mir keinen Trost. Diese Reise bedeutet für mich einen Ausflug in die Vergangenheit. Sie macht einen Teil meines Lebens wieder lebendig, wirft Licht in alte Geheimnisse, die lange begraben, doch immer noch beängstigend lebendig sind.

Ich sitze – ein »Spuk« unter anderen »Spuks« (so nennen die Weißen des Südens uns Nigger) – und überlege, was ich tun werde, wenn ich in Jackson ankomme. Werde ich ein Gasthaus für Farbige oder ein Hotelzimmer finden? Der Bus überquert eine Brücke, die nach Huey P. Long genannt wird. Mit Widerwillen denke ich an diesen Politiker des Südens. Sicher ist er keine Karikatur der Reihe von engstirnigen Claghorns* der Vergangenheit, aber um zum Modell eines aufgeklärten Politikers zu werden, muß er noch einen langen Weg gehen. Allzuoft fällt er zurück in Vorurteile und menschliche Schwäche und nutzt seine Macht für persönliche Vorteile aus.

Von zwei oder drei Ausnahmen abgesehen, sind alle Menschen hier im Bus schwarz. An der nächsten Station ist es nur denen, die ihr Ziel erreicht haben, gestattet, auszusteigen. Auf diese Weise haben die Schwarzen keine Möglichkeit, Waschräume oder Restaurants der Busstation zu benutzen. Wir sind wie Gefangene. Während der ganzen langen Reise gibt man uns keine Möglichkeit, unsere Beine zu bewegen, eine Zeitung oder eine Tasse Kaffee zu kaufen. Unsere menschlichen Bedürfnisse müssen wir in einer winzigen Toilette am Ende des Busses verrichten.

In Prentice steigt ein verkrüppelter kleiner Neger von etwa sechzig Jahren ein und läßt sich auf den Sitz neben mir fallen. Er nennt mir seinen Namen, J. D. Lewis, und erzählt mir ein wenig aus seinem Leben. Er lebt seit dreißig Jahren in San Francisco und fährt nun nach Hause, um seinen 97jährigen Vater zu besuchen. Seine Heimkehr macht ihn nicht glücklich, und er seufzt:

»Ich habe von diesen Pinienwäldern so genug wie ein toter Ochse von seinem Joch. Könnten Sie je hier leben, wenn Sie andere Plätze der Welt gesehen haben?«

Ich muß ihm recht geben.

Er zieht ein paar Reiseschecks aus der Tasche. Es sind die gleichen, wie ich sie auf meinen Reisen nach Tanger oder Singapur mitgenommen habe.

»Ich bin mit den Dingern hier zu einer Bank gegangen, und der Beamte wollte sie mir nicht in Bargeld umwechseln. Er wollte wissen, wer ich bin. Ich war gezwungen, mehrere Male auf die Bank zu gehen, um zu beweisen, wer mein Vater und mein Großvater waren.«

* George Claghorn (1748–1824). Ein Schiffsbauer, der im letzten Augenblick vor lauter Furcht einen Stapellauf abgeblasen hat.

Ich fragte Mr. Lewis, ob er ein Hotel oder eine Pension in Jackson kenne, wo ich die Nacht verbringen könnte.

»Ich wohne bei meiner Schwester und ihrem Mann, einem Baptistenprediger«, erklärt er mir und lädt mich ein, ihn dorthin zu begleiten.

»Im allgemeinen versuche ich, mich von den Predigern und anderen Gaunern fernzuhalten«, sagt er grinsend. Bei seiner Formulierung »Prediger und andere Gauner« leuchtet in meiner Erinnerung eine Lampe auf. Longus Moore aus Harlem hat auch immer so geredet, als ob diese beiden Begriffe Synonyme seien.

»Diesem Prediger gehören zwei Baptistenkirchen«, erzählt Lewis, »er fährt einen dicken Cadillac und wohnt in einem großen Haus mit einer Menge Zimmer.« Ich hege die stille Hoffnung, in einem dieser Zimmer schlafen zu können, denn ich fühle mich fremd und verloren.

Als wir in Jackson ankommen, regnet es. Wir klettern aus dem Bus, strecken unsere verkrampften Muskeln und suchen nach einem Obdach, in dem wir uns nach fünf Stunden Fahrt bewegen können. Leider hat dieses »Obdach« noch weniger Platz als der Bus. Es ist ein winziger Warteraum mit Eßgelegenheit, einer Selbstbedienungstheke und ein paar Barstühlen. Telefone hängen an der Wand; es gibt keine Zellen, in die man sich zurückziehen könnte. Alle Mitreisenden in diesem Raum sind Neger. Durch das Fenster des Fahrkartenschalters sehe ich in einen anderen Warteraum. Er ist größer, bequemer und besser eingerichtet. Er ist für Weiße. Hier in Jackson haben die Tafeln »nur für Weiße« und »für Farbige« noch die alte Bedeutung der völligen Absonderung.

Eine freundliche Negerin bietet dem verkrüppelten Mr. Lewis ihren Platz an. Neben dem Münzapparat hängt ein Telefonbuch. Ich suche nach einem Mr. Charles Evers, einem Mann hier in Mississippi, den ich unbedingt kennenlernen möchte. Charles ist der Bruder des ermordeten Medgar Evers. 1963 ist er aus Chicago nach Mississippi zurückgekehrt, um die Arbeit seines erschlagenen Bruders weiterzuführen. Er versucht zu beweisen, daß die weißen Rassisten zwar einen Menschen, aber niemals die Idee der Freiheit des schwarzen Mannes töten können.

Obgleich ich Evers nicht kenne, habe ich das sichere Gefühl, daß er mir helfen wird, wenn ich ihn erreiche.

Im Telefonbuch ist kein Charles Evers verzeichnet, also frage ich bei der Auskunft nach. Ich habe den Namen zwar schon dreimal gesagt, aber die Telefonistin am anderen Ende der Leitung verlangt, daß ich ihn buchstabiere.

»Ich habe hier keinen Charles Evers verzeichnet«, sagt sie in einer Art, die mich zu der Überzeugung bringt, daß sie von dem Führer der Bürgerrechtsbewegung noch nie etwas gehört hat.

Schließlich finde ich im Telefonbuch eine Mary Evers. Vielleicht hat er sich unter dem Namen seiner Frau eintragen lassen, um vor Drohanrufen geschützt zu sein. Ich wähle die Nummer, und die Stimme einer Frau antwortet.

»Ist dort die Wohnung von Charles Evers?« frage ich.

»Nein!«

»Sind Sie eine Verwandte von Charles Evers?«

Einen Augenblick ist es still, dann höre ich einen tiefen Atemzug und dann die Stimme der Frau, die buchstäblich zu explodieren scheint.

»Wir sind Weiße!« Ich bekomme noch mit, wie der Hörer auf die Gabel geknallt wird.

Ich gehe zu Mr. Lewis zurück. Wir sitzen nebeneinander wie zwei alte angeschlagene Soldaten. Wir warten auf den guten Samariter, den Baptistenprediger, der uns abholen soll.

»Vielleicht sollte ich ihn anrufen?« frage ich Mr. Lewis.

Am anderen Ende der Leitung ist die Frau des Geistlichen. Ich erkläre ihr, daß Mr. Lewis und ich im gleichen Bus hierher gefahren sind und daß er darauf wartet, abgeholt zu werden. Dann schwindele ich ihr vor, daß es mir nicht gelungen sei, meine Freunde von der NAACP (National

Association for the Advancement of Coloured People) zu erreichen und daß ich unbedingt für heute nacht ein Zimmer brauche.

Die Negerin hört mir auf die gleiche Weise zu, wie eine Weiße aus dem Süden gewöhnlich einer Schwarzen aus dem Süden zuhört. Schweigend, voll Mißtrauen und Argwohn. Weil sie nicht antwortet, rede ich weiter auf sie ein: »Ich hoffe, daß ich morgen jemanden von meiner Familie antreffen werde.«

Mit eisiger Stimme fragt sie mich: »Wer ist denn Ihre Familie?«

Ich erkläre ihr, die Halsells, die Shankses.

»Ich kenne Ihre Familie nicht«, sagt sie.

Ich hänge auf und gehe zu Mr. Lewis zurück. »Ihre Schwester sagt, der Prediger wird gleich hier sein.«

Im gleichen Augenblick erscheint hinter der Glastür ein großer Mann mit hartem Gesicht und winkt Mr. Lewis herauszukommen. Ganz offenbar will er auf diese Weise den vielen Negern in dem kleinen Warteraum ausweichen.

»Das ist er«, sagt Mr. Lewis und hinkt hinaus. Ich sehe, wie die beiden sich die Hand geben. Mr. Lewis gibt dem Geistlichen seinen Gepäckschein. Als er fortgegangen ist, um das Gepäck abzuholen, gibt mir Mr. Lewis ein Zeichen, herauszukommen. Wie zwei Verschwörer schleichen wir uns zu dem großen weißen Cadillac des Predigers. Ich helfe Mr. Lewis beim Einsteigen und klettere dann hinten in den Wagen. »Es gibt wirklich keinen Grund, warum Sie nicht bei uns wohnen sollten«, wiederholt Mr. Lewis. »Es ist ein großes Haus und hat genügend Zimmer.«

Der Geistliche kommt zurück, verstaut Mr. Lewis' Gepäck im Kofferraum, setzt sich hinter das Steuer, rührt aber keinen Finger, um den Wagen in Bewegung zu setzen. Sein Schweigen ist beredt genug! Verschwinden Sie aus meinem Wagen.

»Wir können sie doch sicher für eine Nacht bei uns aufnehmen«, meint Mr. Lewis.

Der Prediger murmelt, seine Frau sei nicht zu Hause, und
er selbst habe so viel zu tun. Dabei weiß ich durch den
Telefonanruf genau, daß sie da ist.

»Können Sie mich nicht zu irgendeinem Mitglied Ihrer
Gemeinde bringen, das ein Zimmer vermietet?« frage ich
resigniert.

Er schüttelt den Kopf.

Ich steige aus dem Auto, nehme meine Tasche und ver-
abschiede mich mit einem blassen Lächeln von Mr. Lewis.
Dann laufe ich durch den Regen. Müde und schleppend
gehe ich durch eine Straße, es ist mir völlig gleichgültig,
wohin sie führt. Es ist merkwürdig, aber ich wünsche mir
geradezu, daß der Regen mich völlig durchnäßt. Ich suche
das körperliche Unbehagen. Ich hoffe, es wird mich völlig
in Anspruch nehmen und mich so von den schmerzlichen
Vorahnungen, die mich verfolgen, ablenken.

Als sei es von einem geheimen Boten geschickt, hält plötzlich ein Taxi hinter mir. Ich steige ein und sage dem
schwarzen Fahrer, daß ich ein Hotel brauche. »Wie wär's
mit dem Summers-Hotel?« fragt er. Ich bin einverstanden.
Während der Fahrt denke ich mit einer Mischung aus
Ärger und Mitleid an den Prediger.

Was hätte es ihn schon gekostet, mich für eine Nacht aufzunehmen? Aber im Süden hilft man eben keinem Fremden, weil alle Fremden verdächtig sind. Er könnte ja angeklagt werden, einen der Aufwiegler bei sich zu beherber-
gen, die zur NAACP gehören, oder vielleicht sogar einen
von den »Roten«? Der Prediger hätte das ungeschriebene,
aber starre Gesetz des Südens durchbrochen, das es verbietet, einen Fremden bei sich aufzunehmen. Auch dieser
Geistliche ist in die Schablone des Südens gepreßt, ist ein
Gefangener der Mentalität, die den »Alten Süden« beherrscht. Du bist ein Niemand – du kannst nicht einmal
einen Reisescheck einlösen, solange man nicht weiß, wer

dein Vater ist! Mr. Lewis und ich, durch viele Reisen und die Kenntnis anderer Welten unbefangen, haben diese alte Schablone längst durchbrochen. Unser Leben ist freier – obwohl man, um frei zu sein, einen hohen Preis zahlen muß.

Das Summers-Hotel wird nur von Schwarzen bewohnt. Man weist mir ein armselig eingerichtetes Zimmer zu: ein Bett, eine häßliche nackte Birne, die von der Decke baumelt, und vier kahle Wände, in die ich mich wenigstens zurückziehen kann. Ich gehe in die Halle hinunter, um das Gemeinschaftsbad und die Toilette zu suchen. Die Tür zur Toilette läßt sich nicht abschließen, nicht einmal richtig zumachen, so daß ich mich allen Blicken ausgesetzt fühle. Von der Halle her höre ich schwere, männliche Schritte. Mein Herz beginnt zu klopfen. Will der etwa hier herein?

Offenbar bin ich der einzige weibliche Gast in diesem Hotel. In der Halle und durch die Wände höre ich nur männliche Stimmen. Wie diese Leute wohl leben – sind sie reisende Vertreter? Kommen diese jungen Männer von irgendwelchen Kleinstädten, um hier, in der Hauptstadt des Staates, ihre Geschäfte zu machen? Ich habe das Gefühl, in einem Wohnheim für Männer gelandet zu sein. Die Männer ziehen sich für den Abend um, um auszugehen. »Junge!« ruft einer einem anderen überschwenglich zu. »Heute nacht werde ich mir richtigen Stoff besorgen. Und nichts von diesem beschissenen 2-Dollar-Mist.«

Erschöpft und vor mich hin dämmernd, höre ich dem Geschwätz der Stimmen um mich herum zu, bis am frühen Morgen irgendwo ein Hahn zu krähen beginnt.

Ich laufe durch die Stadt. Alle Schwarzen sprechen mit mir. Akzeptieren mich als eine der Ihren, aber nicht eine einzige Weiße nickt auch nur mit dem Kopf. Ich komme in eine von Weißen bewohnte Gegend. An einem Haus hängt eine Tafel: »Zimmer zu vermieten.« Ich nehme all meinen Mut zusammen und klingele an der Haustür. Eine weiße Frau öffnet und schaut mich an, als sei ich ein Gespenst.

»Ich würde mir gern Ihr Zimmer ansehen«, sage ich. Ich hätte sie nicht mehr schockieren können, wenn ich sie geschlagen hätte.

»Ich habe kein Zimmer!« Ungläubig starrt sie mich an.

»Aber Sie haben doch ein Schild aufgehängt.«

»Hau ab, du schwarze Hure!« brüllt sie und knallt mir wütend die Tür vor der Nase zu.

Hier, in der Innenstadt von Jackson, sehe ich mich all den häßlichen kommerziellen Auswüchsen des Establishments gegenüber. Nirgendwo erblickt man eine Parkbank oder einen Springbrunnen – es gibt keinen blühenden Strauch und keinen Baum – nichts, was den zermürbten Geist willkommen heißt, tröstet und erfrischt. Ich entdecke eine große Kirche. An einer Tafel vor dem Portal steht geschrieben: »Kommet alle, die ihr mühselig und beladen seid!« Was würde wohl passieren, wenn ich, eine schwarze Frau, es wagen würde, die geweihte Kirche zu betreten? Während ich durch die Straßen laufe, fällt mir auf, daß die Weißen des Südens besonders laut und mit rauher Stimme reden, während die schwarzen Männer und Frauen schweigen und sich möglichst unsichtbar machen. Für mich, eine schwarze Frau, scheint Jackson verbarrikadiert zu sein – verschlossen – verboten.

Zusammen mit anderen schwarzen Frauen warte ich auf den Bus, der mich ins Hotel zurückbringen soll. Sie frieren genauso wie ich, doch haben sie mehr Probleme. Ich weiß, ich muß mich in die gleiche Arbeit stürzen wie sie, muß in ihre Umgebung untertauchen, muß die gleichen Sorgen und Kümmernisse auf mich nehmen, wenn ich das Gefühl der Einsamkeit, des Draußen-Seins loswerden will. Am liebsten möchte ich mich ganz dicht neben sie stellen, um von einer physischen Zusammengehörigkeit alles herauszuholen, was ich kann.

Im Hotel gibt es keinen Speiseraum. Ich gehe in die Bar

hinunter und höre aus einer Musikbox die gefühlvolle Stimme von Otis Redding. Ich setze mich in eine Ecke, bestelle ein Bier und die Spezialität des Hauses, gebratenes Huhn auf Südstaaten-Art. Vom Nebentisch, an dem ein paar junge Leute sitzen, kommt ein Neger mit Rollkragenpullover und Afro-Look an meinen Tisch und fragt mich, ob er mit mir reden dürfe.

Darf er mit mir reden! Ich bin doch in Jackson, sitze in dieser Bar, um ihn und andere wie ihn kennenzulernen. Trotzdem schwanke ich, in einem typisch weiblichen Zwiespalt gefangen, zwischen Freundlichkeit und kühler Ablehnung. Am liebsten würde ich sagen: »Natürlich, setzen Sie sich, ich möchte Sie unbedingt kennenlernen.« Aber ich sage nichts.

Er nimmt mein Schweigen als Zustimmung, setzt sich und stellt sich vor. Sein Name ist Floyd. Er erzählt mir, daß er als armer Junge im südlichen Teil von Mississippi geboren wurde, später nach Chicago gegangen ist und dort ein Mädchen »ausgegraben« hat, das sofort auf ihn flog. Sie war eine Prostituierte, und ein paar Jahre blieb er als Zuhälter mit ihr zusammen. »So habe ich Geld gemacht«, erzählt er mir.

Das strömt alles aus ihm heraus, völlig ungehemmt, als habe ihn jemand wie eine Puppe aufgezogen und neben mich gesetzt, damit er sich entfalten könne. Mit einem Blechbesteck schaufele ich das Essen in mich hinein, während Floyd immer weiterredet. Als halbes Kind hat er in einer Negerband als Saxophonist gespielt und – »Mann, alle diese weißen Mädchen, sie machen mich wirklich verrückt, sie machen schwarze Männer wirklich verrückt. Sie kommen einfach an und reden mit mir. Aber«, fährt er fort, »es ist nicht wahr, daß die Neger hinter den weißen Mädchen her sind. Sie sind diejenigen, die uns nachlaufen, ich und die meisten Freunde laufen dann immer davon.«

Er sagt, in Chicago wäre er schön »fein raus« gewesen, wenn er von der hochbezahlten schwarzen Prostituierten

gelebt hätte, aber er wäre doch lieber nach Jackson zurück-
gekommen, weil er jetzt in »public relations« mache. Mit
seinem Gerede von der Prostituierten und seinen zwei
Jahren als Zuhälter will er sich mir sozusagen »vorstellen«, »erzählen, wie es ist«, wobei er weder Schlechtes
noch Gutes ausläßt.

Ich schätze sein Bemühen um Aufrichtigkeit. Ehrlich zu
sagen, was man wirklich erlebt hat, bedarf immer einer
gewissen Courage. Enthüllungen dieser Art sind mir lieber
als glattes Geschwätz, weil der andere damit wirklich
etwas von sich selbst gibt. Und »Gaben«, die das Wesen
und die geistige Einstellung eines Menschen enthüllen,
sind manchmal intimer als das Entkleiden des Körpers.

Ich weiß genau, Floyd spricht nur deshalb so offen mit
mir, weil er schwarz ist. In der Welt, die die weißen Amerikaner dem schwarzen Mann vermacht haben, gibt es
keine klaren, sauber aufgezeichneten Alternativen – es gibt
nur das *catch-as-catch-can*, eine von den Schwarzen ge-
wählte und improvisierte Lebensform, die vom Neger
verlangt, daß er Mittel und Wege *schafft*, den Widerwär-
tigkeiten zu begegnen. Floyd glaubt, ich sei schwarz wie
er, und so setzt er voraus, daß ich das Leben, genau wie
er, als ein unüberwindliches Hindernisrennen betrachte.
Selbstverständlich würde er nach jeder Möglichkeit des
»Geldmachens« greifen, die das Leben ihm bietet. Er versichert, er könne auch meine Art des »Geldmachens« verstehen; doch jedesmal, wenn er nach Informationen »sto-
chert«, lenke ich das Gespräch wieder auf ihn. Schließlich
will er mich festnageln und fragt sehr direkt:

»Müssen Sie heute nacht noch zu Geld kommen?«

Mit der Frage meint er etwas ganz Bestimmtes. Will er
mir einen zahlenden Kunden vermitteln? Ich weise den
Gedanken zurück. Aber wenn ich mir die Möglichkeiten
überlege, heute nacht noch zu Geld zu kommen, fällt mir
keine ein. Himmel, möchte ich antworten, machen Sie *das*
immer noch?

»Können Sie sich nicht vorstellen«, frage ich, meinen Ärger verratend, »daß Sie einem Fremden begegnen könnten, der weder rauschgiftsüchtig ist noch sich prostituiert?«

»Das haben Sie gesagt«, antwortet er freundlich, »nicht ich.«

Er schlägt vor, wir sollten woanders hingehen, »damit wir freier sprechen können«. Obgleich ich mir nicht vorzustellen vermag, daß er noch »freier sprechen« kann, bin ich einverstanden. Auf der Straße hilft er mir in seinen neuen schicken Sportwagen und fährt mich in eine andere Bar. Er stellt mich einem riesenlangen jungen Mann vor, der King heißt und so tut, als gehöre ihm die Bar. King begleitet uns in einen dunklen Raum und schließt die Tür. Totale Schwärze umgibt uns. Ich höre Faustschläge und einen furchtbaren Krach hinten in der Hauptbar. Eine Frau schreit auf, ich höre einen schweren Fall, als sei ein Körper auf den Boden gestürzt. Bestimmt ein Mord. In Gedanken sehe ich schon die Überschrift von einer Razzia und unser Foto auf der ersten Seite der Tageszeitung.

Aber nichts geschieht. Alles ist ruhig, und King versichert: »Nur die Streiterei zwischen einem Liebespaar.« Er macht das Licht an, und ein halbes Dutzend schwarzer Männer scheint aus dem Nichts aufgetaucht zu sein. Sie gruppieren sich um einen Tisch, mit mir am Kopfende. Ihr verstecktes und zweideutiges Gespräch gibt mir das unangenehme Gefühl, als spielten sie ein Spiel, bei dem ich als erster Preis ausgesetzt war. Doch offenbar bin ich naiv. King ist der Herr und Meister der Gruppe, und jeder erste Preis würde natürlich ihm zufallen. Er flüstert einem seiner Genossen zu, sie müßten aus seinem Wagen ein paar heiße Pelzmäntel ausladen. Dann wendet er sich mir zu und stellt mir auf derbe und plumpe Weise ein paar Fragen. Ich schüttele ihn genauso ab, wie ich es vorher mit Floyd gemacht habe. »Warum sagen Sie gar nichts über sich?« drängt er. Er senkt die Stimme und fragt mich:

»Waren Sie verheiratet, ist es das? Laufen Sie vor einem Kerl weg?« Offenbar zeigte mein Gesicht einen Ausdruck von schmerzlicher Trauer. King nimmt meine Hand: »Ach Scheiße, Grace«, tröstet er mich. »Das Leben ist zu kurz für solche Mistprobleme. Vergiß es! Vergiß ihn. Du mußt heute lachen, nicht gestern!«

Ich erkenne seine freundliche Geste an. Aber ich fühle mich plötzlich wahnsinnig schwach und nicht mehr in der Lage, irgendeinem Gespräch zu lauschen. Ich komme aus einer anderen Welt, und der mühsame Versuch, in das Milieu des schwarzen Südens einzudringen, erschöpft mich völlig. Ich bitte Floyd, mich zurück zum Summers-Hotel zu fahren. Unterwegs erzählt er mir: »Ich möchte Ihnen helfen – ich möchte versuchen, Sie hier in einer Familie unterzubringen. Dabei ist mir meine Tante eingefallen. Sie stammt aus einer alten etablierten Familie und ist in der Stadt sehr geachtet. Aber ich fürchte, sie wird Ihnen mehr Fragen stellen, als ich es getan habe, und bei ihr müssen Sie sich schon ein paar plausible Antworten einfallen lassen.« Er meint, ich solle ihm die volle Wahrheit über mich sagen, damit er mit mir zusammen eine Story für seine Tante erfinden kann.

Floyd parkt den Wagen vor dem Hotel. Er wartet auf meine »Geschichte«, damit wir seine Tante davon überzeugen können, daß ich aus guter Familie stamme und ein anständiges Mädchen bin, obwohl ich allein lebe. Aber mir fällt einfach nichts ein. Ich bin körperlich und seelisch bis zum äußersten erschöpft. Was tue ich eigentlich hier in Jackson? Da es ja gute einfache Geschichten geben muß, die wir seinem »Tantchen« erzählen könnten, warum habe ich sie mir nicht schon früher ausgedacht? Ich muß einsehen, daß das Leben in Harlem im Verhältnis zum Süden einfach war. In Harlem habe ich unter Schwarzen gelebt, die aufgehört haben, sich der Denkweise des weißen Mannes anzupassen. Hier in Mississippi ist das anders. Die schwarze Bevölkerung ist noch immer an jene Lebensphilosophie der Weißen gekettet, die da lautet: Traue niemals einem Fremden – und traue schon gar keinem farbigen Fremden. Offensichtlich glaubt Floyds Tante ebenso sehr an dieses ungeschriebene Gesetz wie viele Mitglieder des Ku-Klux-Klan.

»Ich muß ins Bett«, sage ich Floyd. »Wenn ich in ein paar Tagen noch immer keine Unterkunft gefunden habe, werde ich Sie anrufen oder in der Bar nach Ihnen suchen.« Mit aufheulendem Motor fährt er davon.

Im Hotel hält mich an der Treppe ein kleiner, kahlköpfiger und fast zahnloser Schwarzer auf. »Brauchen Sie Strümpfe?« fragt er mich verstohlen und fügt hinzu, er könne mir welche besorgen.

»Nein, nein«, versichere ich ihm.

»Brauchen Sie irgendwas anderes?« fragt er mich. Er sagt, er könne mir auch Geld verschaffen, damit ich mir keine Sorgen machen und mich nicht auf die Suche nach einem Job begeben müsse.

Wer ist er? Wie ist er in mein Leben getreten? Sehe ich so mitleiderregend und armselig aus? Wird jede alleinstehende Frau in der Gesellschaft der Farbigen als so wehrlos betrachtet?

Dann erklärt der Mann ganz unverhohlen: »Ich weiß, worauf Sie aus sind.« Ich überlege, welche Vorstellungen er von dem haben mag, was ich tue. Da ich langsam den Punkt erreicht habe, wo ich es selbst nicht mehr weiß, habe ich allmählich das Gefühl, nur noch als Figur in *seiner* Vorstellung zu existieren.

»Sie haben überhaupt nichts in Ihrem Zimmer«, sagt er. (Hat er mein Zimmer durchsucht? Warum?) »Morgen ›verschaffe‹ ich Ihnen einen Fernseher«, verspricht er mir. Dieses Angebot läßt mich vermuten, daß er der Geschäftsführer sei. Aber nein, er sagt, er sei nur der Pförtner.

»Ich weiß, wer Sie sind«, wiederholt er. Etwas unsicher und auch beunruhigt über diesen zudringlichen Mann, gehe ich in mein Zimmer. Ich erinnere mich an eine Bemerkung Thoreaus: »Ich würde meilenweit vor einem Mann davonlaufen, der mir anbietet, etwas Gutes für mich zu tun.«

Sekunden später klopft es an die Tür.

»Brauchen Sie ein Gewehr?« fragt mich mein selbsternannter Beschützer.

»Ein was, bitte?«

»Ich kann Ihnen ein Gewehr besorgen. Sie brauchen doch eins für das, was Sie vorhaben.«

Merkwürdig, auch Floyd hat mir die Frage gestellt, ob ich jemanden umbringen wolle.

»Ich brauche kein Gewehr«, antworte ich ihm, und fast fühle ich mich schon an die Wand gedrückt. »Wenn ich eines brauche, werde ich es Sie rechtzeitig wissen lassen.«

Ich brauche keine Dinge, sondern jemanden, mit dem ich reden, dem ich vertrauen kann.

Aus einem Gefühl der Verzweiflung heraus lade ich den aufdringlichen Pförtner, der sich mir als Mr. Wash vorstellt, in mein Zimmer ein, biete ihm den einzigen Stuhl an und setze mich aufs Bett. Ich frage ihn nach King.

»Er trinkt ziemlich viel«, sagt mir Mr. Wash. »Er ist ein Schwätzer, und seine Frau kann wirklich unangenehm sein.«

»Ich will mit ihm keinen Flirt«, sage ich, »nur als Freund. Und Floyd?«

»Er ist ein netter Kerl. Aber er wird Sie *benutzen*, Sie ruinieren und obendrein noch Ihr Geld einkassieren.«

Plötzlich fängt er an, mir von seiner toten Frau zu erzählen. »Wir haben sechzehn Jahre zusammen gelebt. Sie haben Ähnlichkeit mit ihr, nur hatte meine Frau eine sehr viel hellere Haut als Sie.«

Dann kommt er abrupt auf die Frage zurück, was er für mich tun könnte, und drängt: »Verstehen Sie mich, ich will nicht, daß Sie irgendwelche Schwierigkeiten haben.«

Langsam begreife ich, daß er mich einfach als einen Menschen betrachtet, der bestimmte Dinge nötig braucht. Er ist tatsächlich bereit, mir Strümpfe, Geld oder sogar ein Gewehr zu »verschaffen« und das alles ganz selbstverständlich. Es sieht so aus, als spielte ich meine Rolle als hilflose schwarze Arbeiterin ganz gut – wenn ich in einem so armen Mann das Bedürfnis wecke, mir zu helfen und seinen Besitz mit mir zu teilen.

»Warum sollten Sie mir helfen?« frage ich ihn. »Ich weiß nicht, was ich getan habe, daß . . .«

»Oh«, fällt er mir ins Wort, »machen Sie sich keine Sorgen über das, was Sie getan haben. Ihre Vergangenheit interessiert mich nicht.«

Ehe er geht, wünscht er sich, daß ich mich für einen Augenblick an seinen kleinen knochigen Körper lehne. Ich tue ihm den Gefallen, denn ich begreife, daß Menschen wie der Pförtner und ich und viele andere einander »benutzen«, ob sie es nun zugeben oder nicht. Ich weiß nicht, ob ich fähig sein werde, ihn zu »benutzen«, aber ich suche und brauche dringend einen Freund. Und im übrigen brauche ich dringend einen Job.

Am nächsten Morgen: In der frühen Dämmerung stehe ich im feuchten Winterwind neben einer Gruppe von Negern an der Hauptstraße und warte auf den Bus. Irgend jemand sagt: »Heute in einer Woche ist *Thanksgiving Day*.« Merkwürdig, bei solchen feierlichen Anlässen wird der Schrei der Einsamkeit nur noch lauter. Die Worte dieses Schwarzen rufen bei mir die von Selbstmitleid getragene Frage hervor: Wo bin ich? Was, warum feiern wir überhaupt? Ein schmerzhaftes Gefühl des Abgesondertseins befällt mich, das Gefühl, ein Fremder in meinem eigenen Land zu sein. *Thanksgiving Day* – das bedeutet soviel, wenn man ein Kind ist. Dann wird man erwachsen, und alles ändert sich.

Fröstelnd warten die anderen Neger (darunter noch eine Frau) und ich auf den Autobus Nr. 4, und als er endlich am Horizont erscheint, hasten wir wie Schiffbrüchige auf ihn zu. Wir laufen zu der Stelle, wo der Bus voraussichtlich halten wird, und freuen uns darauf, nach vierzig Minuten Wartezeit endlich im Warmen sitzen zu können. Der Bus hat – wie immer – einen weißen Fahrer und ist nur zur Hälfte mit Farbigen besetzt. Er verringert seine Geschwindigkeit, wir ziehen schon unsere Münzen aus der Tasche – da gibt der Fahrer plötzlich Gas und fährt an uns vorbei. Ungläubig starren wir ihm nach, dann rufen wir und schütteln in nutzlosem Protest die Fäuste.

»Warum, um Himmels willen, tut er das?« schimpfe ich laut. Die anderen stehen da mit zusammengepreßten Lippen und sagen gar nichts. Sie zeigen nicht einmal Überraschung.

»Kindchen«, sagt schließlich eine der Frauen, »*die* machen eben, was sie wollen.«

Ich wollte um acht Uhr bei der staatlichen Arbeitsvermittlung sein, jetzt habe ich schon eine Stunde vergeblich auf den Bus gewartet und werde wahrscheinlich zu spät kommen. Ein anderer Bus kommt angefahren, und obwohl er nicht die Nummer 4 hat und mich nicht direkt zum Ziel bringen wird, steige ich ein. Ich bezahle und frage den weißen Fahrer: »Der Bus vorher hat uns einfach stehen gelassen! Warum hat er das getan?« Ich hätte genausogut den Wind fragen können, so ausdruckslos ist das Gesicht vor mir. Am Old Capitol steige ich aus und laufe ein paar Häuserblocks zur Yazoo Street, in der das Backsteingebäude der Arbeitsvermittlung liegt.

»Ich suche eine Stelle«, sage ich zu der weißen Frau hinter dem Informationstisch. Sie antwortet nicht, sieht mich nicht einmal an. Sie deutet lediglich mit der Hand zu einem anderen Tisch und drückt mir eine Karte in die Hand. Es ist eine Art Fragebogen, den ich mit meinem Namen, meinem Alter und der Art der gewünschten Arbeit ausfüllen muß. Mit der Karte in der Hand reihe ich mich in eine Gruppe von schwarzen Frauen ein, die alle eine Arbeit als Putzfrau oder ähnliches suchen.

Wir sind ungefähr ein Dutzend schwarzer Frauen, manche jung, andere alt, manche dünn und andere fett. Mit leiser Stimme reden wir alle über das gleiche Thema: Das unverständliche und inhumane Verhalten der Weißen.

Ein Mädchen erzählt: »Ich habe für diese Frau einen ganzen Tag geschuftet, und dann hat sie gesagt: Ich habe kein Geld, du kannst später mal wiederkommen und es holen. Sie wußte, daß ich bei ihr arbeiten würde – warum hatte sie dann kein Geld?«

Eine andere erzählt von einer weißen Frau, die ihr gesagt hat, sie solle das Licht vor ihrer Haustür anlassen, sie werde dann vorbeikommen und mit ihr über eine Arbeit reden. »Zwei Abende lang habe ich das Licht bis nach Mitternacht brennen lassen. Sie ist nie gekommen, hat mich auch nie gerufen.«

Eine dritte Frau erzählt: »Ich habe von halb acht morgens bis um halb sechs abends für eine Familie gearbeitet. Es war noch dunkel, wenn ich das Haus verließ, und es war dunkel, wenn ich zurückkam. Meinen Mann habe ich kaum gesehen. Mein Lohn: fünf Dollar am Tag.«

Wir sitzen da wie Kinder in einem Klassenzimmer. Eine Frau um die fünfzig mit einem rosa Gesicht und weißem Haar hat sich hinter einen Tisch vor uns gesetzt. »Mrs. Hawkins«, steht auf einer Tafel. Ihr Telefon läutet, und die Arbeit beginnt. Am anderen Ende der Leitung ist eine weiße Frau, die Mrs. Hawkins bittet, ihr ein Dienstmädchen zu besorgen.

Wir alle haben unsere Karten auf Mrs. Hawkins Tisch gelegt. Sie nimmt eine davon auf und ruft nach einer Mary Sue Jefferson, einer hübschen jungen Mutter, die zwei ihrer sechs Kinder bei sich hat. Die Aufgerufene ermahnt die Kinder, schön ruhig zu bleiben, und geht zu Mrs. Hawkins Tisch hinüber. Als sie zurückkommt, frage ich: »Haben Sie den Job bekommen?« Sie sagt: »Ja.« Ich frage mich, wer sich um ihre kleinen Kinder kümmert, während sie den ganzen Tag in einem fremden Haushalt arbeitet.

Schließlich höre ich meinen Namen. Ich trage ein altes blaues Arbeitskleid und dieselben ausgelatschten Schuhe, die ich schon in Harlem getragen habe. Ich schlürfe nach vorn (meine Füße sind noch immer geschwollen und passen nicht in die Schuhe hinein). Vor dem Tisch setze ich mich auf einen Stuhl.

Mrs. Hawkins erklärt mir: »Grace, ich habe Mrs. Williams am Telefon, sie braucht jemanden zum Saubermachen und Bügeln und will fünf Dollar bezahlen.« Ich nicke, und Mrs. Hawkins sagt, Mrs. Williams wolle mich gleich haben und werde mich abholen.

Draußen warte ich an der Ecke, wo die schwarzen »Domestiken« abgeholt werden. Mir ist, als hätte ich ein Schild »Zu Verkaufen« um den Hals hängen. Ich habe solche Ecken, an denen man Dienstboten abholt, schon vorher gesehen. Sie sind im Grunde nichts anderes als ein Überbleibsel des alten Sklavenmarktes. Neger in jedem Alter stehen jeden Morgen dort, um auf Arbeit zu warten. Ein weißer Mann fährt auf die Ecke zu, schaut die Leute an und fragt dann mit schöner Regelmäßigkeit den jüngsten und stärksten: »Wollen Sie sich ein paar Piepen – drei Dollar – verdienen?«

Der Neger hastet zu dem Lastwagen oder der Limousine. Er hat keine Ahnung, welche Arbeit er zu verrichten haben wird. Aber da wir in Mississippi sind, ist eines sicher: Er wird acht oder zwölf Stunden arbeiten, ehe er die drei Dollar zu sehen bekommt.

Jetzt stehe ich selbst an einer solchen Ecke und sehe eine Frau auf mich zufahren und anhalten. Ich öffne die rechte vordere Wagentür: »Mrs. Williams?« Ich frage, ob ich den vorderen Sitz benutzen darf, und sie nickt.

Mrs. Williams ist wohl knapp fünfzig Jahre alt. Ihr mit grauen Strähnen durchzogenes blondes Haar ist viel zu kurz, viel zu streng geschnitten. Sie ist ohne Make-up, trägt eine Brille, und die Spannung in ihrem Gesicht zeigt an, daß sie eine Frau mit Problemen ist.

Schweigend sitzen wir nebeneinander – so, wie wenn ein Herr nicht zu seinem Hund spricht. Mit überhöhter Geschwindigkeit rasen wir durch den morgendlichen Verkehr. Ich frage mich, ob es ihr peinlich ist, mit einer schwarzen Frau auf dem Nebensitz gesehen zu werden, oder ob sie mich nur möglichst schnell an die Hausarbeit bringen will. Als Mrs. Williams mich anspricht, sind es nur Fragen, die sie stellt. »Haben Sie keine geregelte Arbeit?« – Ich sage: »Nein.« – Nach fünf Minuten des Schweigens fragt sie: »Haben Sie sich um regelmäßige Arbeit bemüht?«

An einem Supermarkt steigt sie aus. Als sie zurückkommt, wirft sie mir ein Paket mit Putz- und Desinfektionsmitteln in den Schoß. »Ich habe Ihnen ein bißchen Handwerkszeug gekauft, Grace«, sagt sie.

Sie lacht kurz auf – der Gedanke, mich ihre Toilette putzen zu sehen, scheint sie zu amüsieren. Mich amüsiert das aber gar nicht, und so starre ich wortlos auf die Straße. Wieder fährt das Schweigen mit uns. Die Kluft ist größer als die zwischen Völkern mit verschiedenen Sprachen. Wenn Mrs. Williams spricht, ist ihre Stimme wie Sirup, und die honigsüße Art, in der sie meinen Namen intoniert, läßt mich zusammenzucken.

»Wo wohnen Sie, Grace?« Ihre weiche kindliche Art zu sprechen und ihre geheuchelte Wehrlosigkeit gehören zu den Waffen der weißen Frau des Südens. Obgleich ich weiß, daß diese Waffen im Grunde stumpf und völlig harmlos sind, vermögen sie mich doch zu verwunden. Ich fühle mich gespalten. Ein Teil von mir beurteilt diese Frau mit den Augen der Weißen, der andere mit den Augen der Schwarzen.

Meine natürliche Neigung wäre, zu lächeln und zu sagen: »Wo wohnen Sie, Jean?« Und mit ihr zu plaudern und sie zu fragen, ob sie kürzlich einen guten Film gesehen oder wo *sie* denn früher gearbeitet habe. Aber ich weiß nur zu genau, solche Fragen würden zur Folge haben, daß ich

hinausflöge, noch bevor ich angefangen hätte. Aber wie
dem auch sei, ich brauche alle Energien, um mich auf die
Arbeit einzustellen, die vor mir liegt, und so antworte ich
nur, wenn sie mich etwas fragt.

Sobald wir ihr Luxushaus erreicht haben, ist sie ganz in
ihrem Element. Wie ein General bellt sie mit harter
Stimme ihre Kommandos: »Bevor Sie Ihren Mantel ausziehen ...«, und dabei zeigt sie auf eine Wanne voller
Wäsche, die bei der hinteren Tür steht. Ich will die
Wanne gerade aufheben, um die Wäsche aufzuhängen,
da kommt schon der nächste Auftrag: »Nehmen Sie zuerst
ein feuchtes Tuch und säubern Sie die Wäscheleine.« Als
ich die Arbeit beendet habe, befiehlt sie mir: »Als erstes
werden Sie sämtliche Wände und Decken abwischen, dann
nehmen Sie diesen Besen und säubern die Teppiche. Für
die Fußböden nehmen Sie einen Mop, und hier ist ein Lappen für die Möbel im Wohnzimmer. Für die Möbel im
Speisezimmer nehmen Sie den Lappen dort. Ziehen Sie
die Möbel vor, damit Sie auch den Boden hinter dem Sofa
und den Sesseln saubermachen können. Dann polieren Sie
sämtliche Spiegel, reiben das Glas vor den Bildern ab und
polieren die chinesische Kommode.« So geht es weiter und
weiter.

Bevor ich noch mit einer Arbeit fertig bin, kommen schon
neue Befehle: »Säubern Sie den vorderen Balkon, den hinteren Balkon und dann die Stufen.« Ihr Befehlston ist der
eines Sklavenhalters.

Während ich »wie ein Neger« schufte, führt Mrs. Williams Telefongespräche, trinkt Kaffee, raucht Zigaretten
und erklärt mir, wie müde sie sei. Zuerst hatte ich geglaubt, ich hätte als Negerputzfrau nichts zu befürchten.
Zu meinem Entsetzen muß ich feststellen, daß sie nicht in
der Lage ist, in mir etwas anderes zu entdecken als das,
wofür sie mich von vornherein gehalten hat: eine niederes
Mitglied jenes Kastensystems, das das angenehme Leben
so vieler Amerikaner garantiert.

Im Grunde tut sie mir leid. Den ganzen Tag über sind wir zwei Frauen allein im Haus, ich spüre, daß sie auf der einen Seite gern mit mir sprechen möchte, aber nicht in der Lage ist, mich als gleichwertig zu betrachten. Ich bin für sie ganz einfach eine »unterentwickelte« Person. Auf dem Herd kocht ein riesiger Topf Kaffee, aber sie bietet mir nicht an, auch nur zwei Minuten Pause zu machen, damit ich eine Tasse trinken kann. Ich will den Kaffee gar nicht, aber ich sehne mich schmerzlich nach einer menschlichen Geste dieser Frau.

Als Mittagessen gibt sie mir ein Stück Wurst und zwei Scheiben Weißbrot. Sie legt das Ganze auf einen Pappteller und sagt, ich könne mich in die Küche setzen und mir eine Coca-Cola nehmen. Alles ist so eingerichtet, daß weder meine Lippen noch meine Hände ihr Geschirr oder ihre Gläser beflecken, daß nichts, was ich anfasse, mit ihren Lippen oder ihren Händen in Berührung kommt. Sie nimmt ihren Lunch im Speisezimmer ein und weist damit jedem von uns beiden seinen Platz zu. Die schwere Arbeit macht mir seelisch nichts aus. Mein Vater hat mir schon früh beigebracht, daß jede Arbeit respektabel ist. Doch den Pappteller empfinde ich als wirkliche Erniedrigung. Und ich spüre einen Ekel vor mir selbst, weil ich mir ruhig gefallen lasse, was die Neger »diese ganze weiße Scheiße« nennen.

Ich sitze nur gerade zehn Minuten, da kommt sie schon wieder in die Küche und befiehlt mir, die aufgehängten Sachen zum Trocknen hereinzuholen und mit dem Bügeln anzufangen.

Als meine acht Arbeitsstunden um sind, habe ich noch ein halbes Dutzend Decken und Bezüge, ein Dutzend Baumwollkleider und ich weiß nicht wie viele Hosen und Hemden gebügelt. Sie fragt mich, ob ich weiß, wo die Busstation ist. »Nein«, antworte ich, »soll ich nach rechts oder links gehen, wenn ich aus dem Vordereingang komme?« Das Wort »Vordereingang« sage ich ohne jede Absicht.

Ich will nur wissen, in welche Richtung ich zu gehen habe.
Sie drückt mir fünf Dollar in die Hand und läßt mich
demontrativ aus dem Hintereingang hinaus.
Eine Stunde später bin ich zurück in »Niggertown«. In der
Nähe des Summers-Hotels winken mir ein paar Negerkinder zu und rufen »Hallo«.
Ich fühle mich so erniedrigt, so moralisch und geistig
gedemütigt, daß ich jedem dieser Kinder am liebsten zu-
rufen möchte: »Tut nicht, was ich getan habe! Verkauft
euch nie so billig! Sorgt dafür, daß euch so etwas nicht
passiert.« Gern würde ich noch hinzufügen: »Klaut lieber
oder verkauft euren Körper auf andere Weise. Tut, was
was ihr wollt, aber tut nicht, was ich getan habe.« Die
Attacke auf den Stolz und auf die Selbstachtung eines
Menschen hat irgendwo seine Grenzen. Ich glaube in
diesem Augenblick, daß meine Grenzen erreicht sind.
In der Nacht: Ich bin bis auf die Knochen erschöpft. In
meinen Muskeln ist schneidender Schmerz, meine Füße
brennen. Werde ich wieder diese schrecklichen Blasen
bekommen? Ich lege meine Beine auf die Fußkante des
Bettes und hoffe, sie werden abschwellen.
Um sechs Uhr früh stehe ich auf und fahre zur Arbeitsvermittlung, lege meine Karte auf Mrs. Hawkins Tisch
und setze mich, um zu warten. Ungefähr eine Stunde ver-
streicht. Ich stehe auf, gehe zum Informationstisch und
frage eine weiße Frau: »Gibt es hier eine Damentoilette?«
Sprachlos starrt sie mich einen Augenblick an, dann kichert
sie nervös. »Wir haben eine, aber die ist für uns.«
Ein großes attraktives Mädchen mit brauner Haut hat
meine Frage gehört. »Kommen Sie mit mir«, sagt sie
freundlich. Ich gehe hinter ihr her aus dem Gebäude und
über die Straße in ein anderes Haus. Dort durchqueren
wir ein Labyrinth von Gängen. Ich begreife, daß ich als
schwarze Frau in Mississippi auch meine natürlichsten
Bedürfnisse nur »rassengetrennt« und ohne jede Bequem-
lichkeit erledigen kann.

»Was für eine Art von Arbeit suchst du, meine Liebe?«
fragt sie mich. »Hausarbeit«, antworte ich. Sie sagt, sie
habe gehört, daß man in der Firma »Jackson Steam« in der
Alabamastraße Arbeitskräfte für einen Dollar fünfund-
zwanzig die Stunde suche.
»Und was ist mit dem festgesetzten Mindestlohn von
einem Dollar sechzig?«
Sie lacht: »Du weißt doch, wie das geht.«
Ich erzähle ihr, daß ich gestern den ganzen Tag für fünf
Dollar gearbeitet habe.
»Ich hätte sie ihr zurückgegeben«, antwortet sie und fügt
zornig hinzu: »Ich hätte ihr die fünf Dollar ins Gesicht
geworfen!«
Schließlich ruft Mrs. Hawkins meinen Namen auf. Am
Telefon sei eine Mrs. Dunlap, die für den großen Haus-
putz sofort ein Mädchen brauche. »Sie wird Sie an der
Ecke auflesen«, sagt Mrs. Hawkins.
An der Ecke fahren Autos vorbei, und manche der weißen
Fahrer halten an und begutachten mich, als wäre ich für
die weißen Frauen und Männer von Mississippi zum Kauf
freigegeben. Ein junger Kerl mit bläßlichem Gesicht starrt
mich aus seinem Wagen an und setzt ein mieses Lächeln
auf. Ich habe Angst, mich auf der Stelle übergeben zu
müssen, wenn dieser Kerl nicht aus meinem Blick ver-
schwindet.
Ein ungeheurer Widerwille gegen das, was ich hier tue,
erfaßt mich. Natürlich weiß ich genau, daß ich nur auf
eine ungewöhnliche Weise Studien betreibe. Aber ich
fühle mich so billig und so erniedrigt, so sehr als Prostituierte (wobei die Prostituierten sehr viel mehr Geld pro
Stunde verdienen – mit auch nicht mehr Degradierung),
daß ich mir einfach nicht vorstellen kann, was eine Frau
empfindet, die nichts anderes als ein Leben voller solcher
Demütigungen vor sich sieht. Sich täglich für fünf Dollar
verkaufen! Und das an eine Frau, die einen immer wieder
»an seinen Platz« verweist! Ein Mann würde vielleicht

noch ein freundliches Wort finden. Mir ist klar, daß die Arbeit als Hausmädchen der weißen Frauen von Mississippi auf die Dauer nicht nur meinen Körper, sondern auch meinen Lebensmut zerstören würde.

Ohne Frage würde die weiße Dame des Südens sagen: »Natürlich! Eine Weiße könnte das nie durchhalten, aber die Neger sind eben anders, sie sind mehr wie Tiere.« Ich weiß, daß ich selbst diese Arbeit nicht lange aushalten würde, aber ich weiß auch, daß ich als Mutter dieses tägliche Opfer wohl bringen würde. Mütter, die ihre Babies irgendwie ernähren müssen, beziehen die Stärke nicht nur aus dem Körper, sondern vor allem aus dem Herzen. Und wieder fällt mir die junge Mutter mit den sechs Kindern ein, die vor zwei Tagen einen Job als Putzfrau angenommen hatte. Wie sie gibt es Zehntausende, die den Boden schrubben, um ihre Kinder zu ernähren.

Mrs. Dunlap kommt angefahren. Man könnte sie mit ein paar Kreisen malen – rundes fettes Gesicht, runder fetter Körper, die Augen von runden dunklen Gläsern verdeckt. Obgleich sie gebaut ist wie ein Schneemann, haben ihre Bewegungen und ihr Benehmen doch eine gewisse Härte.

Genau wie gestern Mrs. Williams, stellt mir auch Mrs. Dunlap nur ein paar Fragen. Wir fahren zu ihr nach Hause.

Kaum sind wir angekommen, läutet das Telefon. Während ich das ganze Haus von oben bis unten putze (und auch aus dem Bett ihres zehnjährigen Jungen die leeren Coca-Cola-Flaschen und Nußschalen herausfische), schwatzt sie mit ihren Freundinnen. Ich arbeite mich durch sämtliche Räume, poliere Möbel, schrubbe Terrassen und Stufen. Schließlich sagt sie: »Ich denke, es ist Zeit, Mittag zu essen.«

Sie weist mir in der Küche einen Stuhl zu, und wieder wird mir ein Pappteller in die Hand gedrückt. Überall steht Geschirr herum, in der Küche gibt es eine Geschirr-

spülmaschine. Der Pappteller bedeutet also keine Arbeits-
ersparnis, sondern er dient auch hier allein dazu, mich »auf
meinen Platz« zu verweisen. Auf dem Pappteller liegt ein
Sandwich mit Hühnersalat.

Mrs. Dunlap setzt sich mit einem Teller kalten Roastbeefs
und einer Schüssel Tomatensalat an den großen Tisch
ihres Speisezimmers.

Später hockt sie, während ich arbeite, in einem bequemen
Sessel und schaut dem Nachmittagsprogramm des Fern-
sehens zu. Zwischendurch beobachtet sie mich bei der
Arbeit und bemerkt: »Ich konnte letzte Nacht nicht schlafen, ich weiß nicht warum.« Wieder und wieder erzählt
sie mir, wie müde sie sei. Ich möchte wirklich wissen,
wovon. Ihre einzige Beschäftigung ist, am Telefon mit
ihren Freundinnen zu plappern, das Fernsehprogramm
anzuschauen und mir Befehle zu erteilen.

Ich frage mich, ob sie vielleicht weniger müde wäre, wenn
sie ihre Hausarbeit selbst verrichten würde.

Ich glaube, wenn Mrs. Dunlap ihren Mann und ihr Kind
wirklich liebte, würde sie das Haus selbst in Ordnung
halten. Der alte Negersong fällt mir ein: »Du baust kein
Haus mit Hammer und Nägeln, mit Ziegeln, Mörtel und
Stein. Nur mit Liebe baust Du ein Haus und ein Heim.«

Ich putze die Fenster. Draußen, außerhalb der Welt der
Mrs. Dunlap und ihres Zuhauses, das eher Ähnlichkeit mit
einem Beerdigungsinstitut als mit einer Wohnung hat, ist
ein wundervoller strahlender Tag. »Soll ich die Jalousien
wieder herunterlassen«, frage ich, als ich fertig bin.

»Ja«, erwidert sie, »und ziehen Sie auch die Vorhänge zu.«

Plötzlich steigt vor meinen Augen das Haus meiner Kindheit auf, immer sonnendurchstrahlt, mit summendem Tee-
kessel, mit bunten Blumen – und darin meine vor sich
hin summende, heitere Mutter, die nie müde war. Um fünf
oder sechs Uhr am Morgen stand sie auf; sie kochte,
wusch, bügelte, hielt das Haus in Ordnung und gab ihrer
Familie Schutz und Wärme.

Ich schaue mich im Haus der Mrs. Dunlap um: keine Bücher, keine Zeitschriften, keine Musik – und dabei muß das Haus doch bestimmt 30 000 Dollar gekostet haben. Diese Umgebung hier läßt mich den Reichtum meiner eigenen Kindheit erst richtig einschätzen. Wir waren nicht arm! Wir hatten Bücher, ein Klavier, und wenn auf den Fußböden auch keine Teppiche lagen, so durchzog stets der Duft von Blumen und der gute Geruch von Mutters hausgebackenem Brot und der stets frisch gewaschenen und gestärkten Gardinen das Haus.

Am Nachmittag bügele ich wieder eine Unzahl von Kleidungsstücken. Immer wenn ich denke, daß ich fertig bin, erscheint Mrs. Dunlap mit einem neuen Stapel Wäsche. Mir ist übel, und ich bin vor Erschöpfung fast ohnmächtig. Mit letzter Kraft nehme ich mich zusammen und rufe mir ins Gedächtnis, daß ich für solche Krisen den Gymnastikklub in Washington besucht habe. Ich komme mir vor wie ein Gipfelstürmer, ich kann zwar nicht mehr, aber ich muß einfach weiter.

Irgendwann am Nachmittag setzt sich Mrs. Dunlap mit einer Tasse Kaffee in die Küche und beginnt auf eine Art mit mir zu reden, die mich sehr verblüfft. Sie quillt geradezu über von Enthüllungen über das Sexualleben ihres Mannes – Enthüllungen, die so eindeutig sind, daß sie mich unangenehm berühren. Sie läßt keinen Zweifel daran, daß er ein Versager ist. Und doch erzählt sie mir, daß er eine Freundin habe, bei der er zwei Nächte in der Woche verbringe. Sie spricht so hemmungslos zu mir, daß ich mir nicht vorstellen kann, sie könnte einer ihrer Freundinnen solche Geschichten erzählen. Sie spricht, als wäre ich hier und gleichzeitig doch nicht hier – so wie manche Leute sich unterhalten und dabei völlig vergessen, daß der Liftboy oder der Taxifahrer zuhören könnte. In diesem Sinn bin auch ich für sie eine Un-Person. Mir kann sie ungestraft solche Sachen erzählen, während sie ihren besten Freunden nur die Schokoladenseite zu zeigen versucht.

Ich bin fassungslos, daß ich nicht nur als Arbeitstier, sondern auch noch als Abfalleimer für sexuelle Intimitäten benutzt werde. Was immer ich auch antworten würde, sie käme nie auf die Idee, mich als intelligenten Menschen mit einer eigenen Meinung zu betrachten.

Solange es bei einer solchen Unterhaltung nicht Frage und Antwort gibt, kann ich mir nicht vorstellen, daß ihre Geständnisse sie von ihrer sexuellen Frustration befreien können. Ein Gespräch hat heilende Wirkung nur durch den Austausch von Gedanken und Empfindungen sowie durch das erwartete und gewährte Verständnis unter Gleichen.

Falls sie einsieht, daß auch eine Zwei-Drittel-Person müde werden kann und höflich und liebenswürdig behandelt werden möchte, wird sie den Menschen in mir erkennen müssen. Bin ich wie sie, wird sie den alten »Goldenen Regeln« folgen müssen, und es wird möglich für sie, einer Person wie mir einen vernünftigen Lohn zu zahlen oder sogar selbst ihre Kommode zu säubern. Da ihre Vorurteile und Stammessitten sie daran hindern, diesen Weg zu gehen, verrennt sie sich in dem Versuch, den Mythos zur Wahrheit zu machen.

Der Mythos bedeutet: während ich hin und her laufe und ihre Befehle entgegennehme, existiert mein wirkliches »Ich« gar nicht. Selbst wenn ich Newtons Gesetze oder Einsteins Theorien zitierte, bliebe ich für sie doch auf meinem Platz im Kastensystem – als eine Negerin, die ihr nicht gleichwertig sein kann und die nur geschaffen wurde, um jene Sklavenarbeit zu verrichten, für die sie und einige andere nicht geschaffen sind. Und ihrer Meinung nach ist dieses System von Gott gewollt.

Ich stehe seit vier Stunden und bügele. Meine Füße schmerzen unerträglich. Ich spüre, wie Wellen des Schmerzes meinen Körper durchziehen. Wenn man – ohne es gewöhnt zu sein – acht Stunden lang auf den Beinen ist und nur zehn Minuten Pause gehabt hat, zwingt einen die körperliche Erschöpfung am Schluß, pausenlos auf die Uhr zu starren.

Vier – fünf – sechs – sieben Stunden sind endlich vorbei. Hoffentlich kann ich noch eine Stunde aushalten. Ich beeile mich mit der Arbeit, so gut ich kann.

Als ich mit dem Bügeln endlich fertig bin, fehlen an meiner Arbeitszeit noch zehn Minuten. Mit honigsüßer Stimme fragt sie mich: »Oh, Sie sind wohl durch?« – »Ja«, sage ich und begehe dann den Fehler zu fragen: »Gibt es noch irgend etwas zu tun?« In ebenso honigsüßem Ton wie vorher antwortet sie: »Ich möchte, daß sie den Herd noch polieren.«

Ich breche fast zusammen und habe Mühe, nicht in Tränen auszubrechen. Ich nehme die Stahlwolle und reibe die verkrustete Herdplatte ab. Meine Finger sind rot und geschwollen.

Als ich endlich fertig bin, fragt sie mich: »Haben Sie Lust, regelmäßig in dieser Gegend zu arbeiten? Ich habe mit meinen Nachbarn gesprochen, und wir können Sie fünf Tage in der Woche beschäftigen.« »Wieviel würde ich bekommen?« frage ich zurück. »Sechs Dollar pro Tag.«

Das würde bedeuten, daß ich für 30 Dollar in der Woche meine Gesundheit kaputtmachte, vierzig Stunden arbeitete und mich Tag für Tag erniedrigen müßte.

»Ich werde Ihnen Bescheid geben«, sage ich.

Ich will weg von Jackson. Ich will durch Mississippi reisen, mit den Negern leben, die mich als dazugehörig akzeptieren, als ihre Verwandte, als ihre Schwester. Ohne einen einflußreichen Freund oder wenigstens einen Kontakt bin ich hier verloren. Ich zermartere mein Gehirn nach einem Ausweg.

In der Lynchstraße, die nach dem Neger John R. Lynch benannt wurde, der im Jahre 1872 Sprecher des Parlaments von Mississippi wurde und später drei Legislaturperioden lang Mitglied des Kongresses der Vereinigten Staaten war, entschließe ich mich zu einem Schritt, der mir zweckdienlich und vernünftig erscheint. Ich gehe zum Büro der NAACP. Dort werde ich von einem etwa sechzigjährigen hochgebildeten Neger empfangen.

»Ist Charles Evers hier?« frage ich.

»Nein, er ist nicht in der Stadt. Kann ich Ihnen helfen?«

»Ja, bitte.«

»Ich bin Alex Waites«, stellt er sich vor. »Kommen Sie herein.«

Mein tiefes Gefühl der Verlassenheit und Einsamkeit läßt mich die Freundlichkeit dieses Mannes wie ein sanftes Streicheln empfinden. Er ist ruhig, zurückhaltend, offenbar ein Mann, der das Rampenlicht scheut.

»Ich brauche wirklich Ihre Hilfe«, fange ich an. Ich habe mich entschlossen, frei und offen zu diesem Mann zu sprechen, weil ich auf seine Diskretion vertraue. So gehört er schnell zu dem halben Dutzend Freunde, die mein Geheimnis teilen. Er findet es weder skandalös noch besonders sensationell, daß ich eine Weiße bin, die sich als Schwarze ausgibt. Er hört mir mit freundlicher Aufmerksamkeit zu, als ich ihm meinen Wunsch erkläre, durch den Staat Mississippi zu reisen, mit Negerfamilien zu leben und die Probleme der Menschen in den kleinen Städten kennenzulernen.

Während der Unterhaltung erfahre ich ein wenig über meinen Gesprächspartner. Mr. Waites ist in New York geboren und hat fast sein ganzes Leben in der Großstadt verbracht. Im Jahre 1965 erkannte er, daß der Staat Mississippi für einen Mann wie ihn eine Herausforderung bedeute – und kam hierher.

»Ich habe gelernt, mich hier wohl zu fühlen. Sie werden das verstehen, wenn Sie erst einige der Freiheitskämpfer hier kennengelernt haben«, sagt er.

Waites verspricht mir, daß er mit den Leuten der NAACP, sogar mit dem Präsidenten Aaron Henry in Clarksdale reden will. Er schlägt mir vor, in ein paar Tagen wiederzukommen.

Ich komme wieder. Und er sagt, er habe eine Idee. »Sie sollten die Hudsons in Carthage kennenlernen«, sagt er. »Die wissen nicht, was Furcht ist.«

Waites erklärt mir, daß die Hudsons in jenem Gebiet leben, in dem 1964 drei Kämpfer für das Recht der Schwarzen umgebracht worden sind. Diese Vorgeschichte mag durchaus als eine Art Warnung klingen, aber Waites verspricht mir, daß er, wenn ich wirklich dorthin will, Cleo und Winson Hudson benachrichtigen wird. »Ich werde ihnen Ihre Geschichte erzählen, und wenn sie einverstanden sind und Sie aufnehmen, werde ich Sie am nächsten Sonntag hinüberfahren.« Die Angelegenheit ist schnell geregelt.

Am nächsten Sonntag gegen Mittag brechen wir auf. Wir fahren durch die Pinienwälder im Herzen Mississippis. »Die meisten der Hudsons und ihrer Verwandten haben eine viel hellere Haut als Sie«, erzählt mir Alex Waites und fügt hinzu: »Cleo Hudson wird es eine Freude sein, Sie als seine Cousine auszugeben.« Plötzlich lacht er amüsiert auf. »Ganz in der Nähe gibt es ein Reservat der Choctaw-Indianer. Bei Ihrer Hautfarbe werden die Rassisten nicht sicher sein, ob sie Sie als Indianerin oder als Negerin einstufen sollen.«

In der Nähe von Carthage ist auf dem Straßenpflaster das Zeichen KKK zu erkennen. Offenbar ist hier der Ku-Klux-Klan stark genug, um sogar auf öffentlichem Eigentum zu werben. Alex Waites wirft einen Blick auf die Zeichen, dann sagt er: »Die Hudsons haben jeden Tag ihres Lebens mit dem Klan leben müssen.«

Wir verlassen die Hauptstraße und fahren in Richtung Harmony, einer Negergemeinde von etwa 50 Familien und 35 000 Morgen Land. Der größte Teil des Gebiets ist mit Büschen, Pinien, Wäldern und Sträuchern bedeckt – also nicht kultiviert. »Unsere Freunde werden uns in der Nähe des Warenhauses erwarten«, sagt Waites. Der Wagen rutscht und schlingert über die rote Erde, die durch den dauernden Regen naß und glitschig geworden ist. In den Wäldern scheint es sich überall zu regen – von umherhuschenden Eichhörnchen, Rebhühnern und Rotwild.

Wir hören ein lautes Hupen. Hinter dem Steuer eines Wagens sitzt eine große Frau und gibt uns ein Zeichen stehenzubleiben. Ein langer dünner Mann mit karamelfarbener Haut springt aus dem Auto und läuft auf Alex Waites zu. Die Umarmung der beiden ist heftig, so wie die zweier Blutsbrüder.

Waites stellt mir Hudson vor, und der große Mann erklärt mit schwungvoller Armbewegung: »Sie sind uns so willkommen wie die Blumen.«

Beim Haus der Familie Hudson angelangt, lerne ich Winson kennen. Sie ist eine riesige Frau und sieht aus wie eine russische Bäuerin. Ihre Persönlichkeit aber scheint noch eindrucksvoller zu sein als ihr körperlicher Umfang.

Waites hatte mir schon erzählt, daß sie die Präsidentin der NAACP in Leake County ist, eine aktive Mitarbeiterin des Erziehungsprogramms für noch nicht schulpflichtige Kinder.

Sofort führt sie uns in die Küche. Es ist warm dort und es gibt zu essen. Auf dem Ofen kochen Schweinerippchen. Fasziniert starre ich auf ein totes Schwein, das in einer Wanne auf dem Küchenboden liegt und von dem die Rippchen gerade abgeschnitten worden sind. Das Tier wirkt auf eine merkwürdige Weise lebendig und starrt mich an, als wolle es feststellen, ob ich Freund oder Feind bin.

»Nehmen Sie eine Gabel und greifen Sie zu«, lädt mich Winson ein, als die Rippchen fertig sind. Die Rippchen sind ungemein fett und nichts für die städtischen Gaumen von Waites und mir. Aber wir füllen trotzdem unsere Teller – während das Schwein uns noch immer anklagend anschaut.

Während wir essen, erzählen die Hudsons und Waites von den gewalttätigen Übergriffen des Klans, von Bomben und Lynchjustiz, von den *Civil-rights*-Kämpfern James Chaney, Andrew Goodman und Michael Schwerner, die, nachdem sie aus dem Philadelphia-Gefängnis entlassen worden waren – vom Klan ermordet wurden – »nur ein Stück diese Straße hinunter«.

Sie erzählen von dem Geistlichen George Lee, der einmal der Leiter der NAACP war und der aus einem mit Weißen besetzten, fahrenden Auto von einem Kugelregen durchsiebt wurde. Die Reihe der Gemordeten scheint endlos. Lamar Smith wurde im hellen Tageslicht vor dem Gerichtsgebäude erschossen, als er die Neger aufgefordert hatte, in Brookhaven ungültige Stimmzettel in die Wahlurne zu werfen. Herbert Lee wurde in Liberty von einem weißen Abgeordneten erschossen. Wharlest Jackson, ebenfalls Leiter der NAACP, wurde durch eine in seinem Auto versteckte Bombe umgebracht. Vernon Damer, auch einer der Leiter der Organisation, verbrannte, als man sein Haus in Hattiesburg in Brand gesetzt hatte.

Ich höre dieser Aufzählung von Terrorakten mit dem Interesse des außenstehenden Beobachters zu. Doch als Alex Waites aufsteht und auf die Tür zugeht, fühle ich mich plötzlich wie ein fünfjähriges Kind, das von der Mutter in das Haus der Großmama gebracht worden ist und dort plötzlich allein gelassen zurückbleibt. Vielleicht fühlt Hudson meine Gedanken und Ängste: »Nehmen Sie noch ein paar Rippchen, Cousine«, fordert er mich auf und lächelt mir augenzwinkernd zu.

Nachdem Waites gegangen ist, sitzen wir drei um den kleinen Küchentisch und sind in ein ernstes Gespräch verwickelt, durch das wir uns aneinander herantasten. Den Hauptteil der Unterhaltung bestreiten jedoch die Hudsons.

Winson erzählt mir von ihrer Schwester Dovie Hudson. Sie heiratete einen Cousin. Jetzt ist sie Witwe mit elf Kindern. Sie war eine der ersten, die für die Aufhebung der Rassenschranken in den Schulen vor Gericht ging.

»Dovies Haus wurde zweimal mit Bomben beworfen«, erzählt Winson. »Im November 1967 versuchte der Klan durch die Hintertür in unser Haus einzudringen, um eine Bombe zu werfen. Unsere einzige Tochter, deren Mann in Vietnam kämpfte, lebte bei uns. Sie erwartete ein Baby. Cleo und ich rannten in den Garten hinaus und begannen zu schießen. Unser deutscher Schäferhund setzte den Mitgliedern des Klans nach und verscheuchte sie.

Ich rannte ins Haus zurück zum Telefon, um Dovie zu warnen. Doch als Dovie den Hörer abhob, hörte ich die Bombe explodieren – in ihrem Haus! Gleichzeitig hörte ich, wie ihre kleine Tochter schrie – Mama, Mama! Wie eine Verrückte rannte ich aus dem Haus, um Dovie zu helfen. Ihr Haus ist zwei Meilen weit entfernt. Cleo knallte hinter dem Klan her, bis die letzte Kugel verschossen war.

Unsere Tochter glaubte, der Klan würde auf uns schießen. Sie rannte hinter mir her, klammerte sich an mich und wollte mich ins Haus zurückziehen. Ich schüttelte sie ab, und sie fiel auf den harten Steinboden. ›Mama, ich bin verletzt‹, stöhnte sie.

Cleo und ich brachten sie, so schnell es ging, ins Krankenhaus. Es wurde eine Frühgeburt, und das Baby mußte eine Weile im Brutkasten liegen.

In derselben Nacht wurde der Mann meiner Tochter an der Grenze von Kambodscha verwundet. Sein Bein, sein Knie und seine Brust wurden verletzt. Die Kugel in seiner Brust sitzt direkt neben dem Herzen und wird dort stecken bleiben, solange er lebt.

Ich möchte nicht wissen, was er diesem Land gegenüber empfindet, das er mit seinem Leben verteidigt hat und in dem sein Sohn aufwachsen soll.«

Am nächsten Morgen, wir haben gerade wieder ein Stück von dem Schwein verspeist, kommt der Farmer Charles Johnson mit seiner attraktiven Frau Marie und dreien ihrer zehn Kinder zu einem Besuch vorbei. Cleo stellt mich als eine seiner Cousinen vor. Wir plaudern eine Weile miteinander. Schließlich gesteht Cleo mit leiser Stimme – und der Bitte an die Kinder, das Geheimnis zu bewahren –, daß ich nicht eine Cousine sei, sondern eine Weiße, die als Negerin lebt, um festzustellen, wie man die Schwarzen in Mississippi behandelt. »Sie werden bestimmt eine Menge feststellen«, bemerkt Marie Johnson.

Wir reden miteinander, als seien wir Christen in römischen Katakomben, die eher bereit sind, sich von Löwen fressen zu lassen, als ihren Glauben aufzugeben. Das Ganze wirkt wie die geheime Zusammenkunft einer Sekte – nicht aber wie die Unterhaltung »freier« Amerikaner in einem Wohnzimmer. Wie Getreidehalme sind wir – als einzelnes schwach und leicht, zusammengebündelt stark und widerstandsfähig.

Alle wollen mir helfen – aber wie? »Wenn der Klan herausfindet, wer Sie sind und wo Sie leben, werden sie uns und Sie töten«, meint Winson. »Wenn irgend etwas denkbar ist, das sie wütender macht als der Widerspruch eines Niggers, dann bestimmt die Tatsache, daß eine weiße Frau mit Niggern zusammen lebt.«

»Ja«, stimmt Cleo zu, »wenn Ihr Geheimnis in Carthage bekannt wird, werden Sie nicht nur keinen Job kriegen, nicht einmal den primitivsten, sondern Sie können von Glück sagen, wenn Sie mit dem Leben davonkommen.« Auch am nächsten Morgen noch schaut uns das tote Schwein in der Wanne beim Frühstück zu. Wir brechen früh auf und fahren nach Carthage. Ich sitze im Fond des Autos. Lange ehe wir die Stadt erreichen, fordern mich die Hudsons auf, mich auf dem Boden des Autos zu verstecken, damit kein Mitglied des Klans mich sehen und mißtrauisch werden kann.

Obgleich die weißen Rassisten, so erklären sie mir, die Neger nicht als Menschen betrachten, sind sie dennoch verstimmt und ärgerlich, sobald sie ein neues schwarzes Gesicht in der Stadt sehen. Es könnte ja sein, daß der

Fremde für die NAACP-Organisation arbeitet oder für das Wahlrecht eintritt. Für die Rassisten ist ein Fremder in jedem Fall ein Unruhestifter, ein »Roter« oder ein Verräter.

Die Hudsons parken hinter einer Tankstelle. Ich liege noch immer auf dem Boden des Autos. Sie sagen mir, daß sie nicht weit entfernt Johnson seinen Wagen parken sehen. Marie Johnson steigt aus, und ihr jüngstes, etwa fünfjähriges Kind an der Hand, geht sie langsam auf einen verabredeten Punkt zu. Derweil geben mir die Hudsons ein Zeichen, ich krieche aus dem Auto und schlendere die Straße entlang. Ich muß, um keinen Verdacht zu erregen, langsam gehen, dann wie zufällig auf Marie stoßen und mit ihr zum Gerichtsgebäude mit der Stellenvermittlung hinüberwandern.

Wir spüren die Blicke der Weißen geradezu körperlich auf uns, spüren, wie sie uns beurteilen, messen und bewerten. In den Augen all dieser Männer gehören wir ihnen – einfach durch das Recht der Geburt. Mit weißer Haut geboren zu sein, bedeutet automatisch, den Neger als Eigentum betrachten zu dürfen.

Sobald ein weißer Mann unseren Weg kreuzen will, gehen wir ein paar Schritte zurück, wenn ein Auto mit einem weißen Fahrer die Straße entlangkommt, springen wir schnell zur Seite. Wir wissen, daß ein schwarzer Fußgänger keinerlei Rechte hat.

Wir gehen eine Geschäftsstraße entlang, deren Ladenbesitzer sich weigern, schwarze Angestellte zu beschäftigen, ganz gleich, wie niedrig die Arbeit auch sei.

Die einzige Möglichkeit für einen Schwarzen, ein solches Geschäft zu betreten, ist mit einem gutgefüllten Portemonnaie, das ihm die »Freiheit« gibt, es auf dem Ladentisch der Weißen zu leeren. Anschließend hat er zurückzukehren – »auf seinen Platz«.

Eingefangen in dieser Atmosphäre des Hasses, fühle ich, wie die Angst in meiner Kehle hochsteigt. Warum habe ich Angst vor meinen Rassegenossen? Sie scheinen nicht mehr zu mir zu gehören. Sie sind Feinde auf feindlichem Territorium.

Ich erinnere mich an meinen Aufenthalt im kommunistischen Jugoslawien zu einer Zeit, in der kaum ein Amerikaner dorthin kam, an das kommunistische Ost-Berlin, wo ich mich immerzu beobachtet fühlte. Ich war bei den »Roten« in Rußland, lebte allein in einem Hotel und fragte mich ständig, ob mein Telefon kontrolliert und meine Post geöffnet werde. Auch glaubte ich mich immerzu verfolgt. Und trotzdem hat es keine jener Erfahrungen vermocht, mich auf diesen Weg zum Gerichtsgebäude von Carthage vorzubereiten.

Mein wildes Herzklopfen läßt mich den Terror in dieser Stadt körperlich empfinden. Dabei weiß ich genau, daß ich nie das empfinden werde, was sie, die schwarze Bevölkerung, empfindet, wenn sie an dieser gemeinen und elenden Fassade der weißen Menschheit vorbeiläuft, die dazu bestimmt ist, die hohle »Überlegenheit« der Weißen aufrechtzuerhalten.

Die Atmosphäre ist angefüllt mit Terror und Gewalt, einer Gewalt, die sich in jedem Augenblick gegen einen scheinbar dreisten und eingebildeten Nigger entladen kann. Wie wütend würde der Haß dieser Menschen erst sein, wenn sie wüßten, daß ich eine der Ihren bin, eine weiße Frau des Südens, die hier ist, um ihre Rassenvorurteile bloßzulegen und zu beleuchten. Es gibt keinen Stolz, der mit dem des gehässigen Weißen aus dem Süden zu vergleichen wäre. Eine weiße Frau in der Umgebung von Schwarzen zu wissen, ist für ihn unerträglich. In seiner eingebildeten Reinheit und Keuschheit würde er sich besudelt vorkommen.

Marie Johnson und ich gehen langsam und bedächtig wie in einem Wildwest-Film über die Straße. Das Ganze erinnert mich an den Western *High Noon*. Mrs. Johnson, das kleine dahintapsende Kind an der Hand, bewegt sich fast wie im Zeitlupentempo. Genauso langsam gehe ich an ihrer Seite. Wie schnell bin ich doch zu einem eingeschüchterten, unterdrückten und furchtsamen Geschöpf geworden, nur weil man es von mir, der schwarzen Frau, erwartet.

Wir gehen an einem riesigen, mit Lametta behängten Weihnachtsbaum vorbei und betreten das Gerichtsgebäude. Die Stellenvermittlung ist im 2. Stock. Wir setzen uns neben zwei andere Negerfrauen und warten, bis wir gefragt werden. Uns gegenüber hängt ein großes Plakat, das man aus Washington geschickt hat und auf dem versichert wird: »Hier gibt es keine Diskriminierung.« Unter dieser plakativen Phrase sieht man Amerikaner der verschiedensten Rassen und Kulturbereiche. Sie sind schwarz, weiß oder gelb – und alle lächeln einander in schönster Eintracht zu. Das Ganze kann nur von jemandem zusammengestellt worden sein, der den Staat Mississippi niemals auch nur von weitem gesehen hat. Hier ist dieses Plakat nichts wie Hohn, ein grimmiger, makabrer Witz.

Endlich kommt eine Frau von etwa 25 Jahren mit blassem Gesicht und abgebissenen Fingernägeln herein. Mit dem für Mississippi typischen schleppenden Dialekt ruft sie die Negerinnen nacheinander zu einem Tisch, hinter dem sie sich niedergelassen hat. Die Frau scheint nervös zu sein. Ihre Fragen haben nichts mit unseren Berufen zu tun. »Haben Sie sich jemals aktiv an der Wahlrechts-Kampagne beteiligt? Haben Sie irgend etwas mit dem Freiheitsprogramm zu tun gehabt? Haben Sie etwas mit den NAACP-Agigatoren zu tun gehabt?«

Ohne mich auch nur einmal anzusehen, ruft mich die weiße Frau auf. Meine Person interessiert sie nicht.

Kurz angebunden fragt sie: »Wollen Sie in der Fabrik arbeiten?« Doch ehe ich ihr eine Antwort geben kann, fügt sie hinzu: »Die Hauptfabrik hier am Ort schließt während der Ferien. Wir können Ihnen also keine Arbeit vermitteln«, und dann bricht sie kurz in ein nervöses

Kichern aus. »Es wird mindestens zwei Wochen dauern, ehe wir etwas Geeignetes für Sie finden werden«, sagt sie und bestätigt damit, was die Hudsons mir längst gesagt haben: daß ich keine Arbeit bekommen werde, ehe der Klan und die anderen weißen Rassisten meine politische Zugehörigkeit nicht genau geprüft haben.

Ich gebe vor, völlig mittellos zu sein, und frage, ob die Wohlfahrt mir nicht helfen könne. Sie schickt mich hinunter in den ersten Stock. Zwischen Spucknäpfen und Menschen, die hin und her rennen, sitze ich dort eine halbe Stunde. Ich habe Zeit genug, meine Umwelt zu beobachten, die weißen Angestellten, die von ihrer Kaffee-pause zurückkehren und an allen Ecken gemächlich herumtratschen. Kein Weißer nimmt mich wahr. Es ist, als säße ich hinter einer Glaswand, durch die man hinaus-, aber nicht hineinsehen kann. Endlich erscheint eine Dame mit hohen klappernden Absätzen und schreibt meine Personalien auf. Sofort falle ich in die Rolle der armseligen Negerin zurück, bin stur, depressiv, verfalle immer wieder in Schweigen und gebe nur mürrische Antworten. Schließ-lich stellt die Dame fest: »Sie sind eine Choctaw-Indianerin, nicht wahr?« Und ohne meine Antwort abzuwarten, schreibt sie »Indianerin« in die Personalien.

Sie zeigt jetzt zwar eine Art Interesse an mir, gibt mir aber gleichzeitig unmißverständlich zu verstehen, daß in Mississippi niemand Geld bekommt, es sei denn, er ist uralt oder hat mindestens ein Dutzend unmündiger Kinder oder ist blind oder liegt auf dem Totenbett.

»Sie sind doch schließlich arbeitsfähig?«

»Ja«, sage ich zum xten Mal. »Ich nehme jede Arbeit an.«

Ich bleibe sitzen, während sie vor meiner Nase mit ihren hochhackigen Schuhen hin und her stöckelt. Schließlich wird sie all der Fragerei müde: »Wir könnten Ihnen mit einer kleinen Spende unter die Arme greifen«, erklärt sie mir schließlich in einem Ton, als wolle sie einem streit-süchtigen Köter einen Knochen hinwerfen.

»Kleine Spende« bedeutet in Mississippi eine Tüte Weizenmehl oder Maismehl, die man hier »Schweinefutter« nennt. Cleo hat mir längst erklärt, daß man auf diese Weise Neger, die sich über ihr Elend beklagen, zum Schweigen bringt: »Holen Sie sich Ihre Spende.«

Man verspricht mir diese »Spende« natürlich nur, wenn ich noch hartnäckiger und intensiver versuche, Arbeit zu finden. Falls mir das nicht gelingt, muß ich mich nach einer oder zwei Wochen wieder beim Wohlfahrtsamt melden.

Draußen, auf einem Steinvorsprung neben den Treppen, sitzen inmitten ein paar anderer Neger Mrs. Johnson und ihre Tochter. Später treffen wir Charles, der uns zu dem mit den Hudsons verabredeten Treffpunkt fährt.

»Kommt, laßt uns zurück nach Hause zu unserem Schwein fahren«, sagt Winson. In der Küche präpariert Cleo einen Teil des Schweins, um Wurst daraus zu machen, und salzt den Rest ein. Winson geht ans Telefon, und ich wasche in der Zwischenzeit das schmutzige Geschirr ab.

Dabei kommt mir in den Sinn, daß nichts so geeignet für vertrauliche Gespräche und Bekenntnisse ist wie eine so altmodische Küche, in der gekocht und die Nahrung für die langen Wintermonate vorbereitet wird.

Cleo erzählt von den *Civil-rights*-Kämpfern: »Diese jungen Burschen waren die ersten Weißen, die in unsere Häuser kamen, mit uns lebten und mit uns aßen. Manchmal hatten wir in der Nacht so viele hier, daß man achtgeben mußte, wohin man trat. Sie schliefen in den Ecken und auf der Erde, sie waren völlig anspruchslos.

Winson und ich haben immer geglaubt, wir seien ziemlich militant, aber diese Burschen liefen herum und trotzten wirklich allen Geboten. Was die weiße Bevölkerung vor allem aufbrachte, war die Tatsache, daß diese Jungen und Mädchen – Schwarze und Weiße – sich offenbar amüsierten und Spaß am Leben hatten. Das war schlimmer, als wenn sie geschossen und Menschen getötet hätten. Die weißen Rassisten hier konnten das einfach nicht ertragen.

Schließlich kam es zum Eklat. Zwei weißhäutige Jungen gingen mit einem Negermädchen die Straße hinunter. Sie war aus New York. Einige Weiße von hier griffen die drei an, zerrten sie fort, sperrten sie ins Gefängnis und schlugen sie dort fast in Stücke.«

Plötzlich überfällt mich Cleo mit der direkten Frage: »Grace, könnten Sie einen Neger heiraten?« Er erklärt mir, daß er einem jungen weißen Mädchen, einer Bürgerrechtstreiterin aus New Jersey, dieselbe Frage gestellt habe. Sie habe ihm geantwortet: »Weiße Mädchen und schwarze Jungen, umgekehrt auch, sind natürlich befreundet – aber heiraten – nein, heiraten würde ich einen Neger nicht. Ich würde mir damit zu viele Probleme einhandeln.« Ich brauche eine Weile, bis ich mir die Antwort auf Cleos Frage überlegt habe. Schließlich sage ich ihm, daß ich einen solchen Schritt nie machen würde, um mich als Rebellin aufzuführen, auch nicht aus Liebe zu einer ganzen Rasse. Dies ist meiner Meinung nach gar nicht möglich. So wie viele weiße Mädchen des Südens die Neger gräßlich finden, können sie sie zugleich auch attraktiv finden – und umgekehrt. Ich habe von zu vielen Ehen zwischen Negern und weißen Frauen der ärmeren Schichten des Südens gehört, in denen die Konflikte mit wilden Argumenten herausgebrüllt wurden und die weiße Frau die Schläge, die ihr versetzt wurden, geradezu genoß, um so für die vergangenen Sünden des Südens zu büßen.

All das Geheimnisvolle und Verborgene, all die versteckten Sexprobleme sind heute ein ungelöstes Problem und Teil unseres nationalen Dilemmas. Der weiße Mann hat dem Schwarzen seine Würde seit Jahrhunderten verweigert – aber der weiße Mann schlief mit der Frau des schwarzen Mannes. Der weiße Mann erzählte den weißen Frauen, daß der schwarze Mann ein sexueller Gigant sei, und er drohte zugleich dem schwarzen Mann, er würde ihn töten, wenn er es auch nur wagte, eine weiße Frau anzusehen. Von all diesen Tabus ist heute nichts übriggeblieben als die Binsenwahrheit, daß Gegensätze sich anziehen oder daß man zuweilen gerade das will, was man nicht bekommen kann.

Aber wenn man erwachsen genug ist, um sich selbst zu kennen, um sein eigenes Leben für sich selbst und nicht für die Gesellschaft zu leben, hat man sich davon frei gemacht, wegen oder trotz der Hautfarbe eines anderen Menschen abgestoßen oder angezogen zu sein. In einem Wort, man ist frei.

Daß diese Dinge heute noch von so großer Bedeutung sind, liegt allein an den Sünden, die der weiße Amerikaner seit mehr als dreihundert Jahren begeht. Es wäre Cleo nicht eingefallen, zu fragen, ob ich einen Koreaner, einen Peruaner, einen Italiener, Juden oder Baptisten heiraten würde. Alle solche Fragen – mit Ausnahme des Schwarz-Weiß-Problems – erscheinen heute kleinkariert. Die Antwort des jungen Mädchens aus New Jersey, das nach Mississippi gekommen ist, um schließlich festzustellen, daß es keinen Neger heiraten würde, weil eine solche Ehe zu viele Probleme mit sich brächte, enttäuscht mich. Liebe auszuschließen, weil sie Probleme bringen könnte, bedeutet, einen Teil des Lebens auszuschließen.

Cleo hat den Rest des Schweins verarbeitet, klemmt sich ein Gewehr unter den Arm und fragt mich, »ob ich ihn auf einer Informationsfahrt begleiten möchte«.

»Sie sehen, wie arm wir sind – jetzt will ich Ihnen aber ein paar wirklich arme Menschen vorführen«, sagt er. – Wir fahren in das Haus von Mrs. Clement Johnson, einer Witwe mit vierzehn Kindern und keinem anderen Einkommen als 90 Dollar pro Monat von der Wohlfahrt. »Wenn Sie in das Haus kommen, seien Sie vorsichtig und brechen Sie sich kein Bein. Es gibt dort ebenso viele Löcher in den Böden wie im Dach«, warnt Winson mich. Die paar Möbelbrocken im Haus und die Kleider, die die Kinder tragen, sind Geschenke, die Winson irgendwie für die Familie aufgetrieben hat.

185

Später besuchen wir eine Indianerin. Sie heißt Ethel, ist 37 Jahre alt und hat mehrere Kinder. Ihre älteste Tochter ist fünfzehn und genauso dick wie die Mutter. Für kurze Zeit hat sie die weiße Schule in Carthage besucht, aber ein paar Eltern der weißen Klassenkameraden streuten das Gerücht aus, sie sei schwanger. Sie wurde von der Schule verwiesen, obgleich ein Arzt feststellte, daß sie nicht schwanger war.

Es ist offensichtlich, daß Ethel keinerlei Rassendiskriminierung praktiziert. Das fünfzehnjährige Mädchen hat einen Indianer zum Vater, das schlafende Baby in der Ecke einen Weißen, und in Ethels Armen liegt ein anderes sechs Monate altes Kind, dessen Vater ein Neger ist. Lachend sagt sie zu Winson: »Dies hier ist halb meine und halb deine Rasse.«

Mit einem Anflug von Mütterlichkeit sagt Winson plötzlich: »Ethel, gib mir dieses da!« Darauf verfällt Ethel in die Sprache der Choctaw-Indianer und gibt eine Antwort, die Cleo und Winson zum Lachen bringt. Ethel hat den Hudsons erzählt, daß eine weiße Fürsorgerin, empört über dieses Liebesleben ohne Rassenschranken, gedroht habe, sie werde ihr die Kinder wegnehmen. Ethel hat die Fürsorgerin daraufhin so lange mit den Fäusten traktiert, bis sie schreiend weggelaufen ist. Sie ist auch nie mehr wiedergekommen.

Nach vier Tagen habe ich es aufgegeben, hier einen Job zu finden. Auf derselben Straße, die ich zusammen mit Alex Waites nach Carthage gefahren bin, kehre ich – diesmal im Bus – jetzt nach Jackson zurück, kehre heim in das Summers-Hotel. Als erstes rufe ich Waites an. Er sagt mir, daß Charles Evers wieder in Jackson sei und er ihm meine Geschichte erzählt habe. Sofort gehe ich zum NAACP-Büro, Evers steht da und begrüßt mich mit einer stürmischen Umarmung. Lachend nennt er mich »Indianerin!«. Er hatte davon gehört, daß das Wohlfahrtsamt in Carthage mich irrtümlich für eine Choctaw gehalten hat.

»Haben Sie schon zu Mittag gegessen?« fragt er mich. Es ist drei Uhr nachmittags, und ich habe längst gegessen, aber ich möchte ihm gern Gesellschaft leisten. Aus einer Tischschublade zieht er eine 38er Pistole und steckt sie in das Schulterhalfter unter seinem Jackett. Im Auto legt er die Pistole neben sich auf den Sitz. Als wir den Wagen geparkt haben, um in das Restaurant zu gehen, steckt er die Pistole in das Halfter zurück. »Ich gehe niemals ohne Pistole weg«, erklärt er und fügt hinzu: »Ich hoffe, es stört Sie nicht.«

»Oh, nein«, sage ich. »Ich fühle mich sicherer, wenn Sie so ein Ding bei sich haben.«

Ich spüre die leise Ironie, die darin liegt, daß eine Schußwaffe in der Hand des schwarzen Mannes mir das Gefühl gibt, gegen die Weißen geschützt zu sein. Und nur als Schwarze unter Schwarzen kann ich die Notwendigkeit nachempfinden, sich mit einer Waffe zu schützen.

In dem Farbigen-Restaurant herrscht nachmittägliche Ruhe. Wir setzen uns in eine Nische, und er bestellt verschiedene Soul-Spezialitäten. Während des Essens erzählt er, und ich hänge fasziniert, traurig und manchmal entsetzt an seinen Lippen.

Die Wirkung, die die jungen Verfechter der Bürgerrechte 1964 in Mississippi hervorgerufen haben, war geradezu revolutionär und schüttelte die festgegliederte Gesellschaft dieses Staates ziemlich durcheinander. Hinter Evers nüchterner und bestimmter Art verbirgt sich eine tiefemotionale Einstellung.

»In kleinen Städten wie Carthage oder sogar Jackson war es für die weißen Bewohner geradezu atemberaubend, mitanzusehen, wie schwarze und weiße junge Menschen miteinander lebten, ohne sich um die Hautfarbe des anderen zu kümmern. Um die Wahrheit zu sagen, ich selbst war sprachlos vor Staunen, denn so etwas hatte es in Mississippi noch nie gegeben. Ich konnte den jungen Menschen nur alles Gute wünschen und hoffen, daß sie in keine ernsthaften Schwierigkeiten geraten – daß sie mit dem Leben davonkommen würden.

Ungefähr tausend junge Leute kamen nach Mississippi – schwarze und weiße –, sie hielten einander bei den Händen und gingen durch die Straßen. Die Mehrheit der weißen Bevölkerung konnte diese Integration nicht schlucken, vermochte aber im Augenblick nichts dagegen zu unternehmen. Mit anderen Worten, wir verwirklichten das, was Aaron Henry einmal die ›Theorie des Erbrechens‹ genannt hat. Wir gaben dem weißen Mann so viel Integration zu essen, daß es ihm den Magen umdrehte. Wir gaben ihm mehr und mehr – er schluckte und schluckte –, bis er sich irgendwann daran gewöhnte, den Anblick schwarzer und weißer Gemeinsamkeit zu ertragen.«

Dann wendet sich Evers der jahrhundertealten Praxis des weißen Mannes zu, die schwarze Frau für seine sexuellen Wünsche zu mißbrauchen. »Der schwarze Mann hat all dem seit mehr als dreihundert Jahren zugesehen. Sie haben ihn gleichsam entmannt. So müßte er erst wieder lernen, Hosen zu tragen – müßte wieder zum Mann werden.«

Er erinnert sich an die Jahre seiner Jugend, die er mit seinem jüngeren Bruder Medgar verbrachte, der 1963 von einem weißen Rassisten getötet wurde.

»Wir waren einander immer so nah, und wir haben uns geschworen, daß der eine die Aufgabe des anderen übernehmen würde, wenn ihm etwas passieren sollte.«

Zunächst begannen sie, den weißen Mann zu hassen. »Viele Nächte hindurch lagen wir wach und entwarfen Pläne, wie wir für jeden ermordeten Schwarzen zwei Weiße umbringen würden. Wir wollten Waffenlager anlegen und entwickelten eine Taktik, nach der der eine den anderen zu einer bestimmten Stelle fahren und selbst umkehren würde, während der andere einen Weißen erschießen und mit dem Bus zurückkommen würde. Auf diese Weise wären alle Spuren verwischt.

Unsere Mutter war eine wundervolle gläubige Frau. Sie gehörte zu denen, die ihre Religion für gute und nicht für böse Dinge benutzte. Irgendwie ahnte sie, was wir vorhatten, ohne es genau zu wissen. Sie betete für uns. ›Mein Sohn‹, sagte sie eines Tages, ›ich bete für Medgar und dich. Ich möchte, daß ihr lieben lernt, statt zu hassen.‹ Und langsam brachte sie uns zu der Einsicht, daß man durch Haß nichts gewinnen kann, daß jeder Mord nur zu einem neuen Mord führt und so fort.

Medgar blieb hier und arbeitete in der Bürgerrechtsbewegung. Ich ging nach Chicago und war dort als Kaufmann tätig. Aber als man ihn erschossen hatte, kam ich sofort hierher zurück und wußte, was ich zu tun hatte. Ich versuchte, da weiterzukommen, wo er aufgehört hatte. Ich möchte meinem Bruder mit meiner Arbeit ein Denkmal setzen. Die Menschen von Mississippi haben ihn wirklich geliebt. Alle haben ihn gekannt – alle jene, die für die Freiheit kämpfen, kannten ihn so gut, wie ich ihn kannte – wie einen Bruder.

Die zwei wichtigsten Dinge für uns Schwarze sind erstens das Stimmrecht, das »schwarze Macht« bedeutet. Und zweitens die »grüne Macht«, Geld, die ökonomische Kontrolle über einen Teil des Grundbesitzes und einen Teil der Wirtschaft.

Unser Stimmrecht wird alles in diesem Staat umwälzen. Mississippi ist ein guter Staat. Und ich bin überzeugt, daß die Schwarzen aufhören werden, aus diesem Staat wegzuziehen. Mississippi ist unsere Heimat – und wir lieben sie genauso sehr wie die Weißen. Wir alle können lernen, hier in Frieden zu leben.

Ich glaube sogar, daß die Südstaatler, daß die Bürger von Mississippi bei der Bewältigung der Rassenprobleme sogar schon weiter vorangekommen sind als die Leute in den großen Städten. Hier kommt einer mit dem anderen täglich in engen Kontakt. Wir leben näher beieinander, wir kennen einander, wir kennen unsere Namen, unsere

Fehler und unsere Vorzüge, und wenn der weiße Mann von Mississippi sich endlich überwunden hat, wird er bestimmt unser Freund. Ich bin sicher, es wird uns gelingen, friedlich in diesem Staat zu leben – und schneller, als viele Menschen glauben.«

Nach dem Essen fahren wir zurück zu Evers Büro. Er selbst geht in eine Konferenz, und ich spreche mit Waites, der für mich telefonisch die Möglichkeit arrangiert, mit NAACP-Mitgliedern in den Randgebieten des Staates zusammenzukommen: in Städten wie Indianola und Clarksdale im Flußdelta.

»Ich habe Carver Randle, dem Präsidenten unserer Organisation in Indianola, Ihre Geschichte erzählt und auch Aaron Henry in Clarksdale informiert. Sie werden dort erwartet, und man wird Sie, so gut es geht, vor den weißen Rassisten zu schützen versuchen.«

Es ist wirklich merkwürdig: ich brauche die Schwarzen, damit sie mich vor meinen weißen »Brüdern« im Süden beschützen.

Am nächsten Morgen steige ich in den Bus zum Delta – ein reiches Gebiet mit armen Menschen in der nordwestlichen Ecke von Mississippi. Die Städte des Deltas wirken abgeschlossen, gegen alles Fremde verbarrikadiert, freudlos und einsam. Dabei sind die Hauptstraßen jeder dieser häßlichen kleinen Zitadellen weißer Überlegenheit mit rotem, grünem und silbernem Lametta geschmückt wie mit prächtigen Halsbändern, Lautsprecher tönen in den grauen Himmel: »Friede auf Erden und den Menschen ein Wohlgefallen.« Diese Phrase spricht der Realität hohn. Denn die Bevölkerung des Staates Mississippi – fünfzig Prozent Weiße und fünfzig Prozent Schwarze – weiß wenig vom Frieden. Hinter dem Lametta und den tönenden Bekundungen versteckt sich eine haßerfüllte Welt in einer unentwirrbaren Situation. Eine engagierte Kerngruppe in der schwarzen Bevölkerung lebt und stirbt für jene Freiheit, die Männer wie Alex Waites und Charles

Evers in Jackson, die Hudsons in Carthage und viele andere, die aus dem gleichen Holz geschnitzt sind, ihnen definiert und ausgemalt haben.

Bei Winona, einer entlegenen verstaubten Busstation, steigen wir alle aus, um den Bus zu wechseln. Wir betreten den mir inzwischen nur zu gut bekannten, winzigen, schlechtriechenden Warteraum. Dieser hier hat ein halbes Dutzend Bänke, die aus irgendeinem Klassenzimmer stammen. Die Bänke sind für sechs- bis zehnjährige Kinder gedacht und haben an der rechten Seite eine Schreibplatte. In der Busstation sehen sie geradezu grotesk aus. Aber die weißen Unternehmer sind scheinbar der Meinung, sie seien gut genug für die – zumeist schwarzen – Passagiere, die ja anpassungsfähig und unwürdige Behandlung gewöhnt seien.

In diese Bänke könnten wir uns allenfalls mit Verrenkungen hineinquetschen. Es gibt hier nicht mal eine Selbstbedienungsbar, wo man sich bei einem Kaffee oder einer Coca-Cola hinhocken könnte. Nein, wir sind in Mississippi – und da dem weißen Unternehmer bekannt ist, daß er, würde er so eine Bar aufmachen, nach dem Landesgesetz Schwarze und Weiße in gleicher Weise bedienen müßte, werden eben gar keine Erfrischungen verkauft. Und selbst die Toilettenräume sind nach Eintreffen des Busses nur fünfzehn Minuten lang geöffnet. Also hat man sich hier auch in seinen natürlichen Bedürfnissen nach den Regeln des weißen Mannes zu richten.

Wir haben eine Stunde Wartezeit. Mit Mrs. Parker, einer älteren, doch sehr munteren Frau, die im Bus neben mir gesessen hatte, schlendere ich zu der Milchbar ganz in der Nähe. An der Getränkeausgabe scheucht uns plötzlich eine zornige weiße Frau aus unerfindlichen Gründen davon. »Diese Seite ist für euch verboten! Eurer Platz ist da drüben!« Sie deutet auf ein rückwärtiges Fenster, vor dem schon ein paar Neger stehen. Weder Mrs. Parker noch ich hatten dieses Fenster vorhergesehen.

Wir nehmen den Protest nicht zur Kenntnis und bestellen einen Milchshake und Pfannkuchen. »Wo ist der Unterschied?« frage ich die weiße Frau. »Wir warten alle auf den Bus . . .«

»Ich will mit euch Pack nicht reden!« schreit sie. Und als die blonde Verkäuferin sie ignoriert und weiterhin Neger bedient, dreht die Weiße sich auf dem Absatz um und läuft schimpfend weg. Ich frage mich, wie viele Millionen »freier« weißer Amerikaner wohl so sind wie sie. Sie alle verbergen hinter ihrem Haß auf die Schwarzen ihre eigene Unsicherheit.

Als der nächste Bus ankommt, steigen Mrs. Parker und ich erleichtert ein und setzen unsere Fahrt in Richtung Greenwood fort. Wir sprechen über Byron de la Beckwith, dessen Heimatstadt Greenwood ist.

»Er ist Vertreter für Düngemittel und gehört dem rassistischen Verein weißer Bürger an«, klärt Mrs. Parker mich auf.

»Das Gewehr, mit dem Medgar Evers erschossen wurde, gehörte ihm. Man hat ihn auch des Mordes an Evers beschuldigt, aber er wurde zweimal vergeblich angeklagt. Und in Mississippi ist es noch nie vorgekommen, daß jemand dreimal angeklagt worden ist. So wird Beckwith also sicher ohne Strafe davonkommen. Jedenfalls läuft er noch immer als freier Mann herum.

Er ist ein kleiner stämmiger Mann Mitte der Vierzig. Jeder in der Stadt weiß, daß er Gewehre sammelt. Er trägt immer einen Revolver bei sich, und er ballert gern damit herum. So laut, daß jeder es hören kann, ruft er anderen Weißen zu: ›Wir wissen schon, wie man die Nigger in unserem Staat zu behandeln hat!‹«

Ich frage Mrs. Parker: »Hat er nicht sogar für den Posten des stellvertretenden Gouverneurs kandidiert?«

Mrs. Parker nickt, und ihre Stimme ist bitter. »Und er hat auch eine Menge Stimmen bekommen.«

In Greenwood verläßt Mrs. Parker den Bus.

Während meiner Weiterfahrt nach Ruleville fühle ich mich einsamer denn zuvor. Ich folge einem Reiseplan, den Alex Waites für mich ausgearbeitet hat und der mir die Möglichkeit gibt, so viel wie möglich vom Staat Mississippi zu sehen. Endlich erreichen wir die Indianola-Greyhound-Station, an der Carver Randle mich abholen soll.

Der Bus ist zehn Minuten zu früh angekommen und hält vor einem Gebäude, das Ähnlichkeit mit einer riesigen Blechdose hat und in dem ein Lager untergebracht ist. Kahl und nackt hebt es sich aus der Landschaft, in der es weder Bäume noch Sträucher gibt.

Ich stehe in dem eiskalten Wind, schaue in jedes Gesicht, betrachte die Neger, die aus dem Bus gestiegen sind und von ihren Familien oder Freunden abgeholt werden. Ich entdecke niemanden, der Carver Randle von der NAACP sein könnte. Aber da der Bus zu früh angekommen ist, bleibt mir nichts anderes als zu warten.

Ich zittere vor Kälte. Ich habe gesehen, wie ein paar von den Busfahrern in das Lager-Büro hineingegangen sind. So gehe auch ich hinein, bleibe aber gleich am Eingang stehen. Durch ein Fenster starre ich auf die Straße und schaue nach Randle aus. Da höre ich, wie eine weiße Frau mich von hinten geradezu anspuckt:

»Was macht denn die hier? Schafft sie hier 'raus!«

Als weiße Frau bin ich niemals in einem solchen Ton angesprochen worden. Es ist wie ein Schock. Wie angenagelt bleibe ich auf der Stelle stehen und mache gewiß kein sehr geistreiches Gesicht.

»Du kannst hier nicht stehenbleiben!« ruft mir ein Mann zu, der offensichtlich der Besitzer oder Geschäftsführer des Lagers ist. »Mach, daß du hier herauskommst! Für euch gibt es um die Ecke einen Raum.«

Halb erfroren, unsagbar einsam und völlig durcheinander verlasse ich wie ein geprügelter Köter das Haus.

Der »Warteraum« für Neger hat etwa die Größe eines

Besenschrankes. Zwei schwarze Mütter sitzen mit ihren Kindern auf einer Bank. Stühle gibt es nicht. In dem Kabuff ist auch kaum noch Platz zum Stehen, aber ich zwänge mich zwischen die Schwarzen und bin dankbar für den Schutz und die Wärme. Ich sehe mich nach der Toilette um. Die Tür ist ganz in der Nähe, aber daran hängt ein großes, unübersehbares Schild: »Außer Betrieb.« In Mississippi bedeutet das: »Nur für Weiße.«

Direkt daneben ist eine andere Tür. Sie hat ein kleines Klappfenster, durch das der weiße Fahrkartenverkäufer die Dollars der Schwarzen entgegennimmt und ihnen ihre Tickets zuschiebt. Das ganze System hier ist wirklich einfallsreich geplant. Die Weißen bleiben auf ihrer Seite, abgesondert von den Negern, die keinen Ausschank und keine Toilette haben. So besteht nicht die geringste Gefahr, daß ein Weißer berührt, was vorher ein Nigger berührt hat.

Ich gehe zu dem kleinen Fenster hinüber und schaue in das Gesicht des Mannes, der mir befohlen hatte, mich zum Teufel zu scheren. Als ich ihn frage: »Wo ist das Telefon, bitte?« antwortet er heftig: »Es gibt keins! Ein Telefon in dem Warteraum hält sich nicht. Ihr verdammten Nigger habt es aus der Wand gerissen.« Als hätte man mich selbst beschuldigt, lasse ich meinen Blick über die Wände gleiten. Hier hat es nie ein Telefon gegeben.

Ich gehe wieder hinaus, um nach Carver Randle Ausschau zu halten. Der kalte, beißende Wind nimmt mir den Atem, und ich sehne mich nach einem schön geheizten Raum. Wieder wage ich mich zu der »weißen« Tür hinüber, entdecke zu meinem Entsetzen, daß ich ausgeschlossen worden bin. Zurück zu dem Warteraum für Farbige und zu der Tür mit dem Klappfenster. Ich öffne sie und betrete das billige, kärglich eingerichtete Büro.

»Darf ich Ihr Telefon benutzen?« frage ich dort eine Frau, dieselbe, die mich vorher schon angebrüllt hatte. Daß ich mein schwarzes Gesicht schon wieder hereinstecke, ruft bei ihr fast einen Tobsuchtsanfall hervor. »Wir haben dir schon einmal gesagt, daß du hier nichts zu suchen hast!«

»Ja, aber ich muß dringend telefonieren«, sage ich, und an diesem Punkt kann ich nicht mehr schwarz oder weiß denken, sondern fühle mich nur noch müde. »Ich muß jemanden anrufen, der mich hier abholen sollte.«

Sie starrt mich an, als wäre ich eine Kriminelle. Nie zuvor habe ich ein so haßverzerrtes Gesicht gesehen. Schließlich fragt sie mich eisig: »Welche Nummer wollen Sie anrufen?«

Offensichtlich nimmt sie an, daß ich ein Dienstmädchen sei, das von der weißen Herrschaft abgeholt werden soll. Ich gebe ihr die Telefonnummer von Carver Randle. Widerwillig beginnt sie zu wählen. Sie will mir den Hörer nicht in die Hand geben und fragt: »Sag mir deinen Namen, damit ich weiß, wer abgeholt werden soll.«

Warum gibt sie mir den Hörer nicht herüber? Hat sie Angst, daß meine schwarze Hand Spuren hinterlassen könnte? Darf ich nicht anfassen, was sie anfaßt? Verpestet meine Gegenwart die Luft, die sie atmet?

»Geben Sie mir bitte den Hörer herüber«, sage ich mit meiner normalen ruhigen Stimme – aber doch fest. »Ich spreche englisch und kann mich selbst verständigen.«

Daß ich gewagt habe, sie anzusprechen – ihr zu widersprechen –, hat einen neuen Wutausbruch zur Folge. »Wie komme ich dazu, du schwarze Hure!« schreit sie. Am anderen Ende der Leitung ist Mrs. Randle und kann ihr Gebrüll mit anhören. »Bildest du dir ein, du kannst einfach hier hereinkommen und mir Vorschriften machen?« Ihre Augen starren mich an wie die einer Schlange, als sie mir zuzischt: »Mach, daß du hier 'rauskommst!« Der kleine Raum hat sich plötzlich in einen Hexenkessel voll Haß verwandelt.

Ein Busfahrer, der hereingekommen ist, mischt sich sofort ein: »Ich habe noch nie eine so aufsässige Negerin gesehen, und ich werde, verdammt noch mal, Manns genug sein, um dieses Weib hier 'rauszuschmeißen!«

Ohne irgendwelche Gefühle zu zeigen, bleibe ich stehen. Innerlich bebe ich vor Angst und Wut. Habe ich irgend etwas gesagt oder getan, was diese entsetzliche Haßwelle ausgelöst haben könnte? Warum beschimpft man mich auf so eine widerwärtige Weise? Durch das kleine Fenster kann ich die zwei schwarzen Mütter mit ihren Kindern sehen. Sie spüren genau, in welcher Situation ich bin. So etwas ist ihr lebenslanger Alltag. Und wenn sie sich unbeteiligt geben, so ist das nichts anderes als Selbstschutz. Sie können nie aus ihrer schwarzen Haut heraus. »Schwarze Hure« – die Worte gellen in meinen Ohren. Ich versuche, den beiden dunklen Gesichtern in dem Türfenster zuzulächeln. Doch die Augen der Frauen bleiben ausdruckslos. Sie sind Zeuginnen eines erbärmlichen Rituals, das für sie nicht neu ist. Schmerz und Wut – beides haben sie längst zu unterdrücken gelernt.

»Wenn du nicht sofort hier verschwindest, rufe ich die Polizei!« schreit die weiße Frau.

»Ja«, sage ich mit einer Stimme, die ich selbst nicht erkenne, »tun Sie das.«

Sie wählt die Nummer der Polizei und faucht in den Hörer: »Hier ist ein Niggerweib und stiftet Unruhe!« Unterdessen setze ich mich auf den Stuhl vor ihrem Tisch. Ich will bestimmt nicht gern ins Gefängnis gehen, aber in diesem Augenblick ist es mir egal. Ich werde es weder darauf anlegen – noch etwas dagegen tun. Vorbei an dem vor Wut entstellten Gesicht der Weißen schaue ich durch das Fenster auf die ergeben dasitzenden beiden Negerinnen und denke: Was wäre, wenn eine von ihnen sich in meiner Rolle befände? Wenn eine von ihnen es gewagt hätte, das Telefon zu benutzen?

Ich höre, wie der Eigentümer des Lagers die Haupttür öffnet. Ein Neger, sorgfältig gekleidet, betritt in einer sehr selbstsicheren Art den Raum.

»Bursche, was willst du?« fragt ihn der Weiße.

»Augenblick mal«, gibt der junge Neger zurück. »Was meinen sie mit ›Bursche‹?«

Der Eigentümer wiederholt seine Frage: »Was willst du hier?«

Der Neger erkundigt sich nach einem bestimmten Bus. Der Weiße murmelt eine Auskunft, und der Neger geht hinaus.

Ich habe das Ganze nur halb mitbekommen. Bald darauf höre ich eine Polizeisirene. Ein Streifenwagen hält vor der Busstation. Es geht über meinen Verstand, daß dies mit mir zu tun haben soll. Ich kann mich nicht erinnern, welches Unrecht ich begangen habe.

O doch – und es kommt darauf an, daß ich alle meine Sinne zusammen habe. Ich werde den Polizisten sagen, daß ich nichts anderes wollte als das Telefon benutzen. Ich werde versuchen, ruhig und freundlich zu sein, und die Polizisten werden gewiß schnell begreifen, daß ich eine respektable und anständige Person bin. Aber dann wird mir klar, daß ich ja schwarz bin und daß weiße Polizisten wahrscheinlich alles glauben werden, was die Weißen gegen mich vorbringen. Im Grunde ist es nicht einmal ihre Schuld. Ihre Erziehung und ihre Ausbildung machen sie so befangen, daß sie »Wahrheit« nur in dem zu sehen vermögen, was die Weißen sagen. Ganz gleich, welche Erklärung ich auch abgebe – für sie werde ich doch nur das »aufsässige Negerweib« sein.

Die Sirene verstummt, der Polizist springt aus dem Wagen, legt seine Hand auf die Pistolentasche und betritt den Raum. »Was ist los hier?«

»Diese Niggerin hier macht uns Ärger«, schreit die weiße Frau.

Der baumlange Busfahrer mit der Hakennase fährt dazwischen: »Verdammt noch mal, ich hätte das Weib längst hinauswerfen sollen.«

»Sie bildet sich ein, der Warteraum für Neger, wohin

sie gehört, sei nicht gut genug, und sie könnte einfach hier hereinkommen«, erklärt der Eigentümer.

Der Polizist hört all dem zu und schaut mich von vornherein so an, als wäre ich eine miese kleine Kriminelle. Ich versuche ihm zu erklären, daß ich nur das Telefon benutzen wollte: »Schließlich ist das hier doch eine Busstation, es muß für die Fahrgäste ein Telefon geben.« Er hört mir gar nicht zu, sondern befiehlt mir, ins Polizeiauto zu steigen.

Er betrachtet mich als verhaftet und will mich offenbar ins Gefängnis von Indianola bringen. In diesem Augenblick betritt ein weißer Geistlicher den Raum. Mit ihm kommt jener junge Neger, der sich vorher gegen die Anrede »Bursche« gewehrt hat.

»Wer ist das, den Sie da verhaften?« fragt der Priester.

»Die Negerin hat den Betrieb hier gestört, sie hat randaliert...« Die Stimme des Polizisten wird immer unsicherer.

Der Geistliche gibt nicht nach: »Weshalb verhaften Sie sie?«

»Ich bin Pfarrer Walter«, wendet sich der Geistliche an mich, und der junge Schwarze fügt hinzu: »Und ich bin Rudy Shields.« Ich nenne meinen Namen, und sie sagen, daß Carver Randle sie geschickt hat, um mich abzuholen. Wie ein verschreckter Hund beginnt der Polizist sich zurückzuziehen. »Na ja«, murmelt er nervös.

Offenbar hat er begriffen, daß der Geistliche ihn mit der Macht der katholischen Kirche und Rudy ihn mit der Macht der NAACP konfrontiert. »Ich lasse sie frei und übergebe sie Ihrer Obhut.« Dann steigt er in seinen Wagen und fährt, diesmal ohne Sirenengeheul, eilig davon.

Nichts an Walters Erscheinung ließe einen vermuten, daß er ein Vater der militanten Schwarzen ist. Er wirkt so unscheinbar, daß man ihn kaum beschreiben kann. Er ist mittelgroß, trägt eine Brille, hat ein angenehmes Benehmen und eine leise Stimme. Er könnte ebensogut Bauer oder ein kleiner Geschäftsmann sein. Nichts als der weiße Stehkragen identifiziert ihn als Geistlichen der katholischen Kirche. Nur Shields und seine Rassegenossen wissen, daß unter der Soutane ein mutiger Mann und ein Verfechter der Bürgerrechte steckt.

Shields hat seinen Wagen vor der Tür geparkt. Nachdem wir drei eingestiegen sind, erzählt Rudy, er habe vorhin nur kurz hereingeschaut und dann zu dem Geistlichen gesagt: »Da drinnen ist eine Farbige, die offenbar Ärger hat.«

Die beiden haben dann noch eine Weile gewartet, weil sie dachten, ich käme vielleicht mit einem späteren Bus. »Randle hat uns gesagt, Sie wären eine weiße Frau, die sich als Schwarze ausgibt. Wir konnten nicht damit rechnen, daß Sie ›wirklich‹ eine Schwarze sind.«

»Ich erinnere mich daran, daß Sie hereinkamen«, antworte ich, »aber ich war ziemlich durcheinander, wie Sie sich vorstellen können.«

»Wir müssen dafür sorgen, daß diese Schikanen aufhören«, erklärt Rudy. »Neunzig Prozent der Passagiere, die im Staate Mississippi die Greyhound-Busse benutzen, sind schwarz. Deshalb brauchen wir uns das nicht gefallen zu lassen. Ohne die schwarze Bevölkerung würde das Unternehmen hier sehr schnell Pleite machen.«

Pfarrer Walter und Rudy Shields fahren mich zum Haus einer Mrs. Nannie Tubbs. Ich soll während meines Aufenthalts in Indianola bei ihr wohnen. Mrs. Tubbs ist Witwe. Die warme und überlegene Persönlichkeit dieser Frau gibt mir das Gefühl, ein »Kind« zu sein, das nie zu erwachsen wird, um in die Arme der Mutter zu flüchten. In ihrem kleinen behaglichen Wohnzimmer mit riesigen Sesseln und Couchen glüht ein Gasofen. Doch wir gehen gleich in die Küche, wo Mrs. Tubbs uns Hühner zubereitet. Die schützende Atmosphäre dieses Hauses wirkt wie Balsam auf meine Wunden. Mrs. Tubbs' Ehemann ist mit

36 Jahren gestorben, ihre zehn Kinder sind längst erwachsen und leben außerhalb – aber Mrs. Tubbs ist durch ihre Kraft doch so etwas wie die Mutter einer ganzen Gemeinde geblieben.

Als Konvertitin besucht sie die Gottesdienste in der Kirche von Pfarrer Walter, zu denen fast nur Schwarze kommen. Und wenn sie nicht betet, dann beteiligt sie sich an der Vorbereitung von Boykott-Unternehmungen gegenüber weißen Geschäftsleuten.

»Wenn wir schon die Gehirne der Weißen nicht erreichen können, dann müssen wir uns eben an ihren Geldbeutel halten«, erklärt Mrs. Tubbs. »Vielleicht hören sie uns dann zu. Die weißen Rassisten sind schon schlimm genug, aber die Onkel Toms sind noch unerträglicher«, sagt sie mit großer Bestimmtheit. »In den Schulen haben die schwarzen Kinder weder die gleichen Klassenzimmer noch die gleichen Lehrer oder Bücher, die für die weißen Kinder zur Verfügung stehen. Zwei von unseren Onkel Toms – sie sind Schulleiter – tun brav, was die Weißen von ihnen verlangen. Sie sollten unsere ›Führer‹ sein, aber sie halten uns nur zurück – sie hemmen die geistige Entwicklung der Negerkinder. Immer wieder sagen wir den Weißen: ›Setzt diese Onkel Toms ab‹ – oder ihr bekommt Ärger mit uns. Aber die Weißen wollen sie natürlich behalten, weil sie bequem und unterwürfig sind. Aus diesem Grund haben wir zum Boykott der Geschäfte in der Innenstadt aufgerufen. Alle diese Läden haben weiße Besitzer.«

Auf einer Versammlung schwarzer Militanten erklärt Pfarrer Walter am nächsten Tag: »Wir müssen uns der Schwarzen annehmen, die sich nicht an den Boykott halten. Da muß etwas geschehen. Wir müssen die Schwarzen ›lehren‹, sich von allen Geschäften mit weißen Besitzern fernzuhalten. Und wenn sie unseren ›Belehrungen‹ nicht folgen – nun, ich habe davon gehört, daß es so etwas gibt wie einen ›Geist‹, der herumzieht. Dann muß eben der sie ›belehren‹.«

Nach der Versammlung verteilen sich die Militanten im Innern der Stadt, um alle jene, die sich nicht an den Boykott halten, zu »belehren«. Zu dieser militanten Gruppe gehören auch sechs junge Mädchen: Pearl, Lula Belle, Dorothy Mae, Bessie, Annie Lou und Willette. Sie beobachten, wie schwarze Frauen aus einem Lebensmittelgeschäft kommen. Pearl packt ein paar Kohlköpfe und haut sie den Frauen um die Ohren. So also wirkte der »Geist«, auf den Pfarrer Walter angespielt hat.

Mit Sirenengeheul erscheint die Polizei, nimmt die »Geister«-Mädchen fest und bringt sie ins Gefängnis.

Schon wenig später haben Pfarrer Walter und Rudy Shields 500 Dollar Kaution aufgetrieben. Zusammen mit Rudy fahre ich zum Gefängnis, um die Mädchen auszulösen.

Als wir ankommen, hat der Polizeichef das Mädchen Pearl, das erst fünfzehn Jahre alt ist, aber schon ein Kind hat, gerade in die Mangel genommen. Das Mädchen wirkt riesengroß. Sie trägt Männerkleider. Über ihren ausgewaschenen Jeans hängt ein Herrenhemd. Der Polizeichef, bleich, mager, mittleren Alters, macht Pearl Vorhaltungen wegen ihres unmoralischen Lebenswandels und ihres illegitimen Babys. Schweigend und herausfordernd starrt das Mädchen ihn an.

»Manche Ihrer Verbrechen sind noch viel schlimmer!« schreit sie ihm plötzlich ins Gesicht. »Jawohl, ich kenne meine Fehler. Sie brauchen mich nicht darauf aufmerksam zu machen. Meine sogenannten Verbrechen kann jeder wissen, aber die Ihren werden hübsch versteckt. Sie sind unsichtbar. Darum kämpfe ich für das Bürgerrecht. Darum bin ich auch bereit, mein Leben einzusetzen. Die noch jünger sind als ich – und auch mein Baby – sollen einmal eine bessere Chance haben, als ich sie hatte.«

Sie beruhigt sich, als sie Rudy und mich sieht. »Wo sind die anderen?« fragt Rudy.

»Sie haben uns alle eingesperrt. Mich hat er nur heraus-

geholt, um mir zu erklären, wie mies ich bin«, sagt Pearl.
»Die Kaution beträgt 500 Dollar«, erklärt der Polizei-
offizier. Mit ironischem Lächeln fordert Rudy ihn auf:
»Schreiben Sie die Entlassungen aus, ich habe das Geld!«
Nacheinander kommen die Mädchen aus der Zelle. Lula
Bell erzählt: »Die Polizisten haben geflucht und uns
gemein beschimpft, und ich habe gesagt: ›Hören Sie auf,
so widerlich mit uns zu reden.‹ Da hat einer gefragt: ›Was
hast du gesagt?‹ Ich habe wiederholt, daß er mit wider-
lichen Schimpfworten um sich werfe. Er hat behauptet,
das sei nicht wahr. Aber jeder in der Zelle hat es schließ-
lich gehört.«
»Was hat er gesagt?« frage ich.
»Er hat gesagt: ›Wir dulden das nicht hier in Indianola.
Wir haben die Schnauze voll von euch verdammten Arsch-
löchern. Wir werden euch den Arsch vollhauen.‹ Und
dann hat mich der Polizeiwachtmeister brutal gegen die
Wand geschleudert. Ja, das hat er«, fährt sie fort. »Sie
haben Dorothee geschlagen und versucht, sie mit brutalen
Prügeln zu zwingen, ›Ja, Sir‹ und ›Nein, Sir‹ zu sagen.
Aber sie hat es nicht getan, sie hat ihm nur in das fette
Gesicht gelacht. Dann haben sie uns eingesperrt und
gesagt: ›Es wird lange dauern, ehe ihr hier wieder heraus-
kommt!‹«
Ich frage die Mädchen, womit sie sich in der Zelle die
Zeit vertrieben haben.
»Wir haben Freiheitslieder und Spirituals gesungen«,
sagt Bessy. »Wir haben gesungen ›We Shall Overcome‹
und ›Go, Tell It on the Mountain‹ und ›Free at Last‹ und
›We Are Soldiers in the Army‹.«
Ich fahre zurück in Mrs. Tubbs Haus. Dort bin ich gebor-
gen. Ich fühle mich ihr so nah. Mir ist bewußt, wie wunderbar und selten es ist, daß zwei Frauen so schnell
Freundschaft füreinander empfinden und Vertrauen
zueinander haben. Es tut gut, frei miteinander reden zu
können.

Sie hat ein hartes Leben gehabt, aber Rückschläge, selbst Katastrophen haben ihre Kraft nicht brechen können. Ihr verstorbener Mann hat nie mehr als 42 Dollar in der Woche verdient, aber trotzdem haben sie es fertiggebracht, alle zehn Kinder auf Colleges außerhalb des Staates Mississippi zu schicken. »Sie hätten sonst keine Chance gehabt«, sagt Mrs. Tubbs voller Stolz.

Sie selbst hat an der Seite ihres Mannes auf den Feldern gearbeitet oder sich als Putzfrau in den Häusern der Weißen verdingt. Als ich ihr erzähle, wie hemmungslos die »Lady« in Jackson über ihr Sexualleben gesprochen hat, schüttelt Mrs. Tubbs den Kopf und sagt:

»Sie tun das besonders gern. Mir hat mal eine erzählt, daß sie mit einem anderen Mann schläft. Ich habe ihr geantwortet: ›Erzählen Sie mir so etwas lieber nicht, ich könnte vielleicht ein Stück ‚taubes Ohr‘ verschluckt haben.‹ Sie hat mich gefragt, was das ist, und ich habe ihr erklärt: ›Das ist die Herzklappe vom Herzen eines Schweines oder einer Kuh. Wenn man das gegessen hat, erzählt man alles, was man weiß – vielleicht könnte ich Ihrem Mann erzählen, was ich weiß, wenn er nach Hause kommt. Ja, ich habe von dem ‚tauben Ohr‘ gegessen, und ich werde Ihrem Mann alles erzählen.‹ Aber sie wollen einfach darüber reden. Sie fragen einen auch nach den Negerinnen aus, wollen wissen, ob diese oder jene mit einem weißen Mann schläft. Ich gebe ihnen immer die gleiche Antwort: ›Ich habe keine Ahnung, denn ich habe keine Zeit, mich darum zu kümmern.‹

Es ist merkwürdig, sie behandeln uns schwarze Frauen schlecht, verweisen uns immer wieder auf unseren Platz. Aber wenn sie wirklich in Schwierigkeiten sind, brauchen sie uns plötzlich. Wenn sie glauben, Hilfe von dir erwarten zu können, klammern sie sich an dich. Sie scheuen sich nicht einmal, sich an deiner Schulter auszuweinen.

Sie wissen genau, was Kummer bedeutet. Sie wissen, wie furchtbar es ist, wenn ein Kind stirbt. Warum töten sie dann unsere Kinder? Warum töten sie schwarze Kinder? Diese Kinder haben genauso eine Mutter wie ihre weißen Kinder. Sie wissen genau, wie schlimm es für sie ist, wenn eines ihrer Kinder mit dem Auto losjagt, es zuschanden fährt und dabei umkommt. Aber das hindert sie alle nicht, nachts durch die Stadt zu fahren und Neger umzulegen. Solche Sachen machen nichts aus – aber sie heulen sich an deiner Schulter wegen irgendwelcher Kleinigkeiten aus, die sie leicht hätten vermeiden können. Sie könnten so viel vermeiden, wenn sie mehr an die Rechte der Menschen denken würden, anstatt nur immer an die Rechte der Weißen.«

»Niemals habe ich einer meiner Töchter erlaubt, in der Küche einer weißen Familie zu arbeiten«, fährt Mrs. Tubbs fort. »Keines meiner Kinder hätte das tun dürfen. Ich kenne die Art und Weise nur zu genau, in der der weiße Mann versucht, sich einer Schwarzen zu bedienen – und dann der anderen Rasse die Schuld zuschiebt. Ich wußte, jedem meiner Mädchen hätte so etwas passieren können, und darum habe ich sie zu Hause eingesperrt. Ich habe ihnen erlaubt, auf die Felder zu gehen und Baumwolle zu pflücken oder die Furchen zu hacken, aber niemals hat eines meiner Kinder die Küche des weißen Mannes betreten. Diese Kerle machen sich an schwarze Mädchen heran, sobald die eigene Frau das Haus verlassen hat.

Schauen Sie sich all die Mulattenkinder an. Sie sind bestimmt nicht von einem schwarzen Mann und einer weißen Frau gezeugt worden, sondern von einem weißen Mann und einer schwarzen Frau. Und die Mulatten kommen sozusagen in die Abfalltonne – zurück zur schwarzen Rasse. Auch dann, wenn ihre Augen noch so blau sind. Sie gelten als Neger – sind in Wahrheit aber zugleich auch Weiße.

Weil er schwarz ist, lebt der Neger immer in schlechten Verhältnissen. Wenn du nicht ganz genau kalkulierst, wenn du nicht lernst, jeden Cent fünfmal umzudrehen, wirst du irgendwann immer in Not geraten. Und genau darauf wartet der weiße Mann. Wenn dir das Wasser bis zum Hals steht, bekommt er, was er will. Wieviel Weiße treiben es mit Negerinnen: Manchmal verlassen sie sogar ihre Frauen und hauen mit einer Negerin ab. Aber solche ›Flitterwochen‹ sind meistens bald vorbei. Und ihre Frauen bleiben zu Hause sitzen und warten. Und die schwarzen Männer? Sie sind einfach machtlos. Manchmal werden sie in solchen Affären einfach umgebracht. Das ist nun mal die Wahrheit.

Der weiße Mann hat es immer verstanden, sich gegenüber dem schwarzen in ein besseres Licht zu setzen. Er jagt den weißen Frauen Todesangst vor den Negern ein. Aber wenn eine weiße Frau ›Vergewaltigung‹ heult, ist es sicher eine Lüge. Vielleicht benimmt er sich – aus Angst – manchmal daneben. Und dann starrt er auch schon mal eine weiße Frau an – aber deswegen will er sie noch lange nicht vergewaltigen.

Wenn ein weißes Mädchen ein Negerbaby erwartet, wird das Baby nie geboren. Entweder bringen sie die Frau vorher um, oder sie lassen sie mitsamt dem Baby verschwinden. Aber der weiße Mann darf schwarze Frauen schwängern. Natürlich! Das gibt es jeden Tag. Manchmal erkennen die Weißen ihre Kinder sogar an. Und sie unterstützen sie. Aber es bleiben immer Negerkinder – jede Unterstützung bedeutet ein Geschenk. Das ist ganz anders als bei ihren ›legitimen‹, den weißen Kindern!«

Eine Nachbarin, Mrs. Annie Baker, hat sich zu uns gesellt. Sie schildert die Mißstände in Mississippi genauso hart wie Mrs. Tubbs.

»Ich würde keine meiner Töchter in die Küche eines weißen Mannes gehen lassen. Was dabei herauskommt, können Sie ja überall sehen: weiße Neger. Die Weißen haben es auf diese Weise fertiggebracht, unsere Rasse zu ruinieren. Die schwarzen Männer sind daran schuldlos! Ich habe schon so oft Mrs. Tubbs gesagt, wenn ich noch meine Gesundheit und meine Kraft hätte und es gäbe noch zwanzig andere Frauen wie sie und mich, dann würden wir es ihnen schon zeigen. Aber die meisten haben nicht den Nerv, sich aufzulehnen. Ich habe nie Angst gehabt! Ich bin jetzt 74 Jahre alt, aber ich habe mich nie gefürchtet, mich nie gebeugt wie so viele andere Farbige. Ich habe diesen Stolz wohl von meiner Mutter geerbt. Sie war eine Frau, die sich vor nichts gefürchtet hat. Wenn sie ein weißer Mann belästigte, hat sie ihn genauso angefaucht, wie sie es mit einem Schwarzen getan hätte. Und sie hat sich auch nicht gescheut, ihre Fäuste zu gebrauchen!

Der Weiße nimmt es sich bei uns heraus, den Schwarzen ›Burschen‹ zu nennen, und der Schwarze läßt sich das gefallen. Er läßt sich als ›Bursche‹ bezeichnen und kratzt sich verlegen am Kopf! Er sollte endlich anfangen, dem Weißen klarzumachen, daß er ein Mann ist.

Die Frauen hier sind einfach stärker als die Männer. Die meiste Aktivität kommt von den Frauen.

Aber ich habe immer noch Hoffnung, und ich bete. Ich bete darum, daß ich es noch erleben darf, wie unsere um Jahrhunderte zurückgeworfene Rasse sich erhebt und endlich anerkannt wird.

Es hat in diesem Staat nur einen Geistlichen gegeben, der uns dabei hätte helfen können. Dieser Mann war Willy Porter. Gott hat ihn zu früh sterben lassen. Die meisten anderen sind für die Weißen nur zu bequem. Unsere Führer, unsere Prediger und unsere Lehrer – sie alle haben immer gesagt: ›Habe Geduld, warte. Die Verhältnisse werden sich bessern‹ – aber man muß sich schon selbst helfen, wenn man die Verhältnisse bessern will. Man kann nicht einfach dasitzen und die Hände in den Schoß legen. Unsere Lehrer und Prediger, die uns eingeredet haben, wir müßten geduldig sein und warten, immer wieder warten, sie haben uns nicht geholfen, sondern uns zurückgeworfen. Pfarrer Willy Porter war von ande-

rem Kaliber. Er glaubte an die freien Wahlen, an das Bürgerrecht und an die Gleichberechtigung der Rassen. Ich
kann mich erinnern, daß man einmal eine riesige Gruppe
von Freiheitskämpfern zusammen mit Pfarrer Porter
eingesperrt hat. Am nächsten Tag sind viele Schwarze aus
unserer Stadt zum Gefängnis gegangen und haben die
Freilassung von Pfarrer Porter, dem führenden Geistlichen der Stadt, gefordert. Aber er hat sich geweigert –
er hat gesagt, er würde keinen Fuß aus dem Gefängnis
setzen, bevor nicht alle anderen auch freigelassen würden.
Schließlich blieb den Weißen nichts anderes übrig, als alle
zusammen freizulassen. Während man sie auf einen Lastwagen zurück zum Pfarrhaus der Stadt brachte, kochte
ich zusammen mit anderen schwarzen Frauen so viel zu
essen, wie überhaupt nur aufzutreiben war. Schließlich
kamen sie an. Pfarrer Porter hat den Lastwagen nicht
eher verlassen, bis der letzte vor ihm auf die Straße ge-
sprungen war. Dann erst ist er selbst heruntergeklettert,
hat sie alle gesegnet und ist davongegangen. Dieser Mann
war wirklich ein Führer unseres Volkes!«
Spät in der Nacht kletterte ich wie ein kleines Mädchen
in Mrs. Tubbs großes Bett. (Merkwürdig, daß einem das
Bett einer Mutter immer so groß vorkommt!) Sie schiebt
mir ein Kissen unter den Kopf, und wir reden die ganze
Nacht hindurch.
Sie erzählt mir von der Zeit, als sie noch verheiratet war,
erzählt mir, daß ihr Mann sich den Weißen niemals
gebeugt hat. Sie spricht von ihren Kindern: »Wie oft
haben wir alle zusammen auf dem Boden gesessen und
miteinander gespielt. Mein Mann und ich waren genauso
albern und ausgelassen wie unsere Kinder. Wir haben sie
geliebt und wirklich mit ihnen gelebt. Immer wieder habe
ich ihnen gesagt, du bist genauso gut und wertvoll wie
irgend jemand sonst, du bist nicht besser, aber du bist auch
nicht schlechter. Mit meinem Mann ging der Stolz auf
unsere Kinder manchmal durch, und dann sagte er Ihnen:

›Ihr seid die Besten, es gibt keine Kinder, die so gut sind wie ihr.‹«

Sie erzählt, wie hart sie sich manchmal durchschlagen mußten, wie oft sie gehungert haben, damit es den Kindern gutging. Und als das Weihnachtsfest kam, hat sie ihren Kindern ruhig erklärt: »Es gibt keinen heiligen Nikolaus.«

»Wollten Sie Ihre Kinder nicht belügen?« fragte ich.

»Nein, mein Mann hat wie ein Sklave geschuftet, damit wir ein paar Orangen, ein paar Nüsse und ein paar Süßigkeiten kaufen konnten. Ich hätte es nie übers Herz gebracht, meinen Kindern zu erklären, daß diese schwererarbeiteten Köstlichkeiten das Geschenk irgendeines weißen Heiligen wären. Ich habe meinen Kindern ganz klar gesagt, kein Heiliger und kein Vater auf dieser Welt ist so gut wie euer Vater, und er hat euch diese Geschenke gebracht!«

Im Gemeindesaal der St.-Benedicts-Kirche findet am nächsten Abend ein Gemeinschaftsessen statt. Von zwei oder drei Ausnahmen abgesehen, sind alle schwarz. Eine weiße Katholikin, die sich mit Mrs. Tubbs angefreundet hat, hat zum erstenmal ihren weißen Ehemann mitgebracht. Völlig verstört und mit krankem Gesichtsausdruck starrt der Mann auf das dunkle Heer der Schwarzen um ihn herum.

»Möchten Sie etwas essen?« fragt Mrs. Tubbs ihn. »Ich weiß nicht«, antwortet er verwirrt und fühlt sich offensichtlich völlig verloren ohne seine Frau, die sich mit ihrem Teller mitten zwischen die Schwarzen gesetzt hat.

»Ich kann Ihnen etwas in der Küche zurechtmachen«, bietet Mrs. Tubbs ihm an.

»Ja, danke«, stottert er.

Er wirft noch einen Blick auf seine Frau, die zwischen all den dunkelhäutigen Frauen an einer langen Tafel sitzt. Dann geht er mit mir und Mrs. Tubbs zusammen in die Küche. Das Unbehagen und die Unsicherheit im Gesicht dieses weißen Mannes faszinieren mich. Wie ein verlassenes Kind trottet er hinter uns her und scheint von der Persönlichkeit Mrs. Tubbs' einfach überwältigt. Ihre Art, mit ihm zu sprechen, ist mütterlich und bestimmt, als wisse sie genau, daß sie ihm nur auf diese Weise helfen kann. Endlich entspannt er sich, und als er das gebackene Huhn und den hausgemachten Schokoladenkuchen mit Sahne verspeist, schluckt er zusammen mit Mrs. Tubbs gutem Essen seine Befangenheit herunter.

»Na, wo ist nun der Unterschied?« fragt Mrs. Tubbs ihn. Der Mann ist ganz in sein Essen versunken, er trinkt ein wenig heißen Punsch und sagt anerkennend: »Das ist gut, das ist wirklich gut.« Gleichzeitig nimmt er Mrs. Tubbs' Frage auf und wiederholt: »Der Unterschied?«

Mrs. Tubbs lacht und übergeht seine Frage. Er beendet seine Mahlzeit, dann lehnt er sich zurück und sagt mit genießerischem Behagen: »Es hat wunderbar geschmeckt, ich danke Ihnen.«

Freundlich und ernsthaft gibt sie ihm zur Antwort: »Ich freue mich, daß Sie da sind.«

Ein paar der militanten schwarzen Negermädchen kommen in die Küche gelaufen, um Mrs. Tubbs etwas zu fragen. Pearl ist bei ihnen. Mir fällt ein, daß morgen Sonntag ist, und ich frage die Mädchen, ob eine von ihnen mit mir zusammen in die Kirche gehen will. »In eine der weißen Kirchen«, sage ich plötzlich hart. Pearl, Lula Bell und Dorothee wollen mit mir gehen. Für jeden von uns bedeutet dieses Unternehmen eine Herausforderung. Keine weiße Kirche in Indianola hat es je geduldet, daß Neger dort die Messe besuchen.

Rudy Shields kommt in die Küche, um sich noch ein wenig Kuchen zu holen. Wir erzählen ihm unseren Plan. »Viel Glück!« ruft er laut und erzählt uns, was passierte, als er und andere Bürgerrechtsverfechter eines Tages diese Barrikade erstürmen wollten. »Die lieben weißen Mitglieder der Kirchengemeinde standen mit Stöcken und Knüppeln an der Tür und prügelten uns die Treppe hinunter.«

Als Pfarrer Walter von unserem Plan hört, ist er begeistert. Er bietet uns an, uns mit dem Wagen durch die Stadt zu fahren, um uns die weißen Kirchen zu zeigen. Es ist dunkel, und wir können nicht viel mehr als die Umrisse der Kirchen erkennen.

»Das hier ist die Erste Methodistenkirche«, erklärt der Geistliche. »Vielleicht schafft ihr es, da hineinzukommen. Ich bezweifle es zwar, aber vielleicht gelingt es. Ihr würdet es bestimmt nie schaffen, in die feine Erste Baptistenkirche des Ortes einzudringen. Ihr wißt sicher, daß sogar ihr nationales Hauptquartier die Trennung zwischen Schwarz und Weiß praktiziert.«

Pearl ist Baptistin und ich Methodistin. So machen wir unsere Witze und laden einander in »ihre« oder »meine« Kirche ein. Schließlich entscheiden wir uns, es doch in der Baptistenkirche zu versuchen.

Sehr früh am Sonntagmorgen verläßt Mrs. Tubbs das Haus, um die Messe in der St.-Benedicts-Kirche zu besuchen. Nervös und aufgeregt bleibe ich zurück. Werden die Mädchen mich abholen? Werden wir unseren Plan durchführen können? Es ist ein kalter und verregneter grauer Morgen. Schließlich rufe ich die Baptistenkirche an und erkläre, ich käme aus Jackson und sei nun hier in der Stadt und so weiter. Ein Mister Atkins, offensichtlich ein Mitglied der Gemeinde, sagt: »Selbstverständlich sind Sie mehr als willkommen!«

Um elf Uhr ruft Mrs. Tubbs mich an: »Sind sie noch nicht da?«

»Nein, und es ist schon so spät.«

Sie beruhigt mich. »Die Mädchen werden bestimmt kommen. Sie haben es Ihnen versprochen, und sie halten ihr Wort.«

In der Garderobe finde ich ein paar von Mrs. Tubbs' Hüten und probiere einen nach dem anderen auf. Einer von den Hüten ist aus weichem schwarzem Samt und läßt den größten Teil meines ungepflegten schwarzen Haares frei. Ich probiere noch ein paar andere, dann entscheide ich mich für den Samthut.

Endlich, um zwanzig nach elf kommen Pearl, Willette und Dorothee May dann doch. Wie im Chor sprudeln sie heraus: »Sind wir zu spät? Ja, wir sind sicher zu spät. Wollen Sie es wirklich noch versuchen?«

Die drei scheinen ziemlich nervös zu sein. Willette macht sich an ihrem Rocksaum zu schaffen, der sich an einer Stelle zu lösen anfängt. »Niemand wird darauf achten!« rufe ich ihr zu, denn ich bin sicher, daß die Weißen ihre schwarze Haut viel aufmerksamer betrachten werden als ihren Rocksaum. Trotzdem schlage ich vor, in Mrs. Tubbs' Kleiderschrank nach einer Sicherheitsnadel zu fahnden, während ich ein Taxi bestelle.

Willette, Dorothee May und ich setzen uns nach hinten ins Taxi, es fällt kein Wort. Pearl sitzt vorn neben dem Fahrer. Ich hatte Pearl bisher nur in Jeans gesehen, heute sieht sie wie verwandelt aus. Ihr Haar ist schlicht und hübsch frisiert – und so wie sie angezogen ist, wirkt sie nur halb so gewaltig wie in männlicher Verkleidung. Als das Taxi sich der Baptistenkirche nähert, murmelt Pearl mit einer fast tonlosen Stimme vor sich hin: »Mir wäre wohler zumute, wenn Bessie dabei wäre.« Ihre rauhe, zögernde Stimme hat einen Unterton, der Böses ahnen läßt. Ein seltsamer Gedanke, jetzt gleichsam auf die Suche nach dem verlorenen Schaf Bessie zu gehen. Das würde unseren ganzen Plan zunichte machen, denn wir sind ohnehin schon sehr spät dran.

»Also was ist denn nun eure Meinung?« frage ich resigniert. Keine Antwort. Schließlich habe ich nicht allein die Entscheidung zu treffen. »Nun sag schon, was du meinst, Pearl. Deine Entscheidung soll für uns alle gelten.« Aber Pearl wiederholt nur: »Mir wäre mit Bessie wohler zumute.« Sie spricht kurz mit dem Fahrer, das Taxi wendet, und wir fahren zunächst einmal zu Bessie. Pearl geht ins Haus, aber Bessie hat ihre Sonntagssachen schon ausgezogen. Doch Lula Belle ist da. Sie ist noch richtig angezogen und deshalb bereit, uns zu begleiten.

Wir fahren zurück zur Kirche. Wie eine Festung ragt sie an einer Straßenecke empor. »Wo ist der Haupteingang?« frage ich die Mädchen, aber keine von ihnen hat auch nur die leiseste Ahnung.

Wir versuchen es mit einem halben Dutzend Türen. Schließlich öffne ich eine und spähe hinein. Ich bemerke sofort, gingen wir hier hinein, wären wir wirklich »mittendrin«, ganz weit vorn, gleich neben der Kanzel. Nirgendwo sehe ich eine leere Reihe. Das würde also bedeuten, daß wir einzeln hineingehen und uns zwischen unsere weißen Brüder und Schwestern zwängen müßten.

»Willst du den Anfang machen?« frage ich Pearl.

Sie nickt. Pearl, Willette und ich betreten den Kirchenraum und steuern auf eine freie Stelle in der zweiten Reihe zu. Dort sitzt ein Mann, neben sich ein schlafendes Kind. Er war gerade noch dabei, das Kind etwas näher zu sich heranzuziehen, als er mit sichtlichem Entsetzen feststellt, daß wir schwarz sind. Sofort beginnt seine Abwehrreaktion: er legt das Kind demonstrativ über die ganze Breite der noch leeren Stelle in der Stuhlreihe. Aber jetzt haben wir Mut gewonnen, wir weichen nicht zurück und lassen uns in der ersten Reihe nieder.

Alle sitzen wir da, mit erhobenen Gesichtern wie hungrige Kinder, die auf Nahrung warten. Und die ganze Zeit habe ich das Gefühl, daß der steinerne Kirchenbau unter der Last unserer Gegenwart zu vibrieren beginnt. Wir sind so spät gekommen, daß das ganze einleitende Zeremoniell schon vorbei ist: die Kirchenlieder sind gesungen, die Bibeltexte verlesen, die Spendenteller herumgereicht. Jetzt ist der Augenblick gekommen, da der Prediger sich erheben muß – und er muß sich vor uns allen erheben.

Was wird er in einer solchen Situation sagen? Was wird er seiner nunmehr gemischten Herde verkünden? Daß wir alle Gottes Kinder sind? Wird er uns sagen, wir alle sollten unsere Armseligkeit vergessen und an die ewigen Dinge denken. Wird er uns sagen, daß es einen Gott im Himmel gibt, daß dort oben alles auf das beste geregelt ist, während das Durcheinander nur auf der Erde besteht? Oder wird er sagen, daß wir alle nur geboren sind, um für einen Augenblick zu leben und dann zu sterben. Und daß auf dieser kurzen Strecke Liebe besser ist als Furcht? Der Prediger steht auf. Er ist ein großer gutaussehender Mann.

»Auch im Leben eines Pfarrers«, so beginnt er, »gibt es Augenblicke, in denen er nicht weiß, welchen Weg er einschlagen soll, was er tun soll.« Und er läßt seine verwirrte Herde wissen, daß das Böse in ihrer Mitte lauert. Stets und ständig habe man vor dem Satan auf der Hut zu sein.

»Aber solche Situationen«, fährt er fort, »erfordern Gelassenheit von uns.« Er sagt das mit einer betont ruhigen Stimme. Bleib ruhig, so können wir Sonntag predigen und Montag lynchen. Die Taktik dieses Mannes ist, so scheint mir, die Krise gleichsam in die Gemeinde zurückzuwerfen. Es ist ihr überlassen, damit fertigzuwerden, wenn sie will. Er selber zieht sich auf die Frage zurück: Was sollen wir tun? Schließlich gibt er doch einen Hinweis: »Unter den gegenwärtigen Umständen ist es gewiß das beste, wenn wir alle ruhig bleiben und mit dem Gottesdienst fortfahren.«

Und nun folgt ein Katalog von Platitüden. Er fordert die Gemeindemitglieder auf, fest in ihrem Glauben zu stehen, für die Freiheit und für die Demokratie einzutreten, alle Kämpfe bis zum siegreichen Ende durchzufechten.

Beim Reden steigert er sich in eine Leidenschaft hinein, während der er schließlich mit Emphase ruft: »Ich bin ein Christ!« Aber für mich ist er alles andere als ein Christ, sondern vielmehr der versklavte Gefangene seiner Zuhörer – schließlich zahlen die sein Gehalt. Er ist ihnen ausgeliefert. Sein Glaube hat in Wahrheit weder seine Seele noch seinen Verstand befreit. Wie die meisten seiner Kollegen in den weißen Kirchen des Südens vertritt er kein Christentum, sondern eine gesellschaftliche Institution, die darauf aus ist, den bestehenden Zustand zu bewahren.

Ein Mann im Kirchenchor beginnt seine Augen zu verdrehen und nervös mit den Schultern zu zucken. Ein anderer Chorsänger schießt einen haßerfüllten Blick auf Pearl. Sie beugt sich zu mir und sagt mit einer ziemlich lauten Stimme: »Laß uns versuchen, diese Kirche zu integrieren!«

Wir spüren, wie von allen Seiten der Haß gleichsam körperlich auf uns einbricht. Wir sind bis zum Äußersten gespannt, unser Atem wird kurz und krampfhaft.

»Ich will hier raus«, sagt Pearl. Die anderen stimmen ihr zu, wir stehen auf und stürzen dem Ausgang zu, wir haben ganz einfach Angst.

An der Tür keift uns ein Mann an: »Ihr seid nicht hierher gekommen, um Gott zu ehren.« Er spuckt die Wörter förmlich heraus. »Ihr seid nur hierher gekommen, um sagen zu können, daß ihr in *dieser* Kirche wart!«

»Warum sind Sie hierher gekommen?« frage ich ihn. Das verschlägt ihm offenbar die Sprache, und er knallt die Tür hinter uns zu.

Als wir draußen stehen, stürzen ein paar andere Mitglieder der Gemeinde aus der vorderen und hinteren Tür auf uns zu. Sie suchen Streit, aber sie wagen es nicht, selbst anzufangen. Ich gehe auf einen von ihnen zu.

»Wollten Sie etwas sagen?«

»Wir haben die Polizei angerufen, und die wird euch eine ganze Masse zu sagen haben. Sie wird euch einsperren, das ist alles!«

Wir gehen einfach weg, aber die Kirche liegt im Stadtzentrum, und alles ist wie ausgestorben. Hier gibt es keine Freunde, nicht einmal eine Telefonzelle. Und aus dem Nichts ertönt plötzlich die Sirene eines Polizeiautos, sie durchschneidet geradezu die sonntägliche Ruhe. Der Wagen hält auf der anderen Seite der Straße, und die Polizisten winken uns herüber.

»Ihre Namen bitte«, fragt der Polizeiwachtmeister, der seltsamerweise viel nervöser wirkt als wir. Er ist kaum in der Lage, richtig zu schreiben, und er notiert meinen Namen als »Grayce Hall«, obgleich ich ihn mit besonderer Sorgfalt buchstabiert habe. »Werden Sie uns jetzt einlochen, weil wir in die Kirche gegangen sind?« fragt Pearl. Sie ist, wie man so im Süden sagt, »etwas Besonderes«. Sie handelt instinktiv, gewiß nicht immer mit viel Verstand, aber ohne Furcht.

»Ich weiß einfach nicht, was die eigentlich wollten«, sagt der Polizist.

»Was heißt ›die‹?« hakt Pearl sofort ein. Der Polizist antwortet, daß er die Leute meine, die angerufen hätten. Was die Polizei angehe, werde sie niemanden dafür belangen, daß er in die Kirche gegangen sei.

So lassen sie uns schließlich gehen.

Pearls bitterer Kommentar auf dieses polizeiliche Intermezzo lautet: »Ein weißer Mann kann in eine schwarze Kirche gehen, wann immer er will, und niemand wird die Polizei holen.«

Wir fahren zurück zu Mrs. Tubbs. Sie ist nicht zu Hause, weil sie gerade einen kranken Nachbarn besucht. Ich lausche in die Stille hinein und meine, in jedem Augenblick eine Polizei-Sirene zu hören. Ist die Polizei, angestiftet von den wütenden Baptisten, wohl doch schon auf dem Wege, um mich zu verhaften? Es erscheint so unlogisch und lächerlich, daß hier jemand verhaftet werden kann, einfach weil er in eine Kirche gegangen ist – aber ich weiß, in Indianola ist es möglich.

Rudy Shields kommt vorbei, und ich bin froh, ihn zu sehen. Er erzählt von seinen »einschlägigen« Erfahrungen und bringt mich einfach zum Lachen. Ich stelle mein Tonband an, um diesen Bericht wörtlich festzuhalten:

»Im Süden, in Port Gibson, haben wir einmal versucht, eine weiße Kirche zu ›integrieren‹. Aber als wir ankamen, standen die Gemeindemitglieder schon alle mit ihren Knüppeln da. Ich fragte den weißen Pfarrer, ob er dies für richtig halte, denn schließlich verehrten wir alle den einen und denselben Gott. Ja, sagte er, dies hier sei richtig, denn wir sollten unseren Gottesdienst doch gefälligst in einer schwarzen Kirche abhalten. Ich antwortete ihm, es gebe nur den einen Gott, aber er ließ mich wissen: ›Es gibt einen schwarzen Gott für euch und einen weißen Gott für uns.‹ Und offenbar hat er wirklich daran geglaubt.

Und dann sind wir weitergegangen, schließlich gibt es in der Straße mehr Kirchen als in jeder anderen Straße in Mississippi. Aber immer wenn wir näher kamen, bildeten die Gemeindemitglieder einen Schutzschirm vor ihrer Kirche. Aber bei einer sind wir vorbeimarschiert, und kaum sahen sie unsere Rücken, gingen sie in die Kirche hinein. Wir folgten ihnen und setzten uns auf die hinteren Bänke. Eine Weile haben sie uns gar nicht zur Kenntnis genommen. Aber dann war plötzlich die Hölle los. Sie hätten uns lieber getötet, statt uns dort sitzen zu lassen. Mitten in der Kirche begann eine handfeste Prügelei. Und mein Freund, der Pfarrer Kilmore, stand da und redete nur Unsinn.

Und ich rief ihm zu: ›Pfarrer Kilmore, wir haben hier einen kleinen Kampf auszufechten, hat es da noch Sinn, daß Sie predigen?‹ Und er antwortete: ›Ich frage Gott, was ich tun soll.‹ Darauf sagte ich ihm: ›Hat er Ihnen bisher schon etwas Brauchbares verraten?‹ Und er antwortete: ›Ja, er hat mir gesagt, daß ich meine Kräfte einfach einsetzen soll‹ – und dann hat er sich mit all seinen Kräften an der Prügelei beteiligt.

Das Prinzip der Gewaltlosigkeit war für eine Weile ganz gut. Aber dann haben wir eingesehen, daß diese Gewaltlosigkeit bei den weißen Rassisten im Süden einfach nicht ankommt. Nehmen Sie zum Beispiel Martin Luther King. Überall, wo er auftrat, hat es Ärger gegeben. Und um das klarzustellen: überall wurden Schwarze verprügelt. Hier unten im Süden sieht das ein bißchen anders aus – dank der Charles-Evers-Bewegung. Wir sind den weißen Rassisten wahrhaftig auf die Füße getreten, aber zu wirklichen Kämpfen ist es eigentlich nie gekommen. Wohl weil wir die Parole haben und uns auch an sie halten: ›Schlägst du meine Katze, prügele ich deinen Hund.‹ Dies ist eine Sprache, die die weißen Rassisten verstehen. Da gibt es zum Beispiel den Gemeindesaal in der Kirche St. Benedict. Wir haben den Rassisten klar zu verstehen gegeben, daß wir mit Bombenanschlägen antworten würden, wenn sie ihrerseits diesen Gemeinschaftsraum mit einer Bombe beehren würden. Sie haben das verstanden, und das ist die einzige Drohung, die sie wirklich verstehen. Darum glaube ich einfach, die Bewegung der Gewaltlosigkeit ist tot. Und darum verstehe ich auch, daß der schwarze Mann in diesem Land immer mehr zur Radikalität neigt.

Sie können den Schwarzen wohl kaum dazu bringen, noch einmal zehn Jahre zu warten. Er fühlt sich mit dem Rükken an die Wand gestellt, und er hat nichts zu verlieren. Das ist jedenfalls meine Meinung. Bevor ich nach Vietnam geschickt und dort getötet werde, ist es schon besser, ich werde hier getötet. Dann sterbe ich doch wenigstens für eine Sache. Wenn man von jemandem erwartet, daß er sein Leben einsetzt, muß er auch wissen wofür. Ich glaube, daß jeder schwarze Mann, der noch unter 35 ist, sich einfach um sein Leben nicht viel schert. Denn schließlich ist es doch kein Leben, das wir führen. Wir existieren halt so – und deshalb kann's auch nicht schlechter werden. Hier unten in Mississippi gibt es nur wenige Farbige, die nicht bewaffnet sind – jeder hat seine Pistole, sein Gewehr oder sonstwas.

Ich weiß, daß in vielen Häusern, in denen Schwarze leben,

Gewehre in jeder Ecke herumstehen. Und das Haus von Charles Evers wird sogar von Wächtern abgeschirmt, und auch ich muß meines jede Nacht bewachen. Aber wir haben eben herausgefunden, daß dies die beste Methode ist: wenn man sein Eigentum beschützt und wenn man sich notfalls zum Kampf stellt, hat man nicht mehr allzuviel Ärger mit den weißen Brüdern. Der Ku-Klux-Klan ist im Grund ein Haufen von Feiglingen. Das zeigt sich schon daran, daß sie nur nachts herumreiten und sich eine Kapuze über den Kopf ziehen. Und wenn sie angreifen, dann nur in Situationen, in denen sie sich haushoch überlegen fühlen. Am Wahltag 1968 dachte so ein Weißer, er habe mich nun allein erwischt und in die Ecke gedrückt. Er holte seinen Revolver heraus und drohte, mich zu erschießen. Aber ich habe ihm ganz schnell gezeigt, daß auch ich einen Revolver habe, und da hat er sofort die Kurve gekratzt.

Für Leute, die nicht hier unten leben, mag die Tatsache, daß wir immer Waffen mit uns tragen, ziemlich radikal erscheinen. Aber wenn man in Mississippi überleben will, muß man einfach eine Waffe haben. Die Weißen müssen wissen, daß wir bereit sind, uns zu verteidigen. Wir sind wahrhaftig nicht auf Ärger aus, aber wenn der Weiße mit dem Töten anfängt, dann muß er eben wissen, daß auch wir nicht davor zurückschrecken, zu töten.

Wissen Sie, ich habe hier nun in den letzten Jahren in Mississippi gelebt, und deshalb glaube ich, daß dieser Staat mit dem Rassenproblem schneller fertig werden wird als manche der Staaten im Norden. Spätestens 1976 wird die schwarze Bevölkerung den ganzen Staat Mississippi in ihrer Gewalt haben. Auf die Dauer werden wir mit den Schwierigkeiten schon fertigwerden. Die weißen Rassisten hier unten sind nämlich ganz komische Leute. Auf der einen Seite zögern sie nicht, dir eine Kugel in den Kopf zu schießen, auf der anderen Seite sind sie wieder ganz gute Christen. Die Schwarzen und die Weißen leben hier jedenfalls ziemlich eng zusammen. Und es gibt zwischen den beiden Rassen viel mehr Kontakte als, sagen wir mal, in Chicago oder einer anderen großen Stadt im Norden. Dort leben die Schwarzen und die Weißen völlig getrennt nebeneinanderher.

Hier bei uns leben die Schwarzen und die Weißen schließlich doch zusammen. Nur einen Block von meinem Haus entfernt habe ich eine weiße Nachbarin. Natürlich kenne ich sie nicht, sehe sie auch nie, aber immerhin so nahe leben wir zusammen. Und es gibt immerhin eine ganze Masse Weiße, die gar nicht so unfreundlich sind – vorausgesetzt natürlich, daß der Schwarze nicht aus seiner Rolle fällt.

Wie groß der Unterschied zwischen dem Norden und dem Süden ist, habe ich zum Beispiel in Chicago erlebt. An meinem Arbeitsplatz wurde ich immer wieder von weißen Kollegen gefragt: ›Warum demonstriert ihr Neger eigentlich?‹ Oder: ›Warum marschiert ihr da herum und protestiert unentwegt?‹ Und dann habe ich ihnen erzählt, wie die Farbigen in diesem Land leben müssen, nicht etwa nur in Missisippi, sondern auch in Chicago, praktisch vor ihrer eigenen Haustür, und sie wollten mir einfach nicht glauben. Ich erinnere mich daran, wie ich einmal ein paar Weiße mit ins Negerghetto genommen und ihnen gezeigt habe, unter welchen Bedingungen die Farbigen dahinvegetieren müssen. Und sie sagten praktisch wie aus einem Mund: ›Wenn ich schwarz wäre und hier leben müßte, dann würde ich ganz bestimmt auch an Demonstrationen teilnehmen.‹ Aber das hat mir doch gezeigt, daß es in Chicago keinen wirklichen Kontakt zwischen Schwarz und Weiß gibt.«

Von Indianola nehme ich einen Bus nach Clarksdale. Ich werde dort im Hause von Vera Pigee wohnen, einer Negerin, die Alex Waites von Jackson aus angerufen hatte. Obgleich sie selbst nicht in der Stadt sein würde, war sie sofort bereit, mir ihr Haus zur Verfügung zu stellen. »Ich vertraue ihr, wenn Sie ihr vertrauen«, hat sie zu Alex gesagt. Das eben ist die Art und Weise, wie die Freiheitskämpfer von Missisippi zueinander stehen: sie vertrauen einander wie Brüder und Schwestern, stellen keine Fragen und wollen keine Erklärungen. Ihre gemeinsamen Sorgen, ihre Leiden und ihr Wille zu überleben haben sie wie einen Stamm zusammenwachsen lassen.

In Clarksdale nehme ich mir ein Taxi und merke schon sehr bald, daß auch hier die »Niggerstadt« nicht anders ist, als ich sie bisher schon kennengelernt habe. Sie fängt dort an, wo die gepflasterten Straßen aufhören und der Schlamm beginnt. In ganz Mississippi machen die Neger bittere Witze darüber, wie es den Weißen immer wieder gelingt, die gepflasterten Straßen rund um das Ghetto zu ziehen – aber niemals durch das Ghetto. Veras Haus in der Baird Street hat einen Vorgarten, der nicht größer als ein Kindersandkasten ist. Im Briefkasten finde ich, wie verabredet, den Hausschlüssel. Ich öffne die Tür und betrete einen kleinen Wohnraum, ein langer Korridor führt zur Küche und zum Schlafzimmer. Müde lasse ich mich auf dem Rand des Bettes nieder, lausche auf den Regen und auf das seltsame Heulen von Veras Polizeihund, der in einem kleinen Zwinger hinter dem Hause eingesperrt ist. Auch Veras Haus ist nachts schon einmal beschossen worden, und jenes Loch, das eine Kugel in der Eingangstür hinterlassen hat, erinnert daran, daß die Gewalt zum Alltag der schwarzen Bevölkerung von Clarksdale gehört.

Wenn irgendeiner vom Klan dahinterkommt, daß ich weiß bin und hier in einem Negerhaus Zuflucht gefunden habe, dann kann es sehr wohl sein, daß sie das Gebäude einfach in die Luft sprengen. Ein ganzes Bündel von Empfindungen – das Bewußtsein dieser Gefahr, meine Einsamkeit, die kalte, unbehagliche Isolation meiner Existenz steigen in mir hoch. Ich bin nicht in der Lage, dagegen anzukämpfen. Im Gegenteil: Ich finde sogar fast ein per-

verses Vergnügen daran, diese Gefühle an mich heranzuziehen und mich in sie einzuhüllen wie eine alte Frau in
ihren Schal. Beim Anblick Veras persönlicher Dinge, ihrer
Kleider, ihres Plattenspielers, der Erinnerungsstücke aus
glücklichen Zeiten, empfinde ich es als um so merkwürdiger, daß ich als Schwarze in dem Haus einer Schwarzen
lebe. Ich bin mehr als allein. Ich fühle mich körperlos,
gleichsam wie eine Null, die ins Nichts gefallen ist. Denn,
wenn keine Schwarzen mich umgeben, fühle ich mich nicht
als Negerin. Aber in dieser Umgebung hier, in Veras
Haus, kann ich andererseits auch nicht ich selbst sein.
Deprimiert gehe ich zum Arbeitsamt und fülle zum wer
weiß wievielten Mal einen Bewerbungsbogen aus. Eine
Angestellte fordert mich auf, ihrem Schreibtisch gegenüber Platz zu nehmen. Sie ist ein sehr weiblicher Typ mit
besonders schönen langen gepflegten Fingern. Sie über-
fliegt meine Arbeits-Vorgeschichte. »Und wie lange haben
Sie im Krankenhaus von Harlem gearbeitet?« fragt sie
mich. Und während ich über die Antwort nachdenke,
spreizt sie ihre Hände und bewundert ihre Fingernägel.
»Wie lange?« Aber wie soll man das nun messen, nach
statistischen oder nach psychischen Maßstäben? In Tagen,
in Wochen, in Monaten oder mit den Narben der Erfahrungen? Zählt die Realität des Kalenders oder zählt
meine innere Realität, die mir sagt, es müßten doch mindestens zwei Jahre gewesen sein? Ich murmele etwas
Vages daher, aus dem herauszuhören ist, daß es sich wohl
um Jahre gehandelt habe.
Die Frau lacht zustimmend. »Das ist gut, Grace, wirklich
gut.« Fast wäre mir spontan die Antwort entfahren:
»Daran war wirklich nicht das geringste gut.«
An der Wand hängen Plakate herum: »Obstpflücker ge-
sucht.« Offenbar will man die schwarzen Arbeiter von
Missisippi nach Florida abschieben. All das, so schießt es
mir durch den Kopf, paßt genau in den Generalplan der
weißen Rassisten hinein. Wo sie es mit aller Anstrengung

nicht schaffen, den »Nigger« auf seinen untergeordneten Platz zu halten, ist es ihnen dann schon lieber, eine große Auswanderung in Kauf zu nehmen, ja vielleicht sogar zu forcieren.

Eine weibliche Stimme reißt mich aus meinen Überlegungen heraus: »Wären Sie bereit, einen Job als Tellerwäscherin anzunehmen?«

»Ja«, sage ich, »ich nehme alles an.«

»Sie bekommen dort drei Dollar pro Tag, aber Mr. Marvin vom Restaurant Rancheros möchte Sie vorher noch mal in Augenschein nehmen.« Von Hausmädchen, von Fabrikarbeitern und Tellerwäschern habe ich immer wieder gehört, daß man sie regelmäßig nach ihren politischen, religiösen und gesellschaftlichen Glaubensbekenntnissen und Aktivitäten aushorcht. Offenbar beabsichtigt dieser Mr. Marvin, mir einen ähnlichen Katechismus vorzulegen.

Da es innerhalb Clarksdales keine Busverbindungen gibt, muß ich ein Taxi nehmen, um zu dem Interview zu fahren, bei dem ich als Tellerwäscherin getestet werden soll.

Das »Rancheros« ist ein kleines Restaurant, das draußen an einer großen Straße liegt. Als ich dort ankomme, regnet es immer noch. Mr. Marvin, der Boß, steht an der Kasse.

»Ja, Sie kann ich sicher gut gebrauchen«, sagt er ohne jegliche Einleitungsfloskel. »Können Sie um zehn Uhr hier sein?« Ich nicke. »In Ordnung also. Wir machen um Punkt zehn auf, seien Sie bitte pünktlich.«

Am nächsten Morgen fahre ich wieder mit dem Taxi zu dem Restaurant. Aber diesmal steht ein anderer Mr. Marvin an der Kasse. »Nein«, murmelt er schlecht gelaunt vor sich hin, »ich hab keine Arbeit für Sie. Ich kann Sie nicht gebrauchen und ich weiß auch nicht, warum mein Bruder Ihnen gesagt hat, daß Sie kommen sollen.« Völlig fassungslos starre ich ihn an.

»Sie haben doch gehört, was ich gesagt habe! Und nun machen Sie, daß sie wegkommen!«

Wieder stehe ich draußen im Regen. Er hat mir nicht einmal angeboten, das Taxigeld zu erstatten, das ich an diesen beiden Tagen gebraucht habe. Kein Wort der Entschuldigung, daß er und sein Bruder mich für nichts und wieder nichts in Ungelegenheiten gestürzt haben, bei denen ich viel Zeit verloren habe. Statt dessen hat er die Haltung eingenommen, es sei mein Fehler gewesen, daß sein Bruder mich engagiert hat.

Schließlich finde ich ein Taxi, das mich in die Stadt zurückbringt. Es sitzt schon ein Fahrgast darin, eine Negerin, die mir sehr bald erzählt, daß sie als Hausmädchen in der Woche 15 Dollar verdient – bei einer Arbeitszeit von 7 Uhr morgens bis 6 Uhr abends.

Der Taxifahrer wirft die Bemerkung dazwischen: »Häufig zahlen die Weißen ihren Dienstmädchen sogar die Taxigebühren.« Ich kann ein ungläubiges Lachen nicht unterdrücken, da ich annehme, daß er einen ironischen Witz machen wollte. Aber dann sehe ich sein Gesicht im Rückspiegel, und mir wird klar, daß er fest davon überzeugt ist, es gehöre zur Großzügigkeit der Südstaatler, einem Hausmädchen nicht nur 3 Dollar am Tag zu zahlen, sondern außerdem noch 50 Cent für die Taxe – und dies alles bei einem Arbeitstag von zehn bis elf Stunden.

An diesem Tag finde ich mich wieder bei der Arbeitsvermittlung ein. Wieder zieht eine Angestellte den Namen einer weißen Familie aus der Kartei; Wheeler sucht eine Haushilfe. Ich bin bereit, den Job anzunehmen, und Mrs. Wheeler, die in der Firma ihrer Familie arbeitet, kommt vorbei, um mich abzuholen. Ihr Mann – das erfahre ich bald genug – ist Angestellter in der Bank von Clarksdale, deren Präsident wiederum Chef der Weißen Bürgervereinigung ist, gleichsam eine Art von zivilisiertem Ku-Klux-Klan.

Mrs. Wheeler, schon adrett fürs Büro angezogen, bleibt nur kurz im Hause, um mir meine Pflichten zu erklären – Pflichten, die ich längst kenne: »Wischen Sie Staub, machen Sie die Badewanne sauber, schrubben Sie die Böden, kümmern Sie sich um den Abwasch und bügeln Sie auch noch!« Dann steigt sie in ihren Wagen und braust davon.

Melissa, ihre Teenager-Tochter, deren Schlafzimmer ein einziges Chaos ist – die Höschen bleiben dort liegen, wo sie sie abgestreift hat, der Büstenhalter liegt nicht weit entfernt, die Schuhe sind auch irgendwo verstreut, und leere Coca-Cola-Flaschen liegen zwischen einer Puppensammlung herum –, saust ins Zimmer herein und wieder hinaus. »Werden Sie jetzt immer kommen?« fragt sie und wartet nicht mal eine Antwort ab. Schließlich fährt auch sie weg, offenbar im eigenen Wagen. Die Art und Weise, wie die Mitglieder dieser Familie kommen und gehen, verleiht dem Privathaus eher die Atmosphäre einer Hotelhalle.

Als ich versuche, in Melissas Zimmer etwas Ordnung zu schaffen, all die herumliegenden teuren Kleidungsstücke aufsammle und sehe, wie sorglos sie damit umgeht, schießt mir der Gedanke durch den Kopf, wie ein »junger« Mann wohl je so viel Geld verdienen könnte, um ein Mädchen wie Melissa zu unterhalten. Wenn sie einen Mann aus dem Norden heiratet, wird sie nicht umhin können, ihre Kleider selbst aufzuhängen und ohne Dienstpersonal auskommen zu lernen. Vielleicht würde sie sich sogar zu der Philosophie bequemen müssen, die einmal eine schwarze Frau, eine Witwe mit sieben Kindern, so formuliert hat: »Wenn man muß, schafft man's auch.«

Als ich gerade dabei bin, Wäsche von der Leine zu nehmen (die Leute im Süden hängen mit Vorliebe ihre Wäsche immer noch nach draußen in die Sonne), fährt ein Wagen vor, den ich noch nicht kenne. Ich nehme an, daß dieser »Besucher« niemand anders ist als Mr. Wheeler selbst.

Ich falte die Laken und Kopfkissenbezüge zusammen und besprenge sie zum Bügeln mit Wasser. Mr. Wheeler, ein Mann nahe der fünfzig, mit hohen Geheimratsecken, von mittlerem Wuchs, etwas aufgeschwemmt (was auf sitzende Beschäftigung schließen läßt), betritt die Küche. Ich sehe ihn nicht direkt an, sondern kümmere mich weiter um die Wäsche. Aber ich spüre, daß er mich anstarrt, und in diesem Augenblick der Stille kann ich förmlich fühlen, daß er irgendwie magnetisiert ist.

Er redet in geschäftsmäßigem Ton, als wolle er irgendein Schmuckstück anpreisen. Zugleich klingt in seiner Stimme so etwas wie ein Besitzanspruch mit, als wäre ich ein gerade neuerworbenes Möbelstück. Er fragt das Übliche: wie ich heiße und wie lange ich schon in Clarksdale lebe. Aber es wird schnell deutlich, daß er an all dem, daß er an meiner wirklichen Person überhaupt nicht interessiert ist.

Nach kurzer Zeit verläßt er das Zimmer. Er geht in die riesige Zimmerflucht seiner alten Mutter, die gerade verreist ist. Es dauert nicht lange, da höre ich einen lauten Knall (das Aquarium der alten Dame ist runtergefallen, ist meine erste Reaktion). Im gleichen Augenblick höre ich ihn rufen: »Kommen Sie schnell!«

Ich jage die Treppen hinauf und stürze ins Schlafzimmer. Augenblicklich schlägt die Tür hinter mir zu, und als ich herumfahre, fühle ich mich von den Armen Mr. Wheelers umklammert. Er hat mich völlig überrumpelt. Er drückt seinen Mund gegen den meinen und preßt seinen Körper mit aller Kraft an mich, wobei er mit rauher Stimme murmelt, wie verzweifelt nötig er eine »black pussy«, ein »schwarzes Mäuschen«, habe. Seine Hosen hat er schon geöffnet, womit er offenbar andeuten will, daß lange Präliminarien nicht in seiner Absicht liegen. Seine Muskeln sind angespannt, und er hat seine Arme wie Schraubstöcke um mich gelegt. Dabei drückt er mich langsam zum Bett.

»Es dauert doch nur *fünf Minuten*«, murmelt er halb bittend, halb drohend. »Nun beruhige dich doch! Ich brauch doch nur mal eben ein ›schwarzes Mäuschen‹.«

Ich versuche mich loszureißen, aber es gelingt mir nicht. Wir fallen aufs Bett, und er klettert auf mich drauf. Fast ersticke ich unter der Last seines Körpers und unter seinem schnaufenden Atem. Schließlich kann ich mich doch freistrampeln, aber er läuft sofort hinter mir her, fängt mich ein und drückt mich so hart gegen die Wand, daß die Täfelung fast zu Bruch geht. Direkt über uns hängt ein großes und schrecklich kitschiges Ölgemälde, auf dem die ganze Familie dargestellt ist. Der schwarze Rahmen muß Zentner wiegen. Ich ziehe einen Arm aus der Umklammerung, greife nach oben, und mit meiner letzten Kraft und Willensanstrengung stemme ich das Riesenbild aus den Haken und lasse es niedersausen. Es streift Wheelers Hinterkopf.

Sein gerötetes Gesicht ist jetzt nicht mehr von Geilheit, sondern von Haß völlig aufgelöst. »Du schwarze Hexe«, brüllt er und zittert vor Wut. Und während seine Stimme sich bis zu einem Flüstern senkt, fügt er drohend hinzu: »Ich sollte dich umbringen, du schwarze Hexe!«

Eigentlich müßte ich jetzt irrsinnige Angst haben, denn Wheeler ist ganz offenbar in einem Zustand, in dem er vor nichts zurückschreckt und in dem ihm alles zuzutrauen ist. Aber seltsamerweise fühle ich mich auf einmal wie befreit. Und mit einer Stimme, aus der wohl mehr Verachtung als Furcht klingt, fordere ich ihn heraus: »Auf, los, tun Sie's doch, Sie Feigling. Aber Sie würden es ja gar nicht wagen.«

Das Schlagen der großväterlichen Uhr erspart ihm die Annahme der Herausforderung. Es erinnert ihn offenbar daran, daß seine Frau und seine Tochter bald nach Hause kommen werden und ihm wohl einige Fragen stellen würden, wenn er bis dahin das Bild nicht wieder aufgehängt hätte. Außerdem will er gewiß, daß ich außer Sichtweite bin, bevor ich versucht sein könnte, die Neugier seines Weibervolks zu erregen.

Ich warte jedoch nicht seine Aufforderung ab, ich möchte mich aus dem Staub machen. Ich stürze die Treppen hinunter, werfe mir meinen Mantel um, und unfähig, einen klaren Gedanken zu fassen, laufe ich so schnell wie möglich aus dem Haus und halte das Tempo einige hundert Meter ein. Als ein Polizeiwagen vorbeifährt, tue ich so, als kennte ich meinen Weg, um nicht ihre Aufmerksamkeit zu erregen. Denn sofort befällt mich eine neue Sorge: Hat Wheeler die Polizei hergerufen, um sich so an mir zu rächen? Hat er vielleicht behauptet, ich hätte etwas gestohlen? Will er mich einsperren lassen? Würden sie überhaupt zulassen, daß ich ein Telefon benutze? Manchmal, so habe ich gehört, erlauben sie Negern im Staate Missisippi nicht einmal das.

An einer Kreuzung stoppt ein uralter, mit einer Negerfamilie vollgestopfter Wagen. Ich laufe auf das Auto zu und rufe: »Ich brauche Hilfe, mir ist was passiert«, und ich frage sie, ob sie mich nicht mit in die Stadt nehmen könnten. Die Familie, Vater, Mutter und drei Kinder, rücken zusammen, ohne eine weitere Frage zu stellen.

Umgeben von schwarzer Haut, kann ich wieder frei atmen. Ich fühle mich eingehüllt von Schutz und Verständnis. Die Sympathie, die ich hier im Auto spüre, macht die weiße Welt des Mr. Wheeler für einen Augenblick erträglich. Diese Neger hier im Auto wissen zwar nicht, was vorgefallen ist, aber ihr instinktives Gespür sagt ihnen genug.

Wir Neger, so geht es mir durch den Kopf, wir würden einander nicht so lieben, würden einander nicht mit so viel Zartgefühl und Freundlichkeit behandeln, wenn die Weißen uns nicht zusammengeschweißt, uns durch ihren Haß nicht unsere Identität gegeben hätten. Die Ironie meines Schicksals spricht wahrhaftig für sich: Ich bin verzweifelt vor dem Schutz der »weißen« Polizei geflohen und bin dort hingerannt, wo ich mich sicher fühle – in die Umgebung von Negern.

Zurückgekehrt in Veras Haus, mache ich mir Wasser heiß, um mich zu waschen. Wie viele schwarze Frauen, frage ich mich, haben wohl einen ganzen Tag lang für die weißen Herrschaften gearbeitet und nie ihren Lohn für ihre Arbeit bekommen – es sei denn jenen Lohn, den man auch mir angeboten hat: Beleidigung, Todesandrohung, weil man sich geweigert hat, vor den Wünschen des weißen Mannes in die Knie zu gehen. Der Weiße kann immer die Polizei rufen, und welche Chancen hätte eine Durchschnittsnegerin in einer Situation, in der seine Aussage gegen die ihre steht (»Niggerweib, Du hast einen Brillantring gestohlen!«)?

Und warum, so jagen meine Gedanken weiter, konnte dieser Mr. Wheeler so sicher sein, daß der Spaß der verbotenen Lust für ihn nur fünf Minuten dauern würde? Wie tief muß seine Verachtung für alle schwarzen Frauen sein.

Ich habe von schwarzen Hausgehilfinnen immer wieder gehört, daß sie nichts so sehr fürchten, wie von dem Herrn des Hauses allein überrascht zu werden. Eine sagte einmal bitter: »Sie zahlen dir fünfzehn Dollar in der Woche und glauben, sie hätten dich dabei gleich miteingekauft.« Ich frage mich, ob die stolze Frau des Südens weiß, wieviel ihre Familie aus dem Mindestlohn für die schwarzen Dienstmädchen in Wirklichkeit herausholt.

Im Süden entspricht es ganz einfach der Tradition, daß eine Negerin, wenn sie ihren Job behalten will, sich in allzu vielen Fällen dem Wunsch des weißen Mannes fügen muß. All dies ist so bekannt, daß viele Negermütter sagen, sie möchten alles daransetzen, um ihren Töchtern soviel Ausbildung mit auf den Weg zu geben, daß sie niemals in den Küchen der Weißen arbeiten müssen. Die Worte von Mrs. Annie Baker klingen in meinem Ohr nach: »Unsere Rasse ist ruiniert, aber es war nicht der schwarze Mann, der sie ruiniert hat.« Vergewaltigungen waren im Süden immer an der Tagesordnung; der weiße Mann nimmt sich gelegentlich eine Schwarze, so wie er sich eine Zigarette oder einen Whisky holt, er ist lüstern auf das Fleisch, von dem er der eigenen Frau sagt, daß es eine schmutzige, schmierige Farbe habe. So kommt es auch, daß man in den Südstaaten nur wenige reine, wirklich *schwarze* Neger sieht. Wenn der Neger sich dagegen aufbäumt, daß seine Frau vergewaltigt wird, dann gilt er im Urteil der Weißen des Südens als reichlich »aufsässig«, und er riskiert, daß man ihm einen Denkzettel verpaßt oder ihn sogar tötet. Und eben deswegen sind die Schwarzen allzu lange stumm geblieben.

Wäre ich wirklich eine Negerin, könnte ich dann meinem Ehemann sagen: »Wheeler hat versucht, mich zu vergewaltigen?« Was wäre dabei herausgekommen? Was könnte ein einzelner Neger gegen ein ganzes System schon ausrichten? Würde ein einzelner Neger den Mut aufbringen, ein Gewehr zu nehmen und den weißen Mann zu erschießen?

Auf der anderen Seite bin ich davon überzeugt, daß dieser Wheeler gewiß nicht so leidenschaftlich mit seiner Frau hätte »Liebe machen« können, wie er es mit mir vorhatte. Er ist ein anständiger Mann (ein geschätztes Mitglied der Gemeinde, Mitglied des *White Citizen Council*, Bankdirektor, Kirchenvorsteher in der *First Baptist Church*), und deswegen kann er mit seiner Frau auch nur auf die »anständige« Art schlafen. Aber mit einer Negerin ist das natürlich etwas anderes.

Als weiße Frau habe ich nie männliche Augen so voller Gier und Geilheit gesehen wie als schwarze Frau, wenn ich in die Gesichter von weißen Männern blickte, die es auf mich abgesehen hatten. An den Kassen von Restaurants mit Selbstbedienung oder an den Fahrkartenschaltern der Bushaltestellen haben sich mir immer wieder weiße Männer genähert. Aber sie haben nicht geflirtet – wie sie das vielleicht mit mir als einer Weißen getan hätten. Sondern sie haben mir klar zu verstehen gegeben, daß sie mit mir schlafen wollten, und dabei augenzwinkernd eine Komplicenschaft in der gemeinsamen Übertretung der Rassenschranke angedeutet. Immer, wenn ich mich als scheinbar schwarze Frau zwischen weißen Männern befand, hatte ich das Gefühl, daß sie mich als leichte Beute betrachteten, die man schnell ins Bett bekommen kann. Bevor ich in den Süden fuhr, saß ich eines Abends mit einem weißen Freund in einem Taxi von New York. Als wir an unserem Ziel angekommen waren und mein Freund den Fahrer bezahlte, drehte der sich um, grinste und meinte: »Sie haben wirklich Glück, mein Freund. Nicht jedem gelingt es, sich so eine niedliche schwarze Biene zu angeln.« Für diesen weißen Taxifahrer war ich weder wirklich eine Frau, noch, sagen wir es pathetisch, ein Mensch, sondern einfach eine Ware.

Später an diesem Tag verließ ich ein Bürogebäude im Zentrum von Manhattan. Ein kleiner ungewöhnlich blasser Mann, weder jung noch alt, trat auf mich zu. Auf seinem Gesicht stand jene brennende Gier, die ich bisher nur auf den Gemälden von El Greco gesehen hatte. War er krank? Nie hatte ich auf einem Menschenantlitz ein solches unsicheres Flattern gesehen.

»Kommen Sie, trinken wir ein Bier«, sagte er. Seine Gier sprang ihm gleichsam aus den Augen. Als ich zögerte, meinte er wohl, er müsse sein Angebot erhöhen: »Oder vielleicht einen Scotch?«

»Nein, nein, lassen Sie mich«, sagte ich und wandte mich ab, aber er ließ sich nicht abschütteln.

»Wenn Sie jetzt keine Zeit haben«, flehte er, »dann komme ich später nach Harlem.«

»Nein, lassen Sie mich in Ruhe.« Er sah mich, wie ich mich nie gesehen hatte. Unnahbar und überlegen, war es mir als weiße Frau nie schwergefallen, aufdringliche Leute mit einer schnellen Geste abzuschütteln. Aber jetzt gab es plötzlich diesen Status der weißen Frau mit all ihren Privilegien nicht mehr. Der Sockel, auf dem eine weiße Frau nun einmal steht, war mir plötzlich unter den Füßen fortgezogen. Dieser Mann sah mich hilf- und schutzlos, der Verteidigung nicht fähig. Er wußte nur zu genau, daß ich niemals einen Polizisten anhalten und ihm sagen würde: »Dieser weiße Mann belästigt mich.« Wer könnte im Ernst schon glauben, daß irgendein weißer Amerikaner wirklich eine farbige Frau belästigen würde? »Ich werde es dir Klasse besorgen«, versprach er.

Mit einemmal sah ich mich in eine Hure verwandelt. Seine plumpe Annäherung und sein Flüstern, als wären er und ich in ein sündiges Komplott verwickelt – ich bekam eine Gänsehaut. Denn ich sah mich plötzlich so, wie ich in seinen Augen erscheinen mußte. Noch vor ein paar Augenblicken hätte ich ihn anbrüllen und damit die Aufmerksamkeit all der Leute um uns erregen können. Aber jetzt fühlte ich mich tatsächlich, wie er offenbar glaubte, daß ich mich fühlen würde: gedemütigt, beschämt – eine unsichere und stammelnde Frau.

Noch einmal versuchte ich, mich zusammenzuraffen, und schleuderte ihm entgegen: »Ich bin verheiratet!« Da ich ihm schon mit der Polizei nicht mehr drohen konnte, wollte ich ihm jedenfalls mit meinem Ehemann drohen. »Und er wartet jetzt auf mich.« Mein Protest bewirkte nicht mehr als ein ironisches Lächeln auf dem Gesicht dieses weißen Mannes. Ehemann? Wer könnte sich schon von einem schwarzen Ehemann einschüchtern lassen? Schwarze Ehemänner, verflucht noch mal, sind nur dazu da, bestochen zu werden. »Oh«, murmelte er mit einem miesen Lächeln und deutete damit sehr klar an, daß er schon wüßte, wie schwer es in dieser Welt sei, ein Auskommen zu finden und die Miete zu zahlen. Und dann meinte er ganz deutlich: »Aber schließlich ist er nicht immer da«, und er ließ mich wissen, daß ich nur meinen Namen, den Zeitpunkt und den Ort zu nennen brauchte. Um diese absurde Begegnung so schnell wie möglich zu beenden, versuchte ich mich im Verkehr von Manhattan zu verkrümeln und verschwand schließlich in einem U-Bahn-Eingang.

Diese ekelhafte Begegnung ist vorüber, gehört der Vergangenheit an, das war damals in New York, in einer anderen Stadt, zu einer anderen Zeit, und jetzt fühle ich mich sicher in dem Bett von Vera Pigee. Aber wieso kann ich denn auch hier nicht schlafen? Statt daß ich zur Ruhe komme, quälen mich die Erinnerungen an das Gesicht und an die Hände von Mr. Wheeler. Für ihn, ganz gewiß, ist Sex etwas Schlimmes, den er mit seiner edlen weißen Frau nur auf »feinste« Weise ausüben darf – aber mit schwarzen Frauen auf eine »üble« Art (»dauert nur fünf Minuten«). Und dann saust er wie ein gequältes Tier davon – er »verdeckt seinen Schiet und rennt«, wie es ein schwarzer Freund ausgedrückt hat. Und wohin rennt er? Er läuft zum *White Citizen Council,* um dort die Strategie zu entwerfen, wie man diese verdammten Nigger auf ihrem untergeordneten Platz hält. Er haßt nicht etwa nur die Schwarzen, er haßt auch sich selbst, weil er, und sei es nur für fünf Minuten, der schwarzen Farbe verfallen ist.

Ich fange an, die Rolle einer schwarzen Frau in Mr. Wheelers Haus objektiv zu sehen. Ich bin diese schwarze Frau, und ich bin sie zugleich doch auch wieder nicht, da ich die Flucht ergreifen konnte. Wenn nun an meiner Stelle eine Negerin gewesen wäre, deren hungrige Kinder zu Hause darauf warteten, daß sie ihnen etwas zu essen brachte. Hätte sie seinen Anträgen, hätte sie seiner Vergewaltigung widerstehen können? Hätte sie es wagen können, das Haus der Wheelers zu verlassen, ohne auch nur ein bißchen Geld für ihre Tagesarbeit mitzunehmen? Ich glaube, die Rechnung von Mr. Wheeler wäre aufgegangen. Für ihn mag die Entschuldigungsformel zutreffen: »Nur fünf Minuten.« Aber was bedeuten solche fünf Minuten für eine Mutter, die sich nicht wehren kann?

Was zum Beispiel würde geschehen, wenn sie schwanger würde? Das Kind wäre ihr Kind, nicht seins. Für seine fünf vergnüglichen Minuten würde sie für den Rest ihres Lebens bezahlen. Denn das Kind, und sei seine Haut noch so hell, würde in jedem Fall als »Nigger« eingestuft werden. Die Mutter würde sich abschinden, dieses Kind zu ernähren und die Miete für die Wohnung zu bezahlen. Und sie würde jegliches Opfer bringen, um diesem Kind mindestens eine zweitklassige Erziehung zukommen zu lassen. Aber Mr. Wheeler? Er würde in seiner Bank sitzen und über Darlehen beraten. Er würde in seiner Kirche die Opferschale herumreichen lassen, er würde im *White Citizen Council* Berichte über Verbrechen und Gewalttätigkeiten zusammenstellen und für alles die »aufmuckenden« Nigger verantwortlich machen. Am häuslichen Kamin mit Mrs. Wheeler kann sich Mr. Wheeler die langen Geschichten über die Ärgernisse mit den schwarzen Dienstmädchen anhören. Mrs. Wheeler wird ihrem Mann erzählen, für wie verwerflich sie das unmoralische Verhalten der Schwarzen hält, jener Schwarzen, die ihre Frauen nicht heiraten (sondern einfach nur mit ihnen zusammen leben), jener Schwarzen, die ein Dutzend Kinder haben – »und sie alle nur wie Tiere heranziehen«.

Ich erinnere mich daran, wie ich angstvoll das Ghetto von Harlem betreten habe, immer in der Sorge, daß irgendein schwarzer Wilder den dünnen Vorhang zerreißen könnte, der meinen »weißen« Körper von seinen geilen Gelüsten abschirmt. Und nun war es kein schwarzer, sondern ein weißer Teufel, der mich mit seiner Begierde zu überwältigen versuchte. Seine unbezähmbare Lust auf alles Schwarze (seltsam, geheimnisvoll, böse – deshalb *gut*) unterstreicht die Überheblichkeit und Heuchelei des weißen Amerikaners. Schließlich kommt es auf den Sex an, er ist die Wurzel all unserer auf Rasse bezogenen Frustrationen (und einiger mehr), und er ist die Basis für drei Jahrhunderte des Lügens. Es war der weiße Mann, der die Tabus mit dem Etikett »schwarz« erfunden hat – und dann selber diesen Tabus verfallen ist. Er begehrte das schwarze Fleisch nicht, obgleich, sondern weil es schwarz war.

Epilog

Als ich im Januar des Jahres 1968 einem farbigen Rechtsanwalt in Washington von meinem Plan erzählte, als eine Schwarze in den Süden zu gehen, warnte er mich: »Sie werden in den Süden fahren und dort umgebracht werden.«

Getötet zu werden bedeutete für mich immer eine ferne Abstraktion, die mich in Wahrheit nie geschreckt hat. Deswegen wischte ich seine Warnung auch mit leichter Hand beiseite, so als wollte ich damit ausdrücken: jeder muß einmal sterben. Dann machte er eine zweite Voraussage, und die war schon gravierender: »Sie werden dort unten lernen, ihre eigenen weißen Brüder zu hassen.«

Doch auch diese Möglichkeit habe ich damals noch nicht ernst genug genommen. Aber in den Monaten, die dann folgten, hatte ich genügend Anlaß, mich an diesen Satz zu erinnern.

Ich hatte mich aus gutem Grund entschlossen, mein Abenteuer gerade in Harlem zu beginnen, denn in diesem Riesenghetto glaubte ich auf eine zugleich schnelle und schwierige Weise zu lernen, welches die Nöte und Bedürfnisse einer schwarzen Frau in unserer ach so freien Gesellschaft sind. Gleich am Anfang wollte ich alle Pein kennenlernen, alle physischen Unbequemlichkeiten und auch alle Ängste. Hinterher wollte ich »nach Hause fahren« in den Süden, zu meinen Leuten, wo ich meine Ängste loswerden und meine Wunden in einer mir vertrauten Umgebung heilen könnte – unter den großzügigen und

gastfreundlichen Weißen des Südens, mit denen ich aufgewachsen bin und deren Einstellung und soziale Haltung
ich teilte.

Die Erfahrung meines bisherigen Lebens, das mich häufig
in abgelegene Gegenden geführt hat, oft tausend Meilen
vom nächsten Arzt oder Telefon entfernt, schien mich
für das Leben im Ghetto gerüstet zu haben. Denn, so
glaubte ich, die Alltagsschwierigkeiten in Harlem oder in
Manaos am Amazonas lassen sich im großen und ganzen
sicher vergleichen. Aber auf eines war ich nicht vorbereitet: auf die vollständige Isolation, auf das Abgetrenntsein
in Harlem. Es glaube niemand, daß die Apartheid das
Monopol Südafrikas ist. Juristisch mag das wohl zutreffen. Aber ganz gewiß nicht sozial, geistig und psychologisch. Die Berliner Mauer wirkt wie aus Pappe, verglichen
mit den Schranken, die Harlem umgeben. Aber als
schwarze Frau fand ich, daß die berüchtigten schwarzen
Teufel von Harlem weniger bedrohlich, unehrlich, grau-
sam und bedenkenlos sind als die überlegene »Herren-
rasse« des Südens. Die schwarzen Teufel haben mich nie
beleidigt und haben nie etwas getan, das meine oder ihre
Würde in Mitleidenschaft gezogen hätte. Ich will ihre
Schwächen nicht verteidigen und ihre Verfehlungen nicht
rechtfertigen. Ich habe sie unter ihren Bedingungen,
gleichsam auf ihrer Ebene getroffen – auf der Ebene von
Männern und Frauen, deren Hautfarbe sie in keiner Weise
von all den Komplexen, Ängsten, Hoffnungen und Erwartungen der übrigen menschlichen Rasse fernhielt und
die versuchten, aus den kärglichen, begrenzten Möglichkeiten, die das weiße Amerika ihnen überlassen hat, noch
etwas Brauchbares und Schönes herauszuholen.

Und dann fuhr ich in den Süden und stellte fest, daß kein
Erlebnis, keine Erfahrung, die ich während meiner langen
Reisen über zwei Jahrzehnte durchgemacht habe, mich
auch nur in irgendeiner Weise für das Leben einer schwarzen Frau im Süden der Vereinigten Staaten vorbereitet

hatte. Die Gefühle, die auf mich einstürmten, gehörten zwei Personen: einer schwarzen und einer weißen Frau. Ich war gleichsam zweigeteilt, war paradoxerweise zugleich in der Rolle der Unterdrücker und Unterdrückten. Ich hatte zwei Augenpaare, zwei Körper, zwei Persönlichkeiten. Aber am schwersten und bedrückendsten in dieser ungewöhnlichen Situation blieb für mich die Tatsache, daß ich nur ein Herz hatte – ein Herz, das mit sich selbst in Konflikt lag. So konnte es mir nicht gelingen, die Gegensätze des Lebens, in das ich mich hineinbegeben hatte, zu lösen. Aber das war auch gar nicht meine Absicht. Ich wollte nur meine Augen, meinen Sinn, meine Poren für das Rassenproblem in Amerika öffnen, ich wollte ganz einfach Erfahrungen teilen – ohne damit den Anspruch zu erheben, auch neue Wahrheiten entdeckt zu haben. Ich bemühte mich um Einsicht und Verständnis, weil ich wußte, daß es allein darauf ankommt.

Jetzt, da alles vorüber ist, lege ich mir selber eine Reihe von Fragen vor. Könnte ich es noch einmal tun? Die Antwort ist: nein. Bist du froh, daß du es getan hast? Die Antwort ist: ja. Warum bist du froh? Weil meine Welt jetzt größer geworden ist und weil ich von nun an sowohl schwarz sein werde wie auch weiß. Jetzt verstehe ich, was Ghandi gemeint hat, als er einmal sagte, er sei zu einem Teil Jude, zu einem Teil Baptist und zu einem Teil Christ.

Aber warum glaube ich, daß ich es nicht noch einmal tun könnte? Weil ich jetzt weiß, wieviel Kraft es kostet, nur für kurze Zeit zu ertragen, was die schwarzen Amerikaner ihr ganzes Leben lang ertragen müssen: Diskriminierung, Absonderung, Ungerechtigkeit. Ich habe wirklich die Gebiete der *Apartheid* durchreist. Aber wenn man das menschliche Herz mit einer Art Stethoskop abhorcht, dann erkennt man, daß alle Klassen, Gruppen und sogar die einzelnen Individuen *apart*, das heißt getrennt voneinander leben. Auch der Mann von seiner Ehefrau, das

Kind von seiner Mutter. Wir sind in gewissem Sinn von uns selbst abgesondert. Diese Isolation von der inneren Welt des Menschen – der Quelle für Persönlichkeit, Charakter und, hochtrabend ausgedrückt, für Seele – quält und lähmt, wie ich meine, den weißen Amerikaner noch mehr als den schwarzen. Viele weiße Amerikaner haben sich von dieser inneren Welt so weit entfernt, daß sie einfach behaupten, es gebe sie gar nicht – und wenn es sie schon gebe, sei sie ohne Bedeutung.

Heute sind es die Neger, die unüberhörbar rufen: »Vergeßt die Seele nicht.« Sie wollen daran erinnern, wie leer das Leben ist ohne diese »Seele«. Die weißen Amerikaner, besessen von ihren materiellen Zielen, immer darauf aus, zu schützen, was sie an äußeren Vorzügen gewonnen haben, könnten von den schwarzen Amerikanern immerhin dieses lernen: daß alles Geld dieser Welt und alles, was man dafür kaufen kann, doch eines nicht bringt, »Seele«.

Mich hat einmal jemand gefragt: »Wann haben Sie angefangen, sich für die Neger zu interessieren?« Auf meinen Reisen habe ich gesehen, wie die Briten in ihrem Kolonialreich von den hart arbeitenden Massen in Indien und Malaya und in Hongkong lebten und wie die Kolonialfranzosen die Algerier knechteten und wie die Spanier und vor ihnen die Inkas sich der Sklaven bedient haben, damit eine Handvoll von Herren wie Monarchen leben kann. Schließlich habe ich erkannt, daß die sogenannte geistige »Überlegenheit«, wird sie nun von Weißen oder Schwarzen oder von Inkas beansprucht, nichts anderes als ein Mythos ist, darauf angelegt, das Herren-Sklaven-Verhältnis mit der Ratio zu rechtfertigen. Aber diese Epoche menschlicher Demütigung nähert sich ihrem Ende. Die Sklaven haben ihre Stimmen zurückgewonnen und rufen: Genug, genug!

Wenn ich Harlem und den Süden miteinander vergleiche, dann war der Süden ganz sicherlich schwieriger für mich.

Aber ich frage mich: Wenn ich als Schwarze geboren wäre, wo würde ich – nach meinen jetzigen Erfahrungen – leben wollen, in Harlem oder im Süden? Ich würde mich für den Süden entscheiden.

Denn im Ghetto fühlt man sich wie in einer Falle, in der es keine Hoffnung gibt. Man kämpft gegen einen »Feind«, den man nicht sieht, und der deshalb abstrakt das »System« oder »Establishment« genannt wird.

Im Süden ist es immer noch ein Konflikt zwischen Mensch und Mensch. Man weiß, wer der Gegner ist. Die Schwarzen kennen die Leute vom Klan, kennen die Rassisten, die Unterdrücker und auch die Mörder. Aber der Neger im Süden weiß auch, daß ein Mensch sich wandeln kann und daß Haltungen sich verändern können. Und deswegen haben die Neger in Mississippi immer noch Hoffnung. Die Negerführer im Süden, etwa Charles Evers oder Aaron Henry, glauben, daß die Menschen dort unten, seien sie schwarz oder weiß, mit ihren Problemen schneller fertigwerden als die Bewohner der großen nördlichen Städte und ihrer Randsiedlungen.

Als ich in der Ersten Baptistenkirche in Indianola saß, neben mir die drei militanten jungen Negerinnen, erkannte ich plötzlich, welches ihr Auftrag, welches ihre Botschaft ist. Sie denken schon über die Integration hinaus – sie wollen die Umwandlung. Ich bin sicher, Pearl hätte in der Kirche eine unvergeßliche Predigt formulieren können. Bestimmt hätte sie den »Christen« verkündet, daß Beten in Wahrheit die gerechte Aufteilung der Nahrung und die Veränderung miserabler Lebensbedingungen anderer menschlicher Wesen bedeutet. Beten, so hätte Pearl sicherlich gesagt, heißt nicht, mit festgelegten Worten eine magische Gottheit um Hilfe zu bitten – und damit sein Gewissen zu erleichtern.

Klarer als zuvor habe ich durch die Erfahrungen dieser Monate »meine« Rasse erkannt. Aber der Rechtsanwalt in Washington hat sich geirrt. Ich kann mein Volk nur dann hassen, wenn ich auch mich selbst hasse. Einmal habe ich gedacht, »mein Volk« seien die Koreaner, bei anderer Gelegenheit die Mexikaner und schließlich die Peruaner. Ich komme ganz einfach nicht an der Tatsache vorbei, daß ich als eine weiße Frau des Südens geboren worden bin, aber nichts kann mich daran hindern, mich im Geist schwarz zu fühlen – oder auch braun oder rot. »Mein Volk lebt in meinem Herzen und in meinem Geist – und das ist eine Wirklichkeit, die die Menschen lernen und akzeptieren müssen.«

Die Versuchung zu »predigen« droht einen zu überwältigen, aber wie sonst kann man die heilende Kraft der Liebe und des Verständnisses verkünden?

Was habe ich gelernt? Ich habe nur gelernt, was wir immer wieder vergessen: daß es auf dieser Welt keine Gewißheit gibt außer der Tatsache, daß das Leben Schmerz und Last bedeutet und daß es häufig unerträglich für jene ist, die glauben, sie könnten ihren Weg allein gehen.